山川和美篇

宋振峰——主编

甘肃文化出版社

和谐甘肃读本丛书编委会

主　　任：张余胜　袁爱华
委　　员：李玉政　汪晓军　玄承东　罗和平　卢旺存
　　　　　梁　辉　邢　玮　尚德琪　李贵世　苟保平
　　　　　陈　华　梁发芾　牛彦君　谢志娟　宋振峰
　　　　　李天伦　谢国西　车满宝　管卫中　王　奕
　　　　　温雅莉
总 主 编：张余胜　玄承东
总 策 划：谢国西　管卫中
执行主编：谢国西　管卫中
执行编辑：原彦平

序

张余胜

  和谐,是通贯五千年的中华文化基因,是起自华夏文明源头的价值追求。我国传统文化中"和"的理念由来已久,它推崇宇宙自然的和谐、人与自然的和谐、人与人的和谐以及人自身的和谐。主张"和而不同",认为事物总是在千差万别中相依共存,和睦相处。"和"的思想作为中国古代哲学、政治理念的核心范畴之一,经过五千年历史长河的大浪淘沙,逐步演化成了中华民族追求的理想境界,积淀成了民族文化的精髓和价值目标,锻造了中国文化的基本精神。它数千年生生不息,历久而弥新,在中华文明发展史上一直发挥着维系社会稳定、促进社会进步、推动社会发展的重要作用。

  和谐,是流淌于大漠戈壁的古老清泉,是回响于陇原山间水际的灵动乐符。甘肃作为中华文明十分重要的发祥地之一,有史以来发展进步的每一步都浸润着和谐的清风细雨。从旧石器时代的文化遗存到伏羲女娲的古老传说,从周先祖的崛起到横扫六合一统华夏的大秦帝国,从张骞凿空西域到丝路文明的兴盛,从魏晋南北朝的短暂纷乱一直到隋唐帝国的繁荣,河陇大地逐步发展成为中国政治经济文化发展水平在某个时段的翘楚,丝路两侧沃野千里,胡商蕃客穿行如织,史载其时"天下称富庶者无如陇右"。宋元以降,甘肃因国家政治经济中心东移南迁而成僻壤,加之兵燹迭起,天灾频仍,至近代已异常凋敝衰败,以致左公慨叹"陇中苦瘠甲于天下"。尽管如此,这片土地却用和谐的乳汁滋育了中华56个儿女之中的46个,它们之间数千年的融合繁衍与和睦共生,为中华民族多元一体格局的最终确立作出了不可磨灭的贡献。

  60年沧海桑田,30载创新发展,新中国的建立和改革开放基本国策的确立,为古老的甘肃翻开了新的历史纪元,从新中国第一个油田——玉门油田的建设到现代完整工业体系的建立以及国家重要的能源、原材料基地地位的确立,从"两弹一星"撼动世界到神舟飞船遨游太空,从"一方水土养活不了一方人"到现代产业化农业的遍地开花,从追求温饱这一维持生命最基本的需求到精神文化生活水平的日新月异,驼铃古道正在闪现璀璨光芒,千里陇原正在焕发勃勃生机。

《和谐甘肃读本》丛书是甘肃建设和谐社会的见证之作。丛书分《勤政民本篇》、《法治保障篇》、《千秋名范篇》、《孝亲睦邻篇》、《仁爱慈助篇》、《诚信行世篇》、《多彩生活篇》、《惠民隆业篇》、《山川和美篇》、《科学发展篇》10个分册,近300万言。各分册主编多为资深记者,文章分别以记者的眼光如实记录了甘肃60年来,特别是改革开放以来在政治改革、经济建设、法制建设、生态环境保护、社会保障、文化建设以及传统优良道德恢复等方面取得的重大成就,生动展示了今日陇上生气勃勃、活力四射的面貌,和陇原人民焕然一新的精神风貌。它既是2600万甘肃人民在省委、省政府的领导下扎扎实实践行科学发展观的见证,也以丛书形式保存了一份鲜活的史料。丛书即将付梓之时,恰值新中国60周年华诞庆典之际,谨以此为献礼,祝愿祖国繁荣昌盛。

谨以为序。

二〇〇九年九月

目 录

为了共同的家园

温总理关心的四件事		白育庆	3
山清水秀会有时			
——甘肃省生态环境建设的艰难历程		周丹波	11
呵护"黄河之肾"——尕海	张 鹤 王朝霞	王 鄱	18
含泪水援额济纳	张吉荣 程 琦	卢吉平	28
石羊河在行动	杨 恒	宋振峰	37
为了莫高窟永远的辉煌		杨德禄	47
忧患黄河	杨 恒	李近远	55

染亮绿色的梦想

绿色畅想		李晓君	69
多彩的绿色		尚德琪	77
泾川人的自豪		李战吉	83
唤得春风度关山			
——庄浪县坚持改善生态环境的启示	张国华	李晓君	88
那人·那山·那狗	邱暄美	苟保平	94

神沙窝里的两代人　　　　　　　　　　　　　　柯　英 103
风雨治沙十八年　　　　　　　　　　　　　　王宇兴 110
只为苍山绿如黛　　　　　　　　　　　　　　先朝阳 115
渭水绿意　　　　　　　　　　　　　杨　恒　李天伦 122

谱写壮美的山川

千山有水千山绿　　　　　　　　　　　　　　蒲振刚 135
流金溢彩疏勒河　　　　　　　　　　　胥廷辉　牛庆国 141
水权革命化解水荒之痛　　　　　冯　诚　马维坤　连振祥 150
美不胜收景泰川　　　　　　　　　　　张生贵　周丹波 157
引来幸福长流水　　　　　　　　　　　　　　苟保平 165

聆听大地的呼唤

3393瞭望哨　　　　　　　　　　　　　　　　尚德琪 175
黄华梨和大熊猫的故事　　　　　　　　　　　　王宇兴 184
林中十姐妹　　　　　　　　　　　　　尚德琪　陈天竺 191
相伴黑河　　　　　　　　　　　　　　　　　周丹波 201
谢建平和阳关自然保护区　　　　　　　　　　　胡　杨 209
油橄榄的故事　　　　　　　　　　　　苟保平　卢吉平 214
最后的贵族　　　　　　　　　　　　　　　　杨德禄 223

目 录

动人的环保之路

金昌：彻底告别造纸业	刘兴元	235
绿色守望者	徐爱龙	238
绿色出行，今天开始	周丹波	245
用真情呵护家园		
——祁国红和她的自费环保之路	陈泳 王鄱	252
走在环保路上的志愿者	白育庆 朱妍 徐爱龙	255

后 记　　　　　　　　　　　　　　　　　　　　263

目录

为了共同的家园

温总理关心的四件事

白育庆

"作为甘肃代表,我关心并希望做好四件事:一是决不让民勤变成第二个罗布泊;二是一定要保护好敦煌的生态环境和文化遗产;三是保护好祁连山冰川;四是防止黑河、石羊河流域沙化和河西走廊地区耕地盐碱化。"

——摘自2007年3月6日国务院总理温家宝在十届全国人大五次会议甘肃代表团的发言

全球气温上升,冰川融化,自然灾害频发,生态环境恶化,直接威胁着人类的生存。保护生态环境已成为当今世界共同关注的热点问题。2007年8月6日至20日,陇原环保世纪行"人与自然和谐"记者采访团深入河西走廊,南到祁连山冰川脚下,北至腾格里大沙漠和巴丹吉林沙漠边缘,亲眼目睹了这里生机勃勃的绿洲农业,也深切地感受到这里正面临着前所未有的生态危机。保护河西走廊的生态环境,实现人与自然的和谐发展,形势逼人,任务艰巨。

民勤与罗布泊

蜜瓜飘香,瓜农正忙。8月的民勤大地,一派丰收的景象。

碧波荡漾,水面浩渺。红崖山水库来水增多,给这片干涸的沙漠绿洲增添了生气。

从水库向西,便是民勤连古城国家级自然保护区红崖山保护站区域。道路两边拉起的铁丝围栏内,白刺、麻黄、梭梭等沙生植物一片郁郁葱葱。由这里再向西,便是浩瀚的巴丹吉林沙漠。这个保护站守护着70多万亩的野生沙生植物。两年多来,保护站职工拉起了50公里的围栏,使这片土地在自然修复中重新焕发出了生机。

连古城自然保护区管理局副局长张有佳说:"红崖山保护站管辖区域直接关系到红崖山水库的安全存亡,关系到民武公路的畅通安全,是民勤绿洲的绿色守护神,其生态区位和自然保护的重要性非同寻常。"

寥寥数语间,让人感受到民勤人生态环保意识的觉醒。

民勤县位于河西走廊东北部、石羊河流域最下游,东、西、北三面与腾格里沙漠和巴丹吉林沙漠相连,成为两大沙漠包围中的"一叶孤舟"。近20年间,气候趋于干旱,石羊河上游来水减少,民勤绿洲已由过去的阻沙天堑变为沙源。全县荒漠化面积达94.5%,荒漠正以每年3至4米的速度向绿洲推进,成为全国最干旱、荒漠化最严重的地区之一,也是我国北方地区最大的沙尘暴中心和起源区之一。

20世纪50年代,民勤境内湖泊众多,北部的青土湖原为石羊河终端湖,湖区曾是民勤县经济条件和生活环境最好的地方。1958年,随着红崖山水库的建成,青土湖干涸,水域景观逐渐蜕变为旱生荒漠景观,流沙的侵入最终导致青土湖10万亩土地荒漠化,附近9万亩良田被迫弃耕而沦为荒漠,湖区已有3.33万平方公里天然灌木林枯萎、死亡。在仅仅50年的时间内,沙进人退,耕地荒芜,生态环境恶化,已有成千上万的村民沦落为"生态难民",有的自然村已经空无一人,有的只有寥寥几户守望者正在饱尝风沙的侵虐。如今,湖区已有3万多人被迫离开家园。

地上来水不足,人们便开始大规模地开采地下水。曾经在一个时期内,民勤境内有1.1万多眼机井。大范围的挖井抽水,导致地下水位每年以0.5至1米的速度下降,有的地方已下降到地面以下40米,有的地方打出的水又苦又咸,失去了利用价值。由于生态环境遭到破坏,民勤许多地方的人们开始返贫。据民勤县相关部门统计,1997年以来,湖区已有1.2万户、5.8万人返贫,风沙沿线的村社人口由于无法生存而外流,昔日的家园正在被风沙吞没。

有专家指出:"民勤的生态问题是大气环境长期变化和农业经济规模持续扩大共同影响的结果。民勤是西北风沙线上的一座桥头堡,阻隔着两大沙漠的合拢。民勤绿洲的存亡,关系着河西走廊的生态安全。民勤一旦失守,就会危及武威、金昌,整个河西走廊将被截断。"

"决不能让民勤成为第二个罗布泊!"

2001年以来,温家宝总理10多次批示关注民勤的生态问题。

在历史的长河中,罗布泊也曾经是碧波荡漾的地方,丝绸之路在这里繁荣了几百年。有关记载表明:1921年,塔里木河在尉犁县改道涌入孔雀河,东注罗布泊洼地，形成了近代罗布泊。罗布泊水域面积最大时，达3200平方公里。20世纪60年代初期，塔里木河下游修筑水库，孔雀河上先后筑起多道堤坝，罗布泊遂断绝来水，日趋干涸。1972年，卫星影像显示，罗布泊已成为广袤的干湖盆地，滴水无存。在大自然生态系统中，罗布泊曾起到调节塔里木盆地东端干旱气候的作用，如今，由于湖水干涸，湖区周边沙化，罗布泊成为令人痛心的"死亡之海"。

保护民勤的生态安全，已成为从中央到地方各级政府和干部群众的共识。节水成了民勤人共同关注的问题。他们把目光从传统的大田种植移向发展高科技农业，发展节水农业，提高农业经济效益。民勤县近两年关掉了1000多眼机井，退出了10多万亩耕地，从而减少耕田种地对自然环境的影响。目前，民勤连古城国家级自然保护区面积已扩大至500多万亩，占全县面积的1/4，以保护荒漠天然植物群落为主。几年来，通过围栏禁牧、人工育林等措施，使保护区内植被得到了大面积的恢复，该保护区也成了阻挡巴丹吉林沙漠扩张、保护民勤绿洲的绿色屏障。

近年来，民勤的生态保护取得了一定的成效，局部地方生态环境有所改善，但生态恶化的整体趋势并没有得到根本性扭转。解决民勤生态危机，确保西部生态安全，需要走的路还很长。

敦煌与楼兰

"决不让敦煌成为第二个楼兰。"在敦煌，立在公路两边的宣传标语，让人们真切地感受到敦煌人保卫家园的决心和信心。

"愿将腰下剑，直为斩楼兰"。在唐代诗人李白的《塞下曲》中，"楼兰"只是一个边远地区的代名词。在唐及以后的千年中国历史中，并没有关于楼兰的任何详细的文书记载。直至1900年，瑞典探险家斯文.赫定来到罗布荒原，发现了这座被风沙掩埋的古城，才揭开了尘封几千年的楼兰古城面纱。

楼兰王国遗址位于今天新疆巴音郭楞蒙古族自治州若羌县北境，罗布泊以西，孔雀河道南岸7公里处。在历史的长河中，孔雀河、罗布泊孕育了楼兰文明。楼兰立国700多年，最昌盛时期是在西汉年间，有人口1.4万多人。楼兰城是楼兰王国前期政治、经济、文化中心，它东通敦煌，西北到焉耆等地，是古代"丝绸之路"上重要的交通枢纽城镇，在东西方文化交流中曾起过重要作用。早在公元前77年，楼兰地区已是西域农业发达的绿洲。据《水经注》记载，东汉以后，由于当时塔里木河中游河流改道，导致楼兰严重缺水，最终因断水而废弃。关于楼兰国的神秘失踪，近代学者比较有影响的推测是气候恶化论，认为是因为自然变化，导致了楼兰王国的消失。

在地理上，敦煌离楼兰古城只有200多公里，它们是丝绸之路上相连的驿站。楼兰古城曾经历过的河流断流、沙进人退的悲剧，如今在敦煌绿洲同样上演着。而鸣沙山距离敦煌城区的直线距离仅仅两三公里，使敦煌成为河西走廊距离沙漠最近的城市。如何避免重蹈楼兰古城消失的厄运，保护莫高窟，拯救月牙泉，是敦煌面临的最现实而又最迫切的严峻问题。

20世纪50年代，月牙泉的水域面积达20多亩，深7米；而如今水面仅有区区七八亩，水深仅1米左右。据文献记载，月牙泉四面环山，"沙水共生、山泉共处"，泉水不为黄沙掩盖，堪称沙漠奇观。两千多年来，尽管风沙肆虐，但月牙泉依然碧水粼粼。8月14日，在月牙泉景区，依然游人如织。一位广东游客说："现在来就是想一睹月牙泉的沙漠奇观，怕再过若干年就看不到了。"

月牙泉自古以来被认为是敦煌的"眼睛"。有关专家认为，如果月牙泉消失，将直接导致敦煌市区的自然环境和旅游环境恶化。据莫高窟的有关专家讲，沙尘天气增多，风沙对洞窟的雕像和壁画的破坏有增无减，已有一些窟区、窟顶遗址因风蚀而残败不堪。

在过去相当长的历史时期，因党河水穿境而过，敦煌绿洲是疏勒河流域水草丰美的地方。20世纪70年代，疏勒河及其支流党河上陆续建起了若干水库，造成河流断流、敦煌境内湿地湖泊来水补给断绝，导致月牙泉近年来水位急剧下降，水域面积锐减。加之人们无节制地开荒打井，使敦煌绿洲的生态环境不断恶化。据当地林业部门统计，建国初，敦煌东湖、西湖、北湖以及南山一带有天然林219万亩，其中胡杨林4万亩，是不折不扣的"绿色屏障"。至2005年，敦煌境内的天然林消失了近一半，仅存130万亩。敦煌境内的湿地面积曾经达375万亩。而今，减少了近1/3，绿洲区内的1万余亩咸水湖和1000余亩淡水湖，80％已消失。

月牙泉面积萎缩给敦煌人敲响了生态警钟。为改善当地的生态环境，2004年，敦煌市制定了禁止垦荒、打井，禁止移民的"三禁政策"，力禁人为因素对自然环境的破坏，降低敦煌绿洲的环境承载压力。人们的努力没有白费，近几年来，月牙泉的水位保持在一个相对稳定的状态。

在党河源头的肃北县盐池湾，由采金者制造的生态劫难，让人触目惊心。这里的冰山冻土、高山寒漠、高山草甸草原、湿地和荒漠，构成了独特的生态系统，是党河、疏勒河、榆林河的水源涵养地，也是敦煌、瓜州、玉门、肃北、阿克塞5县市重要的水源地。据了解，从20世纪80年代以来，大量的采金者涌入盐池湾，把盐池湾挖得千疮百孔，草原上堆积着许多大大小小的沙砾山。2008年以来，肃北县开展了保护盐池湾的禁采活动，关闭采场，不留人员，不留设备，全面禁采。通过几个月的努力，盐池湾又恢复了平静。

8月15日，肃北县林业局局长索依拉说："盐池湾大部分地方海拔在3000米以上，遭到破坏的生态系统几乎无法恢复，保护盐池湾还有很多事要做。"酒泉市林业局局长王生德说："盐池湾是敦煌绿洲的天然生态屏障，没有盐池湾便没有党河水。保护好盐池湾的生态，对于敦煌有着重要的意义。"

祁连山的冰川、森林、草原

8月7日，途经乌鞘岭，回首望去，往日白雪皑皑的马牙雪山已变成了青褐色。天祝县林业局副局长张宏林说："马牙雪山景观消失也只是近几年的事。"

马牙雪山是祁连山冰川的一部分。祁连山冰川雪山是石羊河、黑河、疏勒河3大水系、56条内陆河流的源头，是甘肃河西走廊绿洲的水源基础。根据卫星遥感资料对比分析，省气象局的专家们指出："近20年来，随着全球性的气温上升，祁连山冰川大幅缩减，冰面继续减薄，融水比20世纪70年代减少了大约10亿立方米。冰川局部地区的雪线正以年均2至6.5米的速度上升，有些地区的雪线年均上升竟达12.5至22.5米。"有专家指出："如果祁连山雪消冰退，千里河西走廊就会变成荒漠，由此而起的沙尘暴将会席卷大半个中国。"

专家分析，祁连山冰川退缩、雪线上升除自然气候的因素外，另一个主要原因是祁连山周边环境恶化，包括人口膨胀、超载放牧、过度开垦，破坏了冰川区域的生态环境。

甘肃省祁连山水源涵养林研究院院长刘贤德说："祁连山是一个庞大而完备的生态系统。山顶的冰川雪山是天然固体水库。依次向下的坡地为原始森林与草地，构成祁连山独特的水源涵养林，这些森林处于冰川雪山和河川水系之间，起着调蓄、涵养水源、保持水土、增加水量、调节气候的作用。因此，河西走廊的生态状况，甚至中国北部的生态状况，都与祁连山的生态状况有着千丝万缕的联系。"

甘肃祁连山国家级自然保护区管理局副局长裴雯说："祁连山生态脆弱，局部生态仍在恶化：草场超载放牧、草原利用过度、牧地向林地推进、浅山区灌木林退化严重、荒漠化加剧、水土流失严重等。"

祁连山草原由东向西，依次分布在天祝、山丹、民乐和肃南县境内，总面积约1000万亩。天祝县政协最近的一次调查表明，在县域内的石羊河源头祁连山林区，有9个乡镇，草原面积为266万亩，理论载畜量26.6万个羊单位，实际饲养量49.3万个羊单位，超载近一倍。在整个祁连山保护区的8个县区内，有牛羊500多万头（只），超载5倍多。由于过度放牧，造成草原生态恶化。更令人不安的是，当地群众大规模饲养山羊，山羊刨食草根，啃食灌木，更加剧了草地生态恶化。据有关部门统计，在祁连山自然保护区内的8个县区，至少有30万只山羊，每年啃食毁坏的灌木面积达15万亩，还有大面积的草地被毁坏。在辽阔的肃南草原，垦荒种植、乱采乱挖、超载放牧等人为因素，造成草原大面积退化，灌木林减少，这些都成为祁连山自然保护区长期以来的难题。

祁连山脚下草地生态恶化，给人们敲响了警钟。近年来，祁连山草原所属各地普遍实行围栏禁牧、退牧还草工程。从天祝的松山草原到山丹的马营草原，再到肃南的马蹄林区，在拉起铁丝围栏的封育区内，野花盛开，牧草茂密，已经得到休养生息的天然草场又开始显露生机。

裴雯说："令人欣喜的是，祁连山自然保护区成立以来，森林资源得到了有效管护。实施天保工程以来，通过封山育林、退耕还林，林区内宜林荒山荒地的植被覆盖率达到80%以上，林地面积由20世纪80年代的42万公顷增加到现在的57万公顷。祁连山水源涵养林的生态功能，正在得到自然修复。"

祁连山水源涵养林研究院的专家说："祁连山的冰雪消长是我国北方生态变化的晴雨表。祁连山是河西走廊社会经济发展的命脉，保护祁连山，就是保证全省及整个华北地区生态安全的重要屏障。"省人大环境资源保护工作委员会主任委员丁国民说："保护祁连山的生态与环境，就是保护河西走廊的生命线。"

河西走廊的河流、耕地、沙漠

民勤、敦煌遭遇的生态危机，是河西走廊生态极端恶化的典型反映。这些地方的今天，也有可能是河西走廊其他地方的明天。

从乌鞘岭起到安西柳园，两千里河西走廊由西到东被库姆塔格、腾格里、巴丹吉林沙漠包围着，大部分地域都是戈壁荒漠，而展现着河西走廊辉煌历史与现实的也只是武威绿洲、张掖绿洲、酒泉绿洲、敦煌绿洲。这些绿洲使河西走廊成为甘肃省重要的商品粮基地之一，提供了全省2/3以上的商品粮、几乎全部的棉花、2/5以上的油料及丰富的瓜果蔬菜等。

由祁连山冰雪融化汇成的石羊河、黑河、疏勒河3大水系、56条支流，及其建在这些大小河流上的142座水库，滋养了河西走廊绿洲。而今，河西走廊首先出现的是水资源危机，各主要河流年径流逐年减少。据甘肃省水文总站观测，祁连山的内陆河出山径流量逐年减少。由于水量减少，3大流域及其支流的流程缩短，河西走廊的生态危机不期而至，北部沙漠步步进逼。据有关部门统计，最近30年来，处在河西走廊沙漠前沿的绿洲，因为水源枯竭和风沙紧逼而弃耕的农田约190多万亩，600多万亩耕地还在遭受风蚀沙害，风沙线上的近700个村镇时刻都处在流沙埋压的威胁之中。如今那些半流动、流动的沙丘正在吞噬着千百年来人类居住的家园，古老的绿洲正面临一场空前的生态灾难。

酒泉市林业局局长王生德说："当前酒泉全市的生态面貌总体趋势是：绿洲内小环境通过积极的人工治理得到了很大改善，但绿洲外土地沙化与荒漠化程度仍在继续加剧。干旱缺水，风沙灾害频繁，荒漠化面积扩大，天然林草植被破坏后恢复难度大，自然生态状况仍在持续恶化。"

相比较而言，酒泉市是河西走廊3大内陆河流域人口最少的地方。在疏勒河上建成的昌马河、双塔堡水库，及其支流党河上建成的党河水库，使酒泉境内的疏勒河流域水资源灌溉农田面积达106万亩，是全河西乃至甘肃全省人均占有水地面积最多的灌溉区。显然，是过度地使用水浇地，造成了这里土地的荒漠化、盐碱化。而人口压力更大的武威石羊河流域、张掖黑河流域，人地矛盾、人水矛盾更为突出，面临的生态危机也更为紧迫。

近年来，许多专家通过实地考察后指出，河西走廊现在的发展趋势为：沙漠向农田推进，农田向牧区推进，牧区向林区推进。形成这种局面的原因是：人类生产活动改变了河流水资源的自然分布，大量的人工用水掠夺了生态用水。虽然制造了一个个人工的绿洲小环境，但破坏了天然的绿洲大环境；虽然绿洲内的小环境得到了改善，但绿洲外围的大环境在逐步恶化。

保护河西走廊的生态环境，从石羊河流域到黑河流域、疏勒河流域，发展节水农业已成为当地干部群众的共识。各地普遍推行禁止开荒、禁止打井、禁止无序移民的"三禁"措施。人们开始慢慢节制自己的生产行为，探索人与自然和谐的发展之路。

省林业厅的有关专家说："保护自然资源和生态环境的一项重要措施是建立自然保护区。自然保护区建设已成为衡量一个国家和地区进步和文明程度的标准之一。在千里河西走廊,已建成了30多个自然保护区。在自然保护区内,围栏禁牧,禁生态移民,减少人类活动,让生态环境得到自然修复,从而促进生态环境向着好的方向转变,是目前比较行之有效的好办法。"

省人大环资委的部分委员认为,在河西走廊,要把保护生态放到一切工作的首位,这是事关河西地区440万人生存的大问题。首先,要逐步建立科学的生态评价体系,对当地生态环境进行及时、准确评价,并及时向社会公布,用它教育广大干部和群众,起到生态警示教育意义,提高全区域内人们的生态保护意识。其次,要建立正确的生态环境政绩观。现在的政绩考核,主要是看GDP、财政收入、人均收入等方面,而建立生态环境政绩观,就是要坚决纠正一些盲目的短期行为,纠正以牺牲生态环境为代价的开发和建设。最后,要调整经济结构,转变生产方式。要逐步纠正对生态环境不利的传统农业、传统牧业、传统水利。改变传统农业生产方式,特别是高耗水、低产出、效益不高的作物,可以逐步地减少面积,种植一些节水、经济效益高的作物。要引导老百姓从"地种的越多越好"的框框中走出来。改变传统牧业,就是通过轮牧、休牧,让草原有喘息的机会,推行舍饲养殖,提高牛羊的商品率,引导牧民走出"羊群越大财富越多"的传统畜牧方式。改变趋利不避害的传统用水观念,要把农业的用水节约出来,还给生态,恢复河流水与自然系统的生态平衡,促进局部小气候的好转,实现生态系统的良性循环。

山清水秀会有时

——甘肃省生态环境建设的艰难历程

周丹波

2002年8月5日,是甘肃人民无比自豪的日子。就在江泽民总书记发出"再造秀美山川"伟大号召5周年的这一天,庄浪县再造秀美山川先进事迹报告会在庄严的人民大会堂举行,以庄浪为代表的甘肃人民治理山河的伟业叫响全国。

陇原大地日益焕发着新姿:兰州南北两山绿了,天然林恢复了生机;河西织出一道道绿色屏障……

面对恶劣的生态环境,改革开放以来特别是党的十三届四中全会以来,历届省委、省政府率领全省各族人民群众携手并肩,奋力治理山河,努力改善生态环境,众志成城,在黄土地上树立起了不朽的绿色丰碑。

西部大开发和退耕还林的战略决策,掀起甘肃生态建设新高潮

如果不是史料记载,人们很难相信这是有关甘肃的描述:"闾阎相望,桑麻翳野,天下称富庶者无如陇右"、"山林川谷美,天材之利多"。在古代历史上相当长的时期内,作为中华民族主要发祥地的甘肃,曾经是植被良好的繁荣富庶之地。然而,历经战乱破坏,加上自然灾害和人为的乱砍滥伐,导致土地严重沙化、荒漠化,社会经济发展受到极大制约。

在大自然一次次敲响的警钟声中,经济与生态环境的协调发展,成为全省人民尤其是省委、省政府认真思索的一个沉甸甸的话题。省委、省政府带领全省人民选择了经济发展与保护生态环境并重的可持续发展的路子。从20世纪80年代初开始,全省就坚持不断地种草种树,建设绿色家园。

1997年8月5日，江泽民总书记发出了"再造一个山川秀美的西北地区"的伟大号召。1999年10月，朱镕基总理视察甘肃省期间，代表党中央、国务院宣布了"退耕还林(草)，封山绿化，以粮代赈，个体承包"的16字方针。随后，国家西部大开发战略也正式实施。

陇原儿女迎来了好时代！西部大开发和退耕还林的战略决策，反映了广大群众尽快脱贫致富、建设绿色家园的迫切愿望和强烈要求。改革开放前，甘肃省大部分地区特别是干旱少雨的中东部地区，为了解决温饱，农民大量毁林毁草，开荒种粮，加剧了水土流失和土地沙化，土地的地力严重衰退，生态环境急剧恶化，陷入"越种越穷"的怪圈，不少群众沦为"生态灾民"。

实施退耕还林还草，加强生态环境的保护和建设，关系到西部大开发战略实施的成功，关系到子孙后代的繁衍生息和全省现代化建设的全局。痛定思痛，甘肃省把以退耕还林为主的生态建设作为西部大开发的切入点和根本点。

省委、省政府牢牢把握这一千载难逢的历史机遇，确定"全面规划，分步实施，突出重点，稳步推进"的原则，对试点地区进行整体规划部署，制定建设目标、优惠政策、运作机制，极大地激发了全省广大干部群众投身生态建设的积极性，他们以重整山河的豪迈气魄，用心血和汗水浇绿一座座山梁、一面面山坡，谱写了一曲曲绿色新篇章。

试点第一年，就完成核实面积107多万亩，工程面积保存率为99.65%，名列先期启动的甘、陕、川3省之首；之后试点范围逐渐扩大到全省59个县(市、区)。从1999年10月到2001年试点工程结束，全省累计退耕还林327.59万亩，掀起了全民生态建设的高潮。

绿起来，富起来。退耕还林（草）使传统农业生产发生了深刻的变革，"广种薄收"的思想观念改变了，"越种越穷"的时代一去不返，农业产业结构调整大踏步跟了上来。林果间作、林药间作、林草间作、林菌间作，林果业、饲草业、养畜业、药材种植、食用菌种植及其加工销售蓬勃发展。静宁县大规模栽种以果品产业为主的经济林，短短3年已建成45个果林千亩村，2001年，果品总产量达5.2万吨，实现产值5200万元。

伴随着退耕还林还草工程的进行，草产业脱颖而出。全省各地加大退耕还草、牧草丰产技术的推广力度，在草地改良、人工草地建植、牧草种子繁育、设施草业和草畜产品加工等方面获得历史性突破。到2001年底，全省人工种草累计达到1210万亩，紫花苜蓿和人工草地面积分列全国一、二位。异军突起的草产业，有力拉动了畜牧业和相关产业的发展，2001年全省畜牧业总产值达76

亿元，农民人均畜牧业收入440元，占当年农民总收入的近30%。农牧结合，农民增收的步子越迈越大。

从种粮到种树种草，农民的观念发生了转变。原先上访要求减少退耕面积的农民，如今"上访"要求增加退耕面积。2002年，仅定西地区退耕还林和荒山造林面积近50万亩，比前两年的总和还多20万亩。

2002年，退耕还林工程在全省正式启动，甘肃省13个地(州、市)的80个县(市、区)列入工程范围。5月初，全省即已完成任务325.83万亩，占计划的88%。陇原大地一天天绿起来了。

"砍树人"变成"种树人"，
历史性的转折，千山万壑绿起来

"让千山万川绿起来！"这是每一个陇原儿女的呼唤。甘肃省专门设立了甘肃绿色奖章和甘肃植树周，号召全社会共同参与义务植树活动。

每年春季，省党政军主要领导都要带头参加全民义务植树活动。从1981年到2001年的20年间，全省社会各界共有2.4亿人次参加全民义务植树活动，累计植树12.8亿株。全省累计完成造林5253.29万亩，是建国以来全省造林总面积的82.9%。

在陇南，以国家"长治工程"为契机，全地区人民展开了一场"兴长治、保水土、求生存、求发展"的生态攻坚战，对全地区364个小流域进行了综合治理，治理水土流失面积8500平方公里。陇南人正在建设着山川秀美的新陇南。在河西，人们精心管护着素有"绿色水库"之称的祁连山水源涵养林。历经20年的禁采禁伐、封山育林，使祁连山水源涵养林成为目前全国保护抚育最好的天然水源涵养林之一，再现苍莽雄姿：松柏挺拔，林海茫茫，青山不老，绿水常流。

与祁连山遥相对峙的，是浩瀚的腾格里、巴丹吉林、库姆塔格等沙漠。连绵的沙丘正一步步向家园逼近。甘肃省是全国土地荒漠化较严重的省份之一，全省土地面积的58.5%为沙区。

要么"沙进人退"，要么"人进沙退"。21年前，在古浪县土门镇八步沙，6个老汉在5.2万亩沙荒地的承包合同上摁下了鲜红的手印。从此，他们吃住在地窝子，誓死与黄沙搏斗。1992年秋天，当66岁的贺发林昏倒在树坑旁被背到医院时，肝硬化已不允许他再去种树，弥留之际的老人拉着儿子的手老泪纵横：

"娃,爹这辈子没啥留给你,就八步沙那摊子树,你去种吧!"子承父业,治沙不息。昔日风沙弥漫的八步沙今天已是绿树成荫、粮丰果香,两代人植树造林900万株,治沙4.2万亩。6老汉住过的2个地窝子还在,仿佛在见证着治沙的传奇。

"一人栽下一棵树,来日绿洲一片绿;一人压住一寸沙,保我民勤保我家"。三面环沙、堪称"无边沙海一叶舟"的民勤从未停止过治沙的"家园保护战"。民勤县把治沙治水作为立县之本,坚持不懈地植树造林、治沙改造,在风沙沿线,筑起一道道坚实的"绿色长城",将风沙拒之门外,让绿洲留了下来。民勤县也多次成为全国、全省治沙造林先进县。

一道道令风沙止步的绿色屏障在千里陇原修筑起来了。从1978年到2000年,甘肃省全面完成三北防护林一、二、三期建设,在全省风沙前沿建成长达1200公里、420万亩的防风固沙林(带),450多处风沙口得到有效治理,风沙危害明显减弱,局部得到有效控制。河西地区大力建设以乔木为主、乔灌草搭配、带片网结合、渠路林田配套的农田林网体系,有效保证了900多万亩绿洲农田的稳产、高产。2002年,三北防护林四期工程正式启动,"绿色长城"在延伸壮大。

陇原的山林静悄悄:昔日排成长龙、满载着圆木的大卡车了无踪影,刺耳的伐木声销声匿迹,喧嚣的林区又恢复了久违的宁静。

放在今天,这场景已称不上新闻,但在1998年10月初的白龙江林区,却是历史性的巨变,以至于当时林区人还不大习惯这种寂静呢。

伐木声曾是这里的"主旋律":从20世纪60年代大面积采伐天然林以来,甘肃省以森林采伐为主的国有林场已有222个,仅1997年木材产量就达78.19万立方米。采伐速度远远超过造林速度,致使大量的天然林资源遭受破坏。尽管创造了可观的产值,然而洪水、泥石流等各种自然灾害也接踵而至,造成巨大危害,严重制约了经济发展。

为了改善生态环境,保护现有森林资源,省政府于1998年9月25日发布布告:从1998年10月1日起在全省范围内全面停止天然林采伐,启动实施天然林资源保护工程。停采意味着原先以森林采伐为主的国有林区林业局(场)的2.8万多名职工面临下岗失业,这些单位也断了木头财源。

阵痛是暂时的,为了陇原青山永在的长远利益,再大的困难也挡不住甘肃省实施天然林保护工程的决心。

一声令下,斧锯入库。长江、黄河流域在甘肃省境内的白龙江、洮河、小陇山、子午岭、关山等国有天然林区全部停止采伐。全省林区1.7万多件(套)

斧锯入库封存，林区、林缘区13个木材交易市场、57个木材交易点、121个木材加工企业全部关闭。白龙江林业管理局做出规定：干部伐一棵树降一级使用，工人砍一棵树自丢饭碗。

林业生产来了一个历史性的急转弯，生态环境建设进入了一个全新的阶段。

各停采森工企业由采伐森林向营林护林转变，林场职工放下斧锯，拿起锄头，由砍树人变成了护林人和种树人。

全省林业实现了跨越式发展。到2001年底，甘肃省"天保工程"累计完成人工造林88.21万亩，飞播造林73万亩，森林抚育62.87万亩，封山育林363.81万亩。

经过多年的努力，陇原儿女在黄土地上呈上一份满意的答卷：森林覆盖率由20世纪80年代初的6.57%达到9.04%，上升了2.47个百分点；从1963年甘肃省建立第一个自然保护区至今，全省共建立森林生态、野生动物、荒漠和湿地类型自然保护区40处。

千山点点翠，万水悠悠青。一座座山峦穿上绿装，一条条绿色通道播撒绿荫，戈壁滩新添了绿洲，母亲河披上了绿纱……

从城市到乡村，全面打响生态工程"攻坚战"，可持续发展之路越走越宽

2002年9月6日，甘肃省生态建设再传喜讯：兰州市南北两山绿色工程通过国家验收，成为甘肃省第一个通过国家验收的国债投资建设的生态环境建设项目。

"全省绿化看兰州，兰州绿化看南北两山"。建国后，一代代兰州人背冰上山，绿化荒山。厂矿企事业单位和个人主动分片承包，引水上山，植树造林。建国50年间共造林绿化14万亩。

新世纪的第一个春天，绿化南北两山、改善生态环境的战役全面展开。在东西长60公里、南北宽5至50公里的工程范围内，党政军民齐上阵，千军万马战两山。已经离休的原省林业厅厅长禹贵民带头在兰州的门户中川承包1000亩荒山，如今170万株苗木茁壮成长。

造林专家算过一笔账，在两山种活一棵树，需要花二三十元，代价是南方种活一棵树的几十倍，就像养活一个孩子那么难。兰州市广大干部群众不畏艰难，奋力拼搏，仅在2000年和2001年两年间，就在两山新增造林绿化面积28万

亩，平均一年造林14万亩。

南北两山绿化堪称甘肃绿化史和我国生态环境建设史上的一个创举，创造了高扬程提灌规模最大、各行各业承包荒山面积最大、城市大环境绿化面积最大的全国"三个第一"，赢得了国家环保局"人造仙境第一山"的美誉。

朱镕基总理两次亲临南北两山视察，并亲手栽种了常青树，对南北两山绿化寄予了厚望。甘肃人民没有辜负总理的期望和重托，让荒山秃岭绿树成荫，70％的荒山基本绿化。南北两山的绿化成果，也更加坚定了全省人民治理生态的信心。

兰州市更美了。年降尘量由1981年的每平方公里35吨下降到20吨左右；大气污染大大减轻，降雨量则有所增加，生活环境越来越好。生态环境的改善，也吸引、留住了更多的投资者，给经济发展注入了活力。

就在南北两山渐渐染绿的时候，庄浪县干部群众也在治理山河、恢复森林植被中描绘着一幅幅壮丽画卷。

以往的庄浪，干旱缺水，植被稀少，沟壑纵横，贫穷不堪。"在庄浪这样一个地方，不改变恶劣的自然条件，农民就不可能得到温饱；而农民的温饱问题解决不了，其他的一切问题都无从谈起。"这是时任庄浪县委书记王浩林发自内心的话语。

面对恶劣的生态环境和严酷的生存条件，庄浪县40年如一日，大搞生态建设，在领导班子9次换届、11次更换主要领导的情况下，坚持一张蓝图绘到底，一届接着一届干。在全县400多座黄土山和2500多条沟壑中，营造人工林31万亩，保护天然林24万亩，义务植树2040万株，使森林覆盖率达到23.6％，林草覆盖率达到35％。由"苦瘠甲天下"的干旱县、"一方水土养活不了一方人"的国扶贫困县到实现山川秀美，成为全国生态建设的旗帜，再造秀美山川的典范。

庄浪县的巨变，使全省人民认准了：只有彻底改造恶劣的生产条件，才能从根本上摆脱经济发展的羁绊；只有坚持改善生态环境，才能实现经济和社会的可持续发展。

从庄浪到全省，全方位、大规模改善生态、建设秀美山川的新高潮一浪接着一浪。各地把生态建设作为立县之本，坚持以小流域治理为单元，山、水、田、林、路并重，工程措施、农艺措施和生物措施齐头并进，创造了各种有效的治理模式。干旱缺水、生态恶化的会宁县实行"山顶种草戴帽子，山腰梯田系带子，集雨补灌种果子，沟道造林穿靴子"，使生态环境逐步改善，农业生产稳步增效。

在定西地区，广大干部群众修梯田、办水利、种草种树、搞流域治理，将全区60％的耕地变成了水平梯田。关川河、官兴岔、九华沟等昔日的不毛之地以及临洮、通渭、陇西等县的荒山秃岭，如今已披上绿装。在新世纪的第一个春天，定西人骄傲地告诉世人：全地区农民提前一年实现了整体基本解决温饱的目标。

生态建设全方位延伸，被破坏的天然草原正在恢复和建设。在崇信、会宁等干旱县，从来都在山上吃草的羊群被赶下了山，入川"定居"；群众"退耕种苜蓿，暖棚养牛羊"，找到了生态建设与脱贫致富同步进行的最佳结合点。

在甘南、肃南等牧区，普遍采取围栏、灭鼠、补播、灌溉等直接改良措施和划区轮牧、暖棚养畜等间接措施，草地"三化"现象得到有效遏制。

生态建设任重道远。甘肃省尚有宜林荒山荒地4000多万亩，还有3000多万亩坡耕地和沙化耕地需逐年退耕还林，全省急需造林绿化的总面积达7000多万亩。到2010年，使森林覆盖率由现在的9.04％提高到13.6％——这是甘肃省生态建设新的蓝图，也是再造秀美山川的新召唤。

山清水秀会有时。陇原儿女坚持不懈致力于生态环境建设、可持续发展的道路将会越走越宽阔。

呵护"黄河之肾"——尕海

张 鹤 王朝霞 王 鄱

蓝天碧水间，来回穿梭、嬉戏、鸣唱的一只只黑鹳像翩翩起舞的黑衣仙子，在"绿色明珠"——尕海湖构成了一幅和谐、美丽的图画。

2009年4月2日，尕海—则岔国家级湿地自然保护区管理局党委书记、局长袁峰晓与尕海保护站副站长张勇在野外调查时发现，分布在尕海湖区的黑鹳种群总数达310只以上，为目前国内最大的黑鹳种群。同时，尕海湖面也达到有史以来最高水平。

毋庸置疑，这是尕海湿地生态环境保护和恢复带来的明显效果。

在玛曲黄河首曲湿地，从巴颜喀拉山谷奔涌而出的母亲河，一改咆哮千里之势，缓缓流淌在甘南这片宽阔平坦的草原上。在湛蓝的天空下，呈现出蓝宝石一般的光彩，想不到滔滔黄河，在这里却是如此恬静和清澈。

绿色地毯上，身着藏袍的牧民们与洁白的羊群闲适漫步，传来一阵阵悠扬的牧歌。

面对草原、群鸟、湖泊、牧歌，我们心中欣喜异常——为这美丽的景色，也为脚下这一片养育着自然万物与人类的湿地。

尕海湿地是被美誉为"黄河之肾"的甘南湿地的"小脏体"，是著名的若尔盖湿地的重要组成部分，属于世界上稀有的高原沼泽湿地。2006年7月，著名泥炭学家、国际泥炭协会秘书长汉斯考察尕海湿地后给予了高度评价："这是国际上保存最原始、最完好、没有受到人为破坏的最好的泥炭地。"

保护好尕海，就是保护好黄河

湿地，能排除有毒物进入水体，被誉为"地球之肾"，与森林、海洋并称为全球三大生态系统。包括湖泊、河流、河口、沼泽、水库、池塘甚至水稻田。它既是陆地天然蓄水库，又有丰富的野生动植物资源；它不但是珍稀水禽的繁殖和越冬地，也是人类水源和食物的储备库。

与尕海湿地相邻的是玛曲湿地，它们对黄河有着得天独厚的"造血"和"输血"功能，像一个巨大的海绵垫，雨季消纳洪水，干旱释放水分，它们为黄河补给的水量是黄河源区总径流量的近50%。黄河在这里得到大量水源补给后，立刻由一位瘦弱少年长成为身强力壮的小伙子。再加上发源于甘南地区的黄河上游重要支流洮河与大夏河的水量支援，流在甘南大地上的黄河简直就成了气壮如牛的武士了。

据测算，黄河自青海省久治县门堂乡流入甘南时水量为137亿立方米，只占黄河总水量的20%；而流经甘南再返入青海省河南县时，流量增加到164亿立方米，占黄河总水量的65%。其中补充地表水27.1亿立方米，补充水量达45%。甘南湿地有补给水源、净化水质的功能，故被称为"黄河蓄水池"、"中华水塔"、"黄河之肾"。

如果说海拔8848米的珠穆朗玛峰是青藏高原的头颅，那么总面积14万公顷的尕海湿地无疑是青藏高原平坦的胸膛。流淌在甘南尕海湿地怀抱里的黄河，在这里汲取母亲的乳汁，伴着孩提走过童年，摇曳着婀娜多姿的舞步，生儿育女，哺育着千千万万的华夏儿女，孕育着中华文明。

以河流、湖泊、沼泽和沼泽化草甸构成的尕海湿地生态环境，培育了特有的植物种群，成了野生动物的乐园。国内动物学专家、武汉大学野生动物研究所博士曾宪海将甘南尕海-则岔列为我国动物区系古北界北方区全部陆栖脊椎动物和鸟类多样性偏高值区，被美誉为动植物"基因库"。据调查，这里的野生动物达268种，鸟类214种，兽类40种，鱼类9种，两栖类5种，其中雪豹、林麝、黑颈鹤、黑鹳、金雕等国家一级保护动物10种，对保育我国北方动物多样性有重要意义。

相关专家指出，黄河发源于青海，但成河于甘南高原。甘南尕海湿地，是黄河流域子孙的生命之源，是黄河上游的一道天然生态屏障。甘南生态安全，关系到黄河流域9省区的社会发展与生态保护。甘南黄河上游水源补给区水量收支动态，牵连着黄河中下游广大地区，维系着大半个中国的生态安全和社会经济的可持续发展。保护好甘南尕海湿地，就是保护好黄河。

"蓄水池"功能一旦减弱，即成我国第四大沙尘源

记者在碌曲县采访时，作为甘南尕海湿地保护的"第一人"，袁峰晓向记者回忆的当初尕海湿地发出干涩的枯萎声和黄河的呻吟，像一个个清晰的影像在我们的眼前闪现：

1995年、1997年、2000年，尕海湖曾三度干涸，以鱼虾为生的水鸟大大减少，湖区泥炭地发生退化……那时，尕海两岸，不是水草丛生、水鸟清啼的河谷湿地，而是连绵起伏的沙丘，黄茫茫一片，剥蚀着坍塌毁损的湖岸。黄色的干沙丘与远处绿色的草原形成鲜明的对比。而沿公路边，修过路的断层上则清晰地显示：上面是一层薄薄的草皮，下面是触目惊心的黄沙。

3年前，藏族牧民高拜曾指着稀稀拉拉的草场，比划着："以前，这里的草场淹过膝盖，如今草长得不好了，像老年人的头发一样快掉光了；以前，这里是水草滩，牛羊都喜欢吃这些水草，如今是草质很差的干草滩。"

70岁的达尔吉老人也曾伤心过："以前这里的草长得很厚，很密，走在上面像走在地毯上一样。"达尔吉指着满地乱跑的肥硕的旱獭说："这些旱獭，还有鼢鼠，啃坏了草根。"

据中国气象局兰州干旱气象研究所遥感动态监测研究表明，在全球气候持续变暖情况下，甘南湿地整体上呈明显萎缩之势。数据显示，甘南湿地由20世纪80年代的42.7万平方公里萎缩到2007年的17.5万平方公里。其中，玛曲湿地干涸面积已达10.2万平方公里，原有的6.6万平方公里沼泽湿地已缩小到不足2万平方公里；与其相连的四川若尔盖湿地，构成黄河上游水源最主要的补充地，但面积却在痛心地缩小。

湿地面积锐减，导致水源涵养能力降低，河流补给量减少，天然草原退化，土地沙化严重，"黄河之肾"面临衰竭。

这是一组甘南黄河重要水源补给区生态恶化的数字：

80%以上天然草原退化，牧草产草量由20世纪80年代的每亩370公斤下降到目前不足270公斤，优质牧草比例由70%下降到45%，毒杂草由30%上升到55%；鼠害面积达128.6万平方公里，每年因鼠害而损失的牧草达4.8亿公斤；玛曲黄河沿岸出现沙化草原（黑土滩）18万平方公里，沙化线形成220公里长的流动沙丘带，

每年以3.9%的速度扩展；黄河玛曲段补给黄河水量减少了25%，洮河径流量减少27%，大夏河减少了11.8%，县境内28条黄河支流已有11条干涸，尕海湖曾3次干涸见底；约有75种植物物种濒临灭绝，栖息的野生动物不断减少……

黄河源头地区的断流现象，使得整个黄河流域水资源供需矛盾日益尖锐。据有关资料显示，山东省1997年断流造成的经济损失达100亿元，其中20亿元是甘南及其以上地段，尤其是黄河首曲的湿地萎缩、草原退化、水源涵养能力下降因素造成的。

由于全球气候变暖、雪线上升、人口增加、超载过牧、采伐林木等因素，甘南湿地遭到严重创伤，被蚕食鲸吞，支离破碎。

有专家认为，甘南尕海等湿地的"蓄水池"功能一旦减弱，黄河中下游、沿黄9省区乃至半个中国都要为此受损。尕海湿地与玛曲湿地在蓄水、涵养水源、防止水土流失等方面起着不可低估的作用，对于调节黄河水量、泥沙量、小气候及维持区域生态平衡极其重要，直接影响着黄河中下游地区的生态环境。

从事高寒草地研究已有20多年的兰州大学教授杜国祯说："碌曲、玛曲的表层仅为一层30厘米-40厘米厚的黑土，下面全是沙子，而现在出现的沙化现象所暴露出的本质问题就是这里的湿地已经弱不禁风。"他说，"按照近20年的退化速度，如果不采取有效措施治理，不出10年时间，甘南湿地乃至青藏高原东部将成为我国第四大沙尘源，其强度和危害程度有可能不亚于其他沙尘源。"

尕海入选"中华50名湖"，成为鸟类天堂

甘南严重的生态问题，引起了中央、省上、甘南藏族自治州和国际组织以及社会各界专家、学者的高度关注，并着力为构建生态甘南殚精竭虑。他们为营造绿色甘南呼吁奔走，为建设和谐甘南群策群力，从而促进人与自然和谐发展、经济与环境协调发展。

1998年，尕海—则岔国家级湿地自然保护区管理局成立后，一场拯救尕海、保护湿地的"战役"悄然展开：

2001年以来，时任甘肃省副省长的洛桑灵智多杰负责，省发改委牵头组织兰州大学、甘肃农大、西北师大的9名专家教授，启动《青藏高原甘南生态经济示范区研究》前期性研究课题；时任甘肃省委书记苏荣、省长陆浩曾先后几次作出重要指示，亲自推动其前期工作、规划工作和申报工作；

2002年，尕海国家级湿地自然保护区实施尕海湖蓄水工程，尕海湖重新恢

复原来水位；

2004年，省、州加大生态环境建设投资力度，累计投资2.46亿元，开展生态环境治理；

2005年7、8月，北京大学校长许智宏、中科院兰州分院院长程国栋、全国政协人口环境资源委员会副主任温克刚等分别带领有关专家，到甘南实地考察，12位院士为保护黄河上游生态环境热诚建言献策，联名上书国务院，提交了《关于甘南黄河重要水源补给区生态环境恶化亟待国家支持保护与治理的建议》；

2005年11月，国务院总理温家宝、副总理曾培炎分别做出了重要批示，要求国家发改委等部委拿出意见；

2006年3月，《甘南黄河重要水源补给区生态保护与建设项目规划》通过国务院西开办专家评审，列入国家"十一五"规划，总投资66.4亿元，上报国务院待批；

2006年11月，甘南黄河上游重要水源补给区生态功能保护区规划通过国家环保总局专家评审，上报国务院；

2007年3月，全国"两会"期间，人大代表、政协委员和专家形成甘肃黄河流域水土保持生态建设的提案；

2007年底，为保护甘南湿地这一"黄河之肾"，《甘南黄河重要水源补给生态功能区生态保护与建设规划》正式被国家发改委批复，总投资达44.51亿元，以改善甘南州生态环境，提高黄河水源涵养能力；

2008年初，在温家宝、曾培炎、华建敏等领导的直接关注下，原尕玛公路（尕海到玛曲）进行改道，投资4.7亿元巨资修筑新尕玛公路。

......

这个时间序列表，对甘南州颇不寻常。这里没有惊天动地的大事，没有波澜壮阔的起伏，但保护甘南尕海湿地的根根脉脉赫然在目，治理活动此起彼伏，风生水起。倾注着各级领导和相关专家的巨大心血，凝结着甘南人民群众的热切期盼。特别是甘肃尕海—则岔国家级湿地自然保护区管理局成立之后，尕海湿地保护走上了法律、科学的道路。

尕海—则岔国家级自然保护区位于青藏高原东北边缘的碌曲县境内，跨黄河和长江两大水系，是黄河最大支流洮河和长江二级支流白龙江的发源地；是由1982年建立的尕海保护区和1992年建立的则岔保护区于1998年合并晋升而成的，是我国少见的集森林和野生动物型、高原湿地型、高原草甸型三重功能为一体的珍稀野生动植物自然保护区。区内蕴藏着丰富的生物资源，特有动植物种类丰富，国家重点保护物种集中，区系组成复杂。保护区总面积247431公顷，其中林业用地40772公顷，湿地43176公顷；有高等植物523种，有冬虫夏草等国家重点保护野生植物14种；脊椎动物有199种，占全省脊椎动物种数的21.5%；国家重点保护野生动物40多种，占全省国家重点保护野生动物种数的40%；有274种种子植物和40种脊椎动物为我国特有，是珍稀濒危野生动物黑颈鹤和黑鹳的繁殖地之一，在生物多样性保护方面具有全球性意义。

保护区还是黄河上游最大支流——洮河的主要发源地和水源涵养地。全区年均水资源总量为36.39亿立方米，其中自产水总量为8.24亿立方米，是甘肃中东部地区生产、生活、生态用水的命脉地之一。所以说，搞好尕海-则岔保护区建设对于生物多样性保护和研究以及涵养水源，对促进甘肃和当地少数民族地区社会经济持续发展均具有十分重要的意义。

管理局成立以来，采取有效措施，湿地保护卓有成效。他们通过采取筑坝引水、核心区围栏育草、禁牧休牧、草场改良等生态保护等一系列措施，使尕海湖区周边60%以上已经干涸的山泉恢复出水，尕海湖面积也由20世纪90年代的480公顷恢复到现在的2170公顷，为过去的4.5倍。在2008年7月新疆阿勒泰召开的"山地湿地综合管理国际研讨会"上，得到国际湿地专家汉斯教授研究成果的印证和赞赏。

作为甘肃最大的高原淡水湖，尕海湖成功入选"中华50名湖"。

管理局成立以来发现的鸟类分布新纪录就有69种，使全区鸟类种数达214种，数量最多时达2.1万余只。

国家一级保护动物黑鹳从2004年的不足10只，增加到2009年春季的310多只。成群的雁鸭、棕头鸥等上百种鸟类在这里产卵、育雏，特别是国家一级保护动物黑颈鹤成群在这里栖息、越夏、繁殖，尕海湿地又成为黑颈鹤的重要繁殖地之一。有效地保护措施使尕海湿地水草丰茂、水生生物丰富、生态环境良好，已成为鸟类天堂。

区划界定重点公益林40772公顷，对4930公顷天然林资源进行管护，完成疏林地封山育林1741公顷。制定了森林资源管护责任制，保护站、护林队、护林责任人层层签订了管护合同，森林覆盖率达到14%。

长期进行科学监测，完成了保护区动植物资源综合调查和泥炭资源初步调查，掌握了保护区自然资源的消长变化，为领导决策提供了科学依据。并完成了《尕海湿地保护工程规划》、《甘肃高原沼泽湿地野外培训基地建设》、《自然保护区二期工程建设》等项目规划，为保护区科学管理奠定了基础。

实施《甘肃尕海-则岔国家级自然保护区一期工程项目》规划，完成科研办公楼、尕海保护站、则岔保护站、气象观测站等建设，为保护区发展奠定了基础；积极争取到尕海湿地保护与恢复建设项目资金1455万元及国家级野生动物疫源疫病监测站建设项目资金40万元，为自然保护区的发展增添了后劲。

多年来，每逢湿地日、地球日、爱鸟周、护林防火期，保护区采取多种措施，深入乡村、牧场、社区，向保护区群众、社会各界广泛宣传有关自然资源保护的法律法规、政策知识等，切实提高了广大干部群众保护生态环境的自觉性。甘肃省为国内第二个颁布湿地保护地方法规的省份。

甘南州农林局野生动植物保护管理科工作人员王雄向记者讲述了这样一则历史事实：早在20世纪70年代，四川若尔盖地区为提高当地牧民收入，在湿地修建排水沟，排掉湿地所涵养的水分，用湿地下面的泥炭生产化肥，将大片湿地变成干草场扩大放牧，曾一度给当地群众带来收益，却破坏了湿地生态环境，且难以恢复。如今，那些排水沟全部关闭。"幸运的是，当时的甘南州比较落后守旧，跟不上形势，反而保护了甘南湿地。"

20世纪中叶以来，随着生态环境恶化、自然灾害频发，湿地的功能和作用越来越被人类所认同。1971年2月2日，一个旨在保护和合理利用全球湿地的公约《关于特别是作为水禽栖息地的国际重要湿地公约》（简称《湿地公约》）在伊朗拉姆萨尔签署。这项国际上重要的自然保护公约，越来越多地受到各国政府的重视。

中国于1992年加入这个公约，并于当年通过申请将首批7个湿地保护区列入国际重要湿地名录。1998年的特大洪水之后，我国出台了"退田还湖、移民建镇、平垸行洪"等32字方针，开始了大规模的湿地恢复工作。2003年，国务院批准的《全国湿地保护工程规划》提出：到2030年，中国湿地自然保护区将发展到713个，国际重要湿地达到80个，使90%以上的天然湿地得到有效保护。目前，甘肃省的黄河首曲湿地正在积极申报国际重要湿地。

甘肃省对湿地保护历来重视，早在2003年11月28日，甘肃省十届人大常委会第七次会议全票通过的《甘肃省湿地保护条例》，是继黑龙江省之后，我国颁布的第二部湿地保护地方法规。并于2004年2月2日"国际湿地日"起施行。这部法规历时5次省内外调研，2年研究探讨，并经国家林业局湿地项目办召集的专家评审，对甘肃省合理开发利用资源，实现可持续发展和人类生态协调发展发挥重要作用。

这部湿地保护法规极大地促进了甘肃省湿地保护，尤其是甘南湿地保护迈入法制化、规范化轨道。甘南州对湿地的监管措施和执法能力不断提升，投入大量资金实施了筑坝引水、填埋排水沟、引导牧民合理放牧等一系列湿地恢复措施，实施国际湿地生物多样性保护、天然林保护、天然草原植被恢复等项目，积极恢复湿地生态环境。

同时，甘南州在全省率先开展对公路、水电、矿山建设项目生态环境的监督检查，对生态破坏较为严重的项目采取挂黑牌督办、下发整改通知书等办法，取得了实际效果。逐步探索实行生态补偿机制，按照"谁破坏、谁补偿、谁恢复"的原则，上下联动、公众参与、不断推进湿地自然生态系统和社会经济发展的良性循环。

尕海，孕育着绿色的希望

甘南人民与他们赖以生存的湿地相依为伴、心魂相守、休戚与共，面对绿色家园被一点点蚕食，不仅顾及到自己的利益，而且考虑到黄河下游人民群众的利益。为了国家利益，民族大义，将黄河上游生态源保护放在全国"大盘子"里，保护湿地中贯穿着科学发展观的人本理念。

甘南州一位负责人告诉记者："甘南州将以科学发展观的战略眼光，按照胡锦涛总书记提出的'扩大分子、缩小分母'思路，进行黄河上游生态保护。"

为此，甘南州改变畜牧业经济发展模式，提出并实施"农牧互补"战略工程，即在牧区繁育、农区育肥、农区种草、牧区补饲，扩大专业化、规模化养殖，反季节出栏，提高养殖质量，缩小养殖数量，减少草场载畜量；同时通过发展畜产品加工业、旅游生态产业及第三产业，合理流转从事畜牧业者，从而减少牧民，减轻草场压力，推动对尕海的保护。

与此同时，尕海－则岔国家级自然保护区管理局通过引水、筑坝、生态保护，使湿地大面积恢复；同时，为了进一步加强湿地保护，在省、州发改委的关心和帮助下，尕海乡政府、卫生院等单位已迁出核心区，分散居住在核心区的82户牧民也相继迁出，2009年底，核心区牧户将全部迁出。

记者看到"提高畜牧质量"的"扩大分子"的尝试。

牧民道瑞告诉记者："我全家长年过着'择水草而居'的生活，住的是牦牛毡帐篷，走哪儿靠牦牛驮。草场上经过多年放牧，草都被羊啃坏了，如今2000多亩冬季草场都禁牧了，搬迁到定居点，新建了暖棚圈舍，养了200多只细毛羊，剪羊毛和羊出栏年收入2万多元。"

记者也看到了"减少牧民"的"缩小分母"的实例。

牧民扎西草将自家的牧场、牛羊流转承包给村上的养殖大户，她专门搞缝纫。而像碌曲县这样的劳务输转空白县，2009年已有多人首次走出家门到北京务工，在朝阳保安公司和中青联家政服务公司作保安和家政师。副县长邱暄美介绍说："牧民们以前的观念是在草原上放牧，如今一些初高中毕业生、复转军人、青年牧民，在县上的引导下，外出打工或从事二、三产业，从而减轻载畜量，合理利用草场。"

甘南州以藏族为主的各族群众，以黄河流域的全局意识、造福子孙的超前意识、顾全大局的大局意识，从大到实施"农牧互补"工程，小到禁止使用塑料袋，率先行动，治理环境。

这里，孕育着绿色的希望——

在"甘肃第一大淡水湖"尕海湖四周，随处可见一方方被水泥桩、铁丝围栏的草场，由于草场休养生息，自然修复，披碱草、老芒草、冰草等碧绿盎然，茂密葱郁。

在碌曲县尕海乡，一排排红顶白墙的牧民新居，一方方塑料罩顶的暖棚圈舍，在交通便利的乡镇中心周边，崛起一个个亮丽的牧民新村。在牧民新村大力发展舍饲畜牧业，引导牧区群众由传统生活方式转向现代生活方式，走住宅定居化、牲畜喂养棚圈化、饲草生产基地化的路子。

分散在广大草原上的游牧藏民，受历史上藏传佛教文化的影响，从生活的一点一滴去保护自己的绿色家园。不杀生、不捕猎、不挖虫草；烧的是牛粪，洁净环保，给草原上没有带来煤渣煤灰的污染或砍薪伐木的破坏；游牧收帐篷时，从未忘记将帐篷四个角坑填平。

你可以看到，一些沙丘上布满了密密麻麻的草方格，草方格里长出星星点点的沙棘、柴胡、燕麦草，透着新绿。在干旱草场上的节水试点处，节水喷头喷洒细细雨雾，滋润了碧绿草场。

回到本文开头的尕海湖，记者也在尕海湿地看到，高原明珠四处可见野鸟闲飞的湿地恢复的美好景象。

……

甘南人民坚信，甘南州的绿色永远不会褪去，哗啦啦的流水声像藏族的歌声一样长存；草原的温柔和森林的奔放共同映衬着的天空，将永远碧蓝；甘南州会一直是植物的王国、动物的乐土、鸟类的天堂。漫山遍野的牛羊是这草原的精灵，将一遍又一遍地复制出甘南的富足与欢乐。

面对新的曙光，历史将再一次见证这里的一切：一幅浓墨泼彩的秀水青山，绿色小镇，环保新村，人与自然和谐相处，黄河流域经济社会与生态文明协调发展的美丽画卷，正向我们舒展开来。

含泪水援额济纳

张吉荣　程　琦　卢吉平

黑河，在大漠上静静地流淌。

在千百年的历史变迁中，黑河孕育了丝路明珠"金张掖"的文明富饶，也目睹了内蒙古额济纳旗居延绿洲的退化。

新世纪之初，黑河实现了历史上第一次跨省区调水，奏响了一曲绿色的颂歌。时任国务院总理朱镕基颔首赞叹："黑河调水是一曲绿色的颂歌，值得大书而特书。"国务院总理温家宝也给予高度评价："黑河分水的成功……为河流水量的统一调度和科学管理提供了宝贵的经验。"

2002年6月8日，随着黑河草滩庄引水枢纽开闸放水，黑河洪峰以每秒261立方米的流速，再次向下游输水。当天下午，水流顺利通过黑河平川大桥。黑河第三次跨省区调水的序幕拉开了……

流逝的居延绿洲

黑河，源自于冰峰雪岭的祁连山，她将融化的雪水、山间的清泉、沟谷的溪流，融汇在一起，分两路向东西流淌。一路发源于青海省祁连县的俄博东景阳岭，奔流100多公里，称为八宝河。一路发源于祁连县的托赖山，行程约75公里，称作伏牛河。

两条源流越陡峡、穿深谷，在黄藏寺汇合后，才称作黑河。冰清玉洁的黑河水出莺落峡，走进张掖绿洲平原，又穿越合黎山，流入内蒙古的额济纳旗，隐入居延海，全长820多公里。

黑河下游的古居延绿洲，现为内蒙古自治区西端的额济纳旗。这里历史悠久，早在原始社会就有人类活动；先秦时被称为"流沙"或"弱水流沙"；秦汉以后，这里水草丰美，胡杨遍布，是匈奴放牧的优质牧场，易名为"居延"，有着"幽隐"之意。

1944年，我国著名的农林学家董正钧踏访古居延绿洲，曾欣喜地描述："湖滨密生芦苇，入秋芦花飞舞，宛如柳絮。马牛驼群，随处可遇。鹅翔天际，鸭游绿波，碧水青天，马嘶雁鸣，缀以芦草风声，真不知为天上人间，而尽忘长征之戈壁苦矣。"

黑河，在地处巴丹吉林沙漠腹地的额济纳旗，孕育了世界仅存的三大原始胡杨林区之一。美丽的胡杨是一种特别耐旱、耐寒的沙生树木。初春时节，遍布于居延海的大片胡杨树长出鲜嫩的叶芽，给荒凉的沙漠戈壁带来春天的气息，添上点点绿色。

然而，20世纪60年代以来，由于气候变暖和冰川萎缩，祁连山雪线上升，以及人类无序用水等诸多因素，导致黑河下游水量锐减。中下游分界处的狼心山水文站河段，年均径流量由过去的5.34亿立方米减为3.05亿立方米。在50年代，西居延海约为267平方公里，东居延海为35平方公里。这两个美丽的海子，在1961年和1992年竟先后枯竭。

昔日水丰草茂的景象逐渐被沙漠化、荒漠化取而代之。60年代至今，居延绿洲消失水域面积370万亩，每年有4万亩胡杨、沙枣、红柳枯死。植被覆盖率大于70％的林草地面积减少了288万亩。在短短20年间，额济纳旗植被覆盖率小于10％的戈壁、沙漠面积，增加了462平方公里，年均增长约23平方公里。作为世界三大胡杨林区之一的额济纳旗胡杨林面积，由50年代的75万亩缩小到30多万亩，一半以上的胡杨林魂归沙海。

一串串枯燥的数字，一串串惊人的数字……

如今，由于水域、植被和沙化等下垫面的劣变，逐渐引发了局部天气的演变，我国北方沙尘暴天气逐年增多。追根溯源，额济纳旗这片曾让人向往的绿洲，却和沙尘暴源头连在一起。2000年5月12日，中央电视台专题片《沙起额济纳》播出后，社会各界反响强烈，党和国家领导人深感震惊。

调水谱颂歌

黑河流域水资源和生态环境问题，引起了国务院的高度重视。2000年春季，国务院作出黑河跨省际分水的重要决策。当年1月26日，黄河水利委员会黑河流域管理局在兰州挂牌。5月份，《黑河干流水量调度管理暂行办法》、《1999—2000年度黑河干流水量实时调度方案》出台实施。前者成为黑河流域管理史上

第一部由国家部委颁发实施的行政规章，后者成为由国家部委颁发实施的第一个分水具体操作办法。

新制定的分水办法中，采用"平行线"原则，即根据莺落峡当年来水的多少，确定正义峡相应的下泄水量指标。经国务院批准，分水方案于当年7月正式开始实施。从此，一个保证重点、兼顾全局的合理配置水资源的机制开始运转。

2000年8月21日起，黑河干流前后5次"全线闭口，集中下泄"。

8月30日，额济纳旗哨马营断面过流。

9月13日，额济纳旗狼心山断面过流。

10月3日，滚滚黑河水终于流淌到了饱受断流之苦的额济纳旗政府所在地——达来库布镇。

当时正值额济纳旗一年一度的"金秋胡杨节"开幕之际，当地百姓欢呼雀跃，奔走相告。狼心山下，西河过水30多公里，东河过水180多公里，使干旱久渴的两万多亩林草地得以灌溉。

分水的压力，沉甸甸地压在每一名张掖市领导和农民的身上——按照规定分水后，黑河向下游新增下泄量2.55亿立方米，意味着张掖必须削减引水量5.8亿立方米，相当于4万公顷耕地的用水量，也相当于依附在土地上的20多万农民将失去基本依靠。

10月中旬，张掖地区正值冬灌用水高峰期，当地的干部群众却眼含着泪花，开启了高台县明塘湖、天城湖和后头湖3座水库闸门，通过黑河河道向下游正义峡送水。此次调水，使张掖地区30万亩农田没有得到冬灌，农作物受旱面积达100多万亩。

2001年2月15日，水利部在北京召开会议，隆重庆贺黑河调水成功，并表彰了"绿色颂歌"的谱写者：张掖地区行署水利电力处荣获先进集体光荣称号；张正谦、文万祥和滚长明荣获先进个人光荣称号。

在水利部和甘肃省委、省政府的坚强领导下，成功实现了黑河历史上首次跨省区分水。但2001年，黑河流域遭受了60年不遇的特大干旱，黑河分水任务还能实现吗？要知道，仅在中游地区就有60多个引水口门，而且都是无坝引水；从草滩庄枢纽放水，要经过3天多才能到达正义峡，相当一部分水被饥渴的"母亲"自己"消化"了；加上沿岸部分群众因干旱着急而偷水、抢水，张掖地区组织的第一次闭口分水行动，未达到预期目的，10天内草滩庄枢纽过水0.5亿立方米，正义峡只下泄了250多万立方米。

"统一闭口，集中下泄。"关键时刻，张掖地委、行署果断决定。在第二次分水前，地区先是"挥泪斩马谡"，对第一次分水失利负有责任的几名干部给予了相应的处分，接着又层层签订责任状，派出督查组在各渠口日夜巡回督查；水闸全部上了铁锁，贴上封条，3名干部包一个水闸，自带干粮，风餐露宿，昼夜"人不离口，口不离人"；地、县、市干部和全区1000多名水利职工"倾巢出动"，在黑河岸边形成了一支庞大的"护水队"。

黑河水静静地流淌，沿线淳朴的张掖百姓肃立河边，流着眼泪看着救命之水向西北方向直泻而下，一放就是整整19天。而他们只能眼巴巴地瞅着自家的玉米旱得叶子发卷、枝秆发蔫。张掖市新墩镇双堡村党支部书记赵国平感慨地说："多少年了，我们从没愁过水。可眼下水从门前过，地却不能浇，群众有怨言哪！"说归说，可做起群众工作来，他还真有一套。闭闸后的第6天，看到有些群众情绪不稳定，赵国平及时召开支委会，组织党员干部和部分有怨言的群众，乘车沿黑河看了一圈儿，回来后，大伙儿便心平气顺了。因为沿岸的闸口都紧闭着，谁家的地都没浇。这个秋天，双堡村尽管受旱，但没有一个人偷水，没有一个人闹事。

在调水的日日夜夜里，张掖人民谱写了一曲曲无私奉献的颂歌，许多故事至今令人难忘。毛正智，这位张掖市小满乡普通的庄稼汉，放下手头的农活，收拾起简单的行李，开始了他30多个日日夜夜堵坝护水的艰苦历程。灰黄的戈壁，混浊的河水，轰鸣的机器声，简陋的帐篷，干硬的馒头，落满沙尘的水壶，还有孤独的护水人，构成了黑河调水史上独特的风光。

9月10日，黑河来水猛增，河水疯狂地"撕扯"着新堆起的砂石堤岸，随时都有决堤的危险！毛正智驾驶推土机拼命地推、堵，但推土机却不遂人意，突然熄了火，这是一件多么令人焦急的事啊！毛正智心急火燎地维修机器，不慎一个部件掉下来，重重地砸在脚上，血浸透了鞋袜。他没顾上包扎，咬咬牙继续干，直到调水全面结束，才离开了拦水坝。

2001年9月17日，寄托着张掖120多万人民深情厚谊的黑河水，如一位远嫁的新娘，历时743小时，穿过500多公里的茫茫戈壁，终于到达了额济纳旗政府所在地达来库布镇。

河水欢笑荡清波，黑河轻轻地亲吻着那焦渴的土地。额济纳旗党政领导激动万分，无语凝噎，情不自禁地跟着水头，走了很久很久。旗长孙万元的第一反应就是立即接通水利部派驻张掖地区挂职的专员助理陈晓军的电话："现在是9月17日中午1时52分。我向您报告：水头已到达来库布镇一道桥。感谢张掖地区，感谢水利部……尔后这位蒙古族汉子就哽咽了。

望着缓缓流淌的黑河水，达来库布镇的乡亲们充满深情地说："没有党中央、国务院的关心，没有张掖人民的无私奉献，我们就得不到这'救命水'。"一位蒙古族老阿妈捧起拌和着泥沙的黑河水，激动得说不出话来。秋高气爽，大地流金。额济纳旗一年一度的胡杨节，因黑河水的到来，平添了几多浓厚的节日气氛，整个乡村笼罩在无限的喜悦当中……

中游甘肃人民一点一滴节约下来的黑河水，给干涸多年的额济纳带来了绿色和生命，多年不见的大雁等候鸟成群结队地回到了故地；2002年7月17日，东居延海经过10年干涸后又重新进水，并在2003年形成最大水域面积35.7平方公里；2003年9月24日，黑河水终于注入满目盐碱、黄沙的西居延海，干涸43年之久的西北大湖重获新生。至此，黑河下游沿东、西两河全线过流，首尾贯通。这标志着国务院确立的黑河流域综合治理第一阶段目标已经实现。

如今再来到额济纳，湖水清澈，水草开始复苏，东居延海特有的大头鱼也重新出现了。2001年围封的10万亩胡杨林已枝叶繁茂，额济纳绿洲又开始焕发出勃勃生机。

黑河治水史

黑河地跨青海、甘肃和内蒙古自治区，是我国第二大内陆河流。自古以来，黑河就养育着两岸数百万生灵。历史上贤明的地方官都十分重视兴修水利，充分利用黑河水的灌溉之利，又尽可能防止黑河洪水带来的灾患。

唐朝武则天时，甘州（今张掖）刺史李汉通受凉州（今武威）都督郭元振之命，在甘州屯田，兴修水利以便利引黑河水。明朝的巡抚都御史杨博更是实行奖勤罚懒的办法治理河渠。

黑河流域水事纠纷，最早的记载见于明末清初。清朝雍正四年（1726年），驻甘巡抚年羹尧订立"均水制"，以消解甘肃内部水事矛盾，并借军事力量强制实施。当时规定，分水时主要负责官员官升一级，县官挂州官衔，水规大似军规。有权临阵处置均水情况，官员不从罢官，百姓不从杀头。这段史话在黑河沿岸已是家喻户晓。均水制实行后，黑河水事纠纷骤减，均水制度也被一直沿用到新中国成立。

清朝雍正年间的慕国沿黑河大挖渠道，增修配套设施，解决排洪与灌溉的矛盾。清末左宗棠督兵河西期间，又新开挖7条渠。黑河灌溉着张掖的农田，维系着张掖的农业经济，自古就有"杨慕左珍贵黑河水"、"苏宁阿力保黑河源"

的故事。

新中国成立后,有关部门在原均水制度的基础上,先后经过5次调整,形成了20世纪60年代后一年两次的均水制度。但这些均水制度只对黑河中游用水做出了一些规定,而对下游额济纳旗的生态没有予以考虑。而黑河的治理却从未间断过。1984年9月动工兴建的黑河草滩庄枢纽工程,结束了黑河无坝引水的历史。

由于气候干旱,资源性缺水严重,黑河流域中下游多年平均降水量由西南部的140毫米逐渐向东北部递减至47毫米,多年平均蒸发量则由西南部的1407毫米递增到2249毫米,干旱指数最高达82。随着黑河中游人口的增加,灌溉面积的增长,太多的生活和生产用水挤占了必需的生态用水。

黑河流域水资源总量为28亿立方米,可供水量仅16多亿立方米,而全流域实际需水量为20多亿立方米,经济社会发展和人类用水量严重超越了水资源的承载能力,用水矛盾日益突出。黑河只能无助地听任下游生态系统破坏、恶化……

生态的破坏就是对人类自身生存物质基础的破坏,资源的枯竭意味着人类前进和发展步伐的艰难。因此,合理配置水资源,拯救居延海,便成为党中央、国务院和地方政府共同的焦点。

调整结构节约水

黑河调水成功,固然可喜可贺,但上中游生态环境不容乐观,综合治理黑河生态环境已迫在眉睫。而治理黑河,其核心问题就是既要削减中游的用水量,把一部分有限的水资源分配给下游,又要保障中游的经济、生态和城市用水。

位居黑河中游的金张掖,自西汉开始,就是我国北方的重要粮仓。"弱水西流出汉边,绿杨阴里系渔船。此乡鱼米堪招隐,到处莺花淡俗缘。杯酒园蔬村客醉,山桃溪柳暮春烟。何时解组来湖上,料理琴樽结数椽。"清代诗人廷栋这样描写了黑河岸边古甘州的秀美景象。如今,有着126万人口、300万亩良田的张掖,是全国十大商品粮基地、全国蔬菜基地之一。

与额济纳旗一样,张掖同处极度干旱的西北内陆,年蒸发量是降水量的10倍。除了黑河水,张掖上百万百姓生产生活用水别无指靠。毫不夸张地说,"金张掖"的兴衰维系于一水荣枯之间。

按照国家确定的黑河分水方案,正义峡下泄量达到9.5亿立方米时,意味着张掖地区要在现状用水量中拿出5.66亿立方米,才能保证向下游增泄2.55亿立方米。这就意味着要削减张掖地区现状用水总量达23%,相当于现状条件下60万亩耕地的用水量。

目前张掖地区用水总量约为24.49亿立方米,其中工业及城镇生活用水0.81亿立方米,仅占社会用水总量的3.4%,而农业及农村生活用水为23.68亿立方米,占社会用水总量的比例高达96.6%。

因此,合理配置水资源,关键是在中游调整结构节约用水上做文章。2000年,第一次成功调水后,围绕节水工作,张掖地区加大了经济结构调整的力度。

临泽县板桥乡西湾村,是有名的鱼米之乡。黑河水把这片土地滋润得疏松油黑,种啥成啥,村民的日子过得红红火火。可自从2000年黑河开始调水,西湾村便由昔日的泽国水乡一下子变成了缺水村。

过去西湾村有个说法,叫"三不浇",即"下雨不浇,刮风不浇,黑夜不浇"。可如今想浇也没水,老百姓一下子犯难了。根据调水形势及其今后对全区经济的影响,村支书顾聪带领群众打机井,栽果树,种草养畜,调整结构,缓解了用水矛盾。

提起调水的事,老顾有自个的说头:"调水是政府的计划,水少就得想水少的办法,不能一棵树上吊死。"据板桥乡政府的干部介绍,2001年春耕时,西湾村压掉了300亩水稻和500亩带田,栽植了60多万株果树。退耕还林,立草为业,建自己的"绿色银行",这是西湾村群众为调水而付诸的实际行动。

张掖市小满乡黎明村支书许福林算了一笔账:2001年,全村粮食减产大约三成多。但有三分之一的人家外出打工挣钱,加上2002年的辣子、番茄面积大,价格高,又好卖,所以全村人均收入与2001年基本持平,影响不大。

结构调整不仅调出了效益,而且为今后黑河分水打下了良好的基础。2001年,全区压缩水稻种植面积2万亩,压缩沿山普通粮食作物和川区带状种植面积18万亩,新建日光温室1万亩,新增优质牧草6.3万亩,酿酒葡萄2万亩,啤酒花1.5万亩,中药材5万亩,粮经比例由2000年的52:48调整为45:55。当年尽管全区有134万亩农田颗粒无收,粮食减产2亿公斤,但秋后一算账,农民收入减幅不大。

张掖地区依靠结构调整节约用水迈出了可喜的一步,但现实的情况并不容乐观。从全区的实际情况看,三大产业结构比重为38:30:32,农业比重"一头沉",二、三产业严重滞后。如果继续维持这样的产业结构,不仅给完成国家确定的分水任务带来一定的难度,而且对张掖地区经济长远发展造成一定的影响。

　　为此，张掖地区围绕发展二、三产业，多渠道招商引资，加快小城镇建设步伐，先后与中国灌排公司、重庆三峡水利股份公司签订了建设节水器材生产线的协议，建造西北高新节水器材生产基地。目前，全区共签约各类招商引资项目63项，协议引进资金32亿元。同时，地区还制定了加快小城镇建设步伐的政策，放宽了城市人口准入政策，鼓励农民进城（镇）从事二、三产业。计划到2005年，全区城镇人口达到40万，城镇化水平达到30%。

　　2002年，张掖地区又压缩水稻6.4万亩、带田5万亩。经过3年的努力，力争使全区高耗水作物——10万亩优质水稻全部取消，全区三大产业结构调整为23：38：39，用水总量由目前的26亿立方米减少到20亿立方米，其中农业用水占56%，城乡生活用水占6%，工业用水占8%，生态用水占30%。

　　通过加快城乡经济一体化进程，调整经济结构节约用水，张掖地区将有效缓解第一产业对黑河有限水资源的荷载，从而为长久实现黑河分水以及今后水资源统一调配创造了条件。

　　2002年3月15日，水利部正式把张掖地区列为全国建立节水型社会试点地区，要求以提高用水效率、建立节水型社会为核心，以明晰水权，建立用水总量控制和用水定额指标体系，建立水价新机制和定额水价体系，改革水资源管理体制和灌区管理体制为主要内容，全面推进各种节水技术和措施，发展节水型产业，建立合理的水权制度，以水资源的可持续利用，促进经济社会的可持续发展。

呵护上游生态屏障

　　黑河源自于冰峰雪岭的祁连山。祁连山60万公顷的水源涵养林，蕴藏着丰富的水资源，是河西地区生态系统的主体。如果没有山地森林涵养林保护冰川、调节气候与供水，作为内陆河流之一的黑河就会成为无源之水，流域调水自然也就成为一句空话。

　　从生态角度看，祁连山水源涵养林是河西地区可持续发展的重要支撑点。古人对此有明确的认识。旧杂志《新西北》刊载："河西之富庶，载于史籍，虽雨量不足，幸天赋高山巨薑，积雪皑皑，滋溶流灌，永无底穿，坐食其赐，无减于多水之区。"

　　多年来，作为河西内陆河源头的祁连山区，按照"管护为主，积极造林，封山育林"的建设方针,以增强森林生态效益,当地干部群众做了大量工作。1989年,为加大祁连山水源涵养林的保护力度,甘肃祁连山国家级自然保护区管理局正式成立。

然而,现实情况不容乐观。祁连山区林农、林牧矛盾由来已久。目前,区内农业人口已达20多万人,放养着500多万头(只)牛羊。人口的增加,农田和森林插花交错,草场与灌林互相重叠,对涵养水源的森林,尤其是灌木林造成了巨大的压力。

同样,在黑河上游,由于连年干旱少雨,超载放牧,草原退化、沙化和盐碱化日益加剧。仅在黑河上游的肃南县,"三化"草原面积达955万亩,占全县可利用草原面积的一半以上。

黑河流域水资源实现统一调配和科学管理,离不开上游涵养水源的森林和草地的保护。经国务院批准,黑河上游的祁连山天然林保护区被列入国家"天保"工程范围,投资近2亿元,10年内还祁连山郁郁葱葱的本来面貌。目前工程已全面启动。

为了提高黑河源头水资源的涵养功能,保障中下游分水方案的有效落实,2001年,黄河水利委员会还批复了黑河流域生态治理工程的实施方案。这项以天然林封育、草原围栏和人工造林为主要内容的生态工程,总投资达5500万元,涉及黑河源头的肃南县西水、红石窝等7个乡、16个村和4个国有林场。

在党和政府以及全社会的共同关心和努力下,黑河流域综合治理和水资源的合理利用,迎来了一个明媚的春天。我们相信,黑河孕育的两颗明珠——金张掖和额济纳旗,将迎来更加灿烂的辉煌历程,一曲曲绿色的颂歌,将唱响在祖国西部的沃土上。

石羊河在行动

杨 恒 宋振峰

2007年7月10日,民勤县青土湖。昔日碧波荡漾的湖泊已销声匿迹。依稀可见的贝壳碎片,讲述着曾经的沧桑。

百里之外的夹河乡曹福德农场,印有"关闭机井"红色大字的水泥板,钉在了13眼机井口上。一旁的封育区里,芦苇摇曳、黄蒿丛生,唯有一株株枯萎的玉米秸秆提醒着人们,2006年这里还是2700亩的农田。

石羊河流域上游,武威市凉州区谢河镇石岗村,村民达发林正和其他村民学习着最新的节水技术。他告诉记者:"少用一点水,民勤就能多一份绿。村子里的人都知道,民勤一旦保不住,我们凉州也保不住了。"

民勤曹福德农场的变迁,凉州普通村民达发林的话语,生动折射出武威农民在用水观念上的巨大变化。

"决不能让民勤成为第二个罗布泊。"

温家宝总理的批示,已经化成了武威市广大干部群众的决心。近年来,他们关井压田,调整结构,修建日光温室,深化水权改革,打响了一场石羊河流域综合治理攻坚战。

禁

石羊河,一条充满传说和承载温暖的水系。它千年清澈,曲折婉转,滋润出民勤绿洲,撑开了巴丹吉林和腾格里两大沙漠。

然而,随着石羊河流域人水矛盾的不断加剧,水资源开发利用严重过度。如今,能够正常流入民勤的水量已由20世纪50年代的5亿多立方米,锐减至现在的不足1亿立方米。民勤的生态恶化程度已极其严峻,天然植被成片枯萎、死亡,土地沙漠化、盐渍化进程加快,地下水位下降,水质恶化。不但严重威胁当地人民的生存,也将对整个区域的长远发展产生不利影响。

2005年8月10日,我们去采访民勤中渠乡仅剩两户人家的煌辉村。

阳光落在煌辉村断壁残垣间,星星点点的绿色遮不出一块阴凉,十室九空的村子,一片沉寂。穿过苍白的土墙,不远处便是1959年干涸了的青土湖。在阳光下闪闪发光的银白色的贝壳碎片,是曾经400平方公里湖泊的唯一证据。就在昔日的湖底,巴丹吉林沙漠与腾格里沙漠已经"握手"。

沿着地平线望去,白黄两种颜色的沙漠相互汇合,一道道就如相互伸出的手指。

煌辉村,这个早已辉煌不再的村子,是整个民勤生态灾难的缩影:湖干,树死,沙进,房空。

灾难逼近,煌辉村和整个民勤县以什么样方式来阻挡生态灾难降临的脚步?

民勤人首先选择了一个"禁"字。

禁放牧!

禁开荒!

禁超采!

2003年,民勤县全面实行"三禁"政策。2005年8月4日,民勤县委十一届四次全会通过了《关于进一步加强生态环境综合治理的决定》,其中关于"禁"的文字长达2000多字。

民勤的"禁"不仅是写在纸上,而且是全面落实在行动中。重兴乡,在民勤县最南边,石羊河的上游,著名的红崖山水库的所在地,是全县水源最为丰富的乡镇。

在推行"三禁"政策以来,羊归圈、荒种草、井关闭,全乡将"禁"字放在最重的位置。

前些年,重兴乡的羊都是夜间放牧,大量的羊群撒在戈壁滩上。现在羊的数量没有减,但全部实现舍饲养殖。全乡50只以上的养羊户达到1480户,户均养牛5头,畜禽总量达到12万只,但是没有一户人家继续放牧。新地村四社村民汪淑歆家15只羊圈养在门前的圈里,后院的8头牛在牛棚里安静地吃草。"现在真的不敢让牛羊出门。"退休教师杨恒学告诉我们:"从电视上看到湖区有个村子只有兄弟2户人家,我们上游的人还能再去破坏吗?"

这两户人家就是前面提到的煌辉村。从中渠的煌辉到重兴的新地村,相距100多公里。

煌辉村也同样在禁牧,村民盛汤国家的10只羊在后院里圈养。盛汤国的妻

子叶金秀告诉我们:"本村四社原来的20多户人家都走了,就剩下我们2户,无处投亲靠友,才留了下来,现在见到最多的人就是记者。"处在寂寞中的盛汤国一家,听着后院时时传来的"咩咩"的羊叫声,来打发一天天的孤独。禁牧之后,羊成了他们最好的伴儿。

沙生的植物长不高,大多数贴在地皮上,地上茎叶没有多少可吃的,羊只好刨开沙子,连根吃掉,羊的破坏力之大,每个生活在沙乡的农民都有着深刻的认识。民勤人为了自己的民勤,改变了延续多少年的习惯。从坝区到湖区,从水草相对丰富的重兴到干涸无水的中渠,全县150万只羊全部实现舍饲养殖。羊入圈,戈壁上的绿色才有喘息之机。

在重兴乡,养羊的收入占每户人家全部收入的45%;在全县,羊同样是每个农户最主要的收入来源。禁牧不等于禁养,要养羊,草依然是个大问题,于是民勤的农民将禁止开荒和饲草种植结合起来。

中渠乡号顺村只有500多人,由于水质条件差,种植业受到极大制约。村支部书记王兴奎带领群众大力发展饲草种植,全村种草1050亩,养羊2000多只,户均牧业收入达到1200元。

民勤县以号顺村为样板,大力推行湖区群众种草养殖,新增紫花苜蓿5.46万亩,涌现出规模养殖户1510户,养羊达到22万只。在湖区,原来的弃荒地,长满了绿油油的紫花苜蓿,将沙漠阻挡在农田和村庄之外。草养羊,草治沙,草还是最好的节水植物。

水是民勤绿洲最为金贵的东西。种小麦,一年浇水11次,种玉米一年8次,而种饲草只需4次。禁牧禁荒之后,用水量也直线下降,禁止开采地下水才得以实现。石羊河上游的重兴乡,两年间关闭井机18眼,就连民勤县最北端最缺水的东湖镇下润村也关闭了1眼机井。民勤县实行禁采以来,非但没有新打一眼机井,而且全县还关闭机井450眼。"爷爷不吃孙子的水",下润村支书沈嘉道,道出了禁采的深远意义。

禁牧,保护生态;禁荒,修复生态;禁采,维持生态。三禁是互为因果的链条,是数代民勤人民智慧的结晶。只有以科学的方法,才能将民勤绿洲永久地"楔"在两大沙漠的中间。

退

沙进人退,人进沙退,多少年来民勤的人与沙,进行着一场旷日持久的拉锯战。在这场人与自然的大战中，牺牲者是水，胜利者是沙，败退者则是人。

今天，民勤一反常规，主动将"退"字作为与沙搏斗的主方针。

退，是指人退沙退。人退沙退的实质是在于解决人口与资源、经济发展与保护生态的固有矛盾，核心在于降低人口承载量，减轻发展对资源的过度依赖。

记者在民勤的采访中，深刻感受了"退"对于民勤的重大意义。

从2000年开始，民勤绿洲唯一的水源石羊河开始断流，2004年断流82天，2005年上半年再次断流80天。

2004年6月，石羊河的终端红崖山水库从建库以来，首次干涸。目前，全县可供水量仅为1.64亿立方米，而总需水量却高达7亿立方米，供需差达5.36亿立方米。水没了，树死了。

2005年8月10日，我们途经泉山、白茨科、东湖几乡，沿途6万亩的护渠沙枣林全部干死，部分渠段已被黄沙侵蚀。根系发达的沙生植物、沙枣树，从民勤大地上退去，依水而生存的人自然难以立足，留给人的选择只有退。只有退，才能让留下来的人满足基本的生存条件。

东湖镇下润村支书沈嘉道告诉我们：水的多少决定了耕地的数量，耕地的数量决定了人的数量。在民勤，每年有数以千计的人成为生态难民。

十余年间，先后有3万人离开世代生活的民勤。

2005年8月10日，我们在青土湖边两大沙漠汇合的地方，碰到一辆从内蒙古阿拉善左旗发往民勤东湖镇的省际长途客车，车内坐满了回乡探亲的民勤人。沈嘉道说，全村10年间迁走的400多人中，大部分迁往阿拉善左旗，他的两个孩子也去了那里。

从民勤县城到下润村，沿途的村子里到处是空无一人的院落。

人水矛盾是人沙矛盾的根本体现，巨大的水需无法得到根本满足，留给民勤的唯一出路就是全面撤退。减少人口，才是救护生态的唯一出路。

退人，首先得控制人口增长；控制人口增长，必须依赖于计划生育国策。从建国到现在，民勤新增人口10万人，目前总人口达到30万。绿洲人口密度达到每平方公里340人，是联合国制定同类地区人口密度的48.6倍。

退人，还需要在自然输出的基础上加大有计划输出的力度。民勤计划在20年的时间内，有计划地迁移10到15万人。

在有计划的迁移中，教育移民成为民勤的首要选择。"我们这里不适合人类生存，最好的办法是好好学习考上大学，到城市里去。"重兴乡退休教师杨恒学，在数十年的教学生涯中，常常重复这一句话。

通过高考，民勤每年有3000多人走出艰苦的环境。近3年，东湖镇约有400多名大中专学生走出家门。东湖的孩子最争气，因为对于他们来说，唯一的出路就是上学。苦学苦教之风，不是谁培养的，而是面对艰苦的自然环境自然形成的。

孩子们可以通过教育移民，农村青壮年劳动力可以通过有计划的培训大规模劳务输出。2007年，民勤县把劳务输转作为民勤绿洲可持续发展的战略来抓。全县18个乡镇有联络站，244个行政村有信息员，劳务信息在一天内就可传遍所有乡村。民勤县将采取多种方式培训劳动力1万人，向外输转劳动力3.5万人，目前，已有6200多人被有组织地输往北京、天津、上海、深圳等地，开始新的创业。

退地，成为民勤"退"字方针的又一重要内容。人少了地就可以减少。

2002年以来，已退出风沙沿线耕地近10万亩，节水2423万立方米。全县还实施退耕还林措施，目前，共退出耕地24万亩，节水4800万立方米；在现有耕地内种植节水型农作物，改变以往以小麦、玉米为主的传统种植模式，通过调整比例，加大节水作物面积，节水3130万立方米。

通过计划生育、教育移民、劳务移民，民勤全面实施"退"字方针，给原来脆弱的生态留下可以喘息的机会。下润村3公里长的绿色长廊，将近在咫尺的腾格里沙漠挡在了村庄之外。透过新地村民武公路旁的绿色长廊，数公里外的沙漠也显出几丝温顺。从北到南，在近200公里的绿色走廊中，每一处都可以看到"人退沙退"的美好景象。

治

青土湖，无水有沙。

向北望去，左有巴丹吉林，右有腾格里，中间是两大沙漠汇合之处，绵延的沙线，将昔日的大湖围在其中。在干涸了的湖底，丛丛梭梭林难掩刺目的碱色。很难想象，50多年前，这里曾是一片汪洋。

民勤的灾难就从一片片湖水的干涸开始。

在无水的湖边，民勤人无法留住逝去的湖水，他们要挡住一步步逼近的沙。挡住沙就是挡住迫在眉睫的灾难。踏进烫脚的沙漠，块块1米见方的麦草隔成的方格，呈现在面前。一米米一格格，延伸到沙漠深处。再仔细看，个个方格的中间，还有一株株细小的梭梭。

压沙，是治沙的开端，也是防止民勤沙化的第一步。以压为治，以禁为治，以退为治，民勤正以自己的方式，全面阻挡沙漠化的脚步。从专家学者到国家总理，从区域节水到流域调水，从媒体关注到全国注目，民勤人变小治为大治，变治表为治本，新的绿洲保卫战，在这片风沙夹击的地方打响。

薛百乡宋和村的周围，一条9公里长、2.5公里宽的绿色屏障，是石述柱永远的丰碑；东湖镇下润村3000多亩绿地，100万株沙生植物，是沈嘉道半生心血；新河乡三合村外的中沙窝400多亩沙生植物是村里几十名妇女劳作成果；东湖镇红沙湖滩上500多亩树木，是全镇800多干部师生的杰作；国有三角城林场，15名职工开沟整地，蓄水保墒，一穴多株，以汗水浇筑了绿沟长城，保卫了3乡、48个村15万亩农田的安全。近3年间，民勤县组织群众义务压沙7.25万亩，义务植树479万株，绿化通道530公里，完成人工造林31.89万亩。目前，民勤人工造林保存面积达172万亩，在408公里的风沙线上，建成342公里的防护林，有效治理风沙口191个。

民勤人都是石述柱，从干部到学生，从老人到妇女，每一个民勤人都有一段治沙的故事。

治不仅仅理解为治理，对于水像金子一样珍贵的民勤，节水更是治。对全县7101公里干、支、斗、农等各类输水渠道进行衬砌，是民勤县另一种意义上的治理工程。民勤县委宣传部副部长阎德伦告诉我们，每当农闲，在湖区就能见到这样的场面：老人筛沙，小孩提水，大人拌浆，青年搬砖。他采访过的西渠镇制产村一位姓仲的老人对他说，每年衬哪一条渠，谁家任务多少，谁都一清二楚，在这件事上，没人愿意偷懒。水是用汗换来的，渠是用钱衬砌成的。近3年来，全县群众投资2070万元，投劳不计其数，完成田间渠道衬砌1364公里。

8月中旬，正是农忙时节，湖区人顶着烈日，在渠道衬砌的工地上大干。湖区4乡镇、8万多人的生产生活，都靠着这一渠的活水，如果渗漏一滴都让人心疼。

3年间，民勤先后投资9000万元，衬砌总干渠31.43公里，建设了节水增效示范区、湖区节水改造工程，为59个村的6万多人解决了饮水困难。

渠道要防渗漏，农田要节水灌溉。种植节水型作物，民勤人将"节"字治理法引向纵深。调整种植结构，是纵深节水的科学决策。民勤县将粮经二元结构，调整为粮经草三元结构。一亩茴香比一亩小麦少浇3次水，一亩紫花苜蓿比一亩小麦少浇4次水，东湖镇以水定结构，全乡大部分村子变成了无粮村。茴香、棉花、饲草,三种节水型作物面积达到3.6万亩,占全镇总耕地的90%以上。

在水情稍好一些的重兴乡,节水饲草种植面积达到1.1万亩,占全部耕地的三分之一。

深化水权、水价改革,更是牵住了石羊河流域治理的牛鼻子。

凉州区谢河镇石岗村二组村民达发林说:"以前,谁浇水还操心呀?跑水了,也没人管。现在,水浇到哪,人走到哪。2007年5月初,我们二组的头轮水比往年少浇了5个小时,6月底的第二次浇水又少浇了3个小时。一个小时节约1080方水。你算算,要节约多少水?"

能让石岗村村民跟以往大手大脚用水方式说再见的,其实是一张小水票。如今,不论是在凉州区,还是在民勤县,还是在武威的其他县区,水票成了武威人节水的标志。

武威市将石羊河流域内水资源量,分配给各灌区、乡镇、村组(用水者协会)和用水户,并提高了水价标准。各村组由农民用水者协会将水权分配到各农户,各农户再拿钱买回相应的水权。

大家要用水时,必须先交水票再用水。没有水票,就意味着没有水权。在配额内用水,只要拿水票就行了,超出配额,就得买高价水,有些地方,甚至掏钱都买不到水。

石岗村村支书李海元说,水权制度改革之前,吃的是大锅饭,现在,吃的是小锅饭。以前,浇一轮水一亩得用200多方水,全村最高用过50万方水。2007年头一轮只用了36万方水,算下来,每亩用120方水。

在水像金子一样金贵的石羊河流域,水权的改革,使得人们还关注起了浇水时出现的渗漏。在民勤县,目前不但有膜下滴灌、管灌等为主的高效节水示范农田,还有像大坝乡文二村那样的智能控制系统,让村民刷卡购买地下水。

从压沙治沙到植树防沙,从衬砌节水到结构调整,从"三禁"到"五退",民勤全面实施"治"字战略。在民勤人付出的心血与汗水面前,局部荒漠化蔓延的势头有所减缓,水资源综合治理初见成效。

变

其实,如何保持石羊河流域人与自然的生态平衡,如何解决这一区域内持续恶化的生态问题,经历了一个曲折的过程。

面对水资源的短缺,武威人先后采取了修建水库、开采地下水、域外调水、衬砌渠道等种种方法,但效果都不尽如人意。

与此同时,一个现象发人深省:在自然来水减少、人口剧增的同时,这个地区还大面积种植玉米、小麦等高耗水的粮食作物,并使用粗放式的灌溉方式,使本就脆弱的流域生态雪上加霜。

大力调整不合理用水结构,把用水量大幅度降下来,提高用水效益,成了拯救民勤绿洲的根本出路。否则,即使调来水,也用不起,工程最终还是会陷入困境。

但相当一段时期内,武威市在做石羊河流域这篇节水文章时,遇到了"眼前利益"与"持续发展"难以兼顾的"两难选择"。

曾几何时,节水首先需要做的关井压田这一实现流域水资源采补平衡、应对民勤地下水位持续下降的措施,成了武威人的一块"心病"。

民勤境内的机井多达9000余眼,地下水年超采达3.5至4亿立方米。但机井减少了,田地就减少了,农民收入就减少了,财政负担就加重了。

如何破解这一难题,武威人找到了设施农业这把"金钥匙":农业由传统向现代转变,将日光温室产业打造成新的支柱产业。

新的日光温室产业让人兴奋:据保守估计,一座日光温室的产出相当于10亩大田的产出,但是用水量仅仅是1亩大田的四分之一到五分之一。

但是,对于种惯了小麦、玉米等粮食作物的大多数民勤农民来说,能否接受日光温室这一新鲜事物?

武威市及各县区及时开展了"市情、县情进万家"宣讲活动。在民勤县东湖镇下润村村民沈永禄的家,挂在墙上的一个黄色塑料袋格外醒目,里面装的是"生态县情教育"宣传资料。民勤县有关负责人说,从2006年10月份开始,他们组织工作队走村串户,深入田间地头和农舍大院,采取开会、座谈、面对面谈心等多种形式,宣讲民勤的水情、沙清、地情、风情、人情,宣讲民勤的生态恶化状况,宣讲耕地为何要压缩、机井为何要关闭……

关井压田后,收入怎办?为了解决农民心头的后顾之忧,武威市一方面组织发展日光温室较早的凉州区等地的能人大户,到民勤县重点乡镇巡回演讲;另一方面,也组织民勤县的乡村干部、村民代表到凉州区、天祝县参观学习,给他们"换脑筋"。

民勤县东坝镇上截村以前一座日光温室也没有。新年伊始,村里原本打算建62座日光温室。5月份,12名村民代表到凉州区发放镇、大柳乡参观学习后,村里的日光温室现在"涨"到了150座。村民马宏国和路德明,从凉州区一回来,干脆每人建了2座日光温室。

村支书闫福礼对记者说:"人家日光温室像海一样,有5000亩,那么大规模,大家都吃惊坏了。品种和效益,更是出乎意料。以前总认为日光温室里就是种瓜、种蔬菜,没想到大柳乡一户人家温室里种的是桃子,一年下来,一座日光温室收入7万元。"

"有的村民还担心,老在日光温室里干活,会不会得关节炎?结果,那边的人一听笑了。"

"再一看我们这儿的地下水位,20世纪六七十年代时,还只有几米深,现在有30多米了,还年年下降。算算效益账,再算算节水账,村民建日光温室的积极性一下调动起来了。"

"喊破嗓子,不如做出样子。"日光温室在民勤到底行不行,民勤人需要的是眼见为实。

2006年4月,经过乡干部反复动员,民勤县夹河乡中坪村邸多辉等29户农户在夹河乡"破天荒头一遭"建起了日光温室墙体。但到8月,正当急需将苗栽进日光温室时,问题来了。

乡党委书记杨建瑞回忆到:"邸多辉他们要乡上包产量、包收入。当时,我们乡干部也没正儿八经接触过日光温室呀。蹲点的乡党委副书记李万瑞硬着头皮答应,一座日光温室包5000公斤产量,5000元收入。"

到了10月,犹豫的村民才慢慢地将西红柿苗栽进棚里。"一直心中没底"的邸多辉,磨蹭到10月底才栽苗。但他的日光温室现在成了村里收入最好的,年产量近1.5万公斤,收入近2万元。"我们村,差的也有1万公斤左右,至少能挣8000元吧。"乡干部包产量、包收入因此成了笑谈。

没有比这更有说服力的了。一传十,十传百,夹河乡家家户户都有了建日光温室的兴致。2007年,日光温室建成了645座墙体。

在民勤,为了鼓励农民建温室,一个村连片30亩以上、棚长达到60米的标准棚,县财政每棚补助资金5000元,贴息贷款7000元。各乡镇村组也各显神通,为民解忧。东坝镇上截村,靠着村里的集体积资,给一座日光温室补助500元。

为解除农民的销路之忧,武威市各县区积极组建营销协会,依靠蔬菜瓜果公司等,在乡村设收购点。市领导还亲自带队跑北京、跑西藏,签合同、打销路,还闯出了哈萨克斯坦等中亚市场。现在,凉州区清水乡有150座日光温室种的辣椒、乳瓜、西红柿,就是与哈萨克斯坦签订的"订单农业"。

"公司＋农户"让农民心里更踏实了。在民勤县大坝乡六沟村，凉洲区的大漠玉金香蔬菜瓜果公司不但聘请科技人员现场提供技术指导，还按约定价格收购蔬菜瓜果，这等于是让农民带着游泳圈"下海"，真正实现了公司和农户的双赢。

现在，武威市的传统农业，已经实现了一次脱胎换骨的转变。传统的小麦、玉米农田里，日光温室星罗棋布。截至2007年7月，全市日光温室已建成墙体1.71万亩。在民勤县收成乡，2007年春茬种植的200多座日光温室甜瓜，已销售30多万公斤，平均一座收入8000多元。

节水饲草带动的舍饲养殖业也受到了农民"热捧"。不但使干涸的湖区种起了草，养起了羊。在水草丰美的重兴乡，饲草种植面积也占到了全部耕地的三分之一。

面对面的释疑解惑，心贴心的探讨交流。以前对关井压田不了解、想不通的农民，他们思想中的疙瘩逐步解开了。近年来，武威人义无反顾地关闭了农业灌溉机井1933眼，其中仅2008年就关闭794眼。机井减少了，田地也减少了。武威市已累计压减配水面积33万亩。一系列的措施，使得石羊河流域总用水量到2008年底累计减少5.9亿立方米，其中地下水开采量减少了3.4亿立方米。

民勤是我们共同的家园。从民勤自我觉醒的小治到国家领导人以及全社会高度关注的大治，从遮风挡沙的局域小治到全流域综合治理的大治，石羊河流域重点治理开启了新的篇章，民勤——两大沙漠之间的"楔子"又有了新的希望。

为了莫高窟永远的辉煌

杨德禄

史书般的敦煌，永远是神秘的。神采飞扬的莫高窟，沙海深处的月牙泉，巍然屹立的烽火台，蜿蜒曲折的汉长城，永远是这部历史巨著可圈可点的精彩华章。可是，在敦煌的戈壁大漠深处，还有一片鲜为人知的、更加神秘的地方——亘古千年的胡杨树、郁郁葱葱的芦苇荡，以及众多红柳、梭梭、白刺和罗布麻等植物顽强地坚守在沙漠前沿，编织起一道又一道不屈不挠的绿色屏障，阻挡着塔克拉玛干大沙漠的东移，在保护敦煌、河西走廊乃至我国西部的生态平衡中，发挥着十分重要的作用。正是在这一道又一道绿色屏障的阻挡下，才使敦煌幸免楼兰古城的厄运。

这是一片戈壁沙漠和绿洲湿地镶嵌共存，大批珍禽迁徙休整，野骆驼、鹅喉羚、盘羊等濒危珍稀动物栖息繁衍的广袤土地；这也是一片胡杨被多次乱砍滥伐，大片枯死，甘草被疯狂采挖，湿地被牛羊任意践踏的极度干旱的多灾多难的土地。

为了保护好这片神奇而又神秘的土地，遏制生态环境的进一步恶化，让敦煌免遭楼兰古城的厄运，早在1992年，省上就批准成立了敦煌西湖自然保护区，2003年6月，经国务院批准晋升为国家级自然保护区。这个只有25名正式职工、80多名护林员的自然保护区，肩负着总面积达66万公顷土地的保护任务。他们和千百年来挺立在这片大地上的胡杨树、烽火台、汉长城一样，终年四季抗风沙、斗严寒、冒烈日、顶酷暑，顽强地坚守、护卫着这片神秘的大地。

2007年初秋时节，我们先后两次跟随保护区管理局的工作人员，冒着近40℃的高温，深入保护区腹地，进行了现场采访，所见所闻，给人留下了深刻难忘的印象。

历史的悲剧绝不能重演

出敦煌城，在寸草不生的戈壁滩上向西行约120公里，便进入地处库姆塔格大沙漠东沿的敦煌西湖国家自然保护区。站在玉门关上远眺，一块块湿地纵横交错伸向远方；一片片芦苇繁盛茂密，随风掀起绿浪；成群结队的水鸟嬉戏欢鸣；紫色的红柳花、粉色的罗布麻花开得正艳，不断送来阵阵清香……

说这是一块神秘的土地，因为它地处疏勒河流域，紧挨着罗布泊，紧连着古楼兰，古老的丝绸之路曾经从这里穿过，是一个极为典型的内陆湿地、荒漠生态系统和野生动植物类型的自然保护区。保护区内现存的11.3万多公顷的季节性和永久性湿地，位于我国候鸟三大迁徙途径西部路线的中段，每年春秋两季，南来北往的大量候鸟都要在这里停歇。尤其是国家一级重点保护野生鸟类黑鹳、白鹳，国家二级重点保护野生鸟类白琵鹭、灰鹤、大天鹅等，在迁徙飞越干旱荒漠、草原的过程中，这里是它们获得丰富食物和水源，得到良好休整的重要驿站。如果一旦失去这片湿地，许多候鸟将难以逾越浩瀚广阔的戈壁大漠，极有可能渴死或饿死于迁徙途中。在我国，野骆驼是比大熊猫数量还少的濒危动物，具有很高的保护价值。保护区内的植被、湿地中充足的水源和饲料，还为甘新青三省交界处的野骆驼、鹅喉羚、盘羊等珍稀濒危动物的生存和繁殖提供了保障。

随着我国西北干旱地区最大的湖泊、水域面积曾经达1.2万平方公里的罗布泊于1972年完全干涸，随着曾经在人类历史上活跃了500多年，被誉为"城廓之国"、属西域三十六国之一的楼兰古城的完全消失，塔克拉玛干、库姆塔格两大沙漠即将合为一体。敦煌西湖自然保护区已成为阻挡塔克拉玛干大沙漠东侵甘肃河西走廊的第一道天然绿色屏障。它对保护敦煌、甘肃河西走廊乃至我国西部生态平衡，改善区域气候条件，保障敦煌工农业生产的稳定和持续发展，特别是对保护世界文化遗产莫高窟，发挥着至关重要的作用，堪称甘肃西部生态安全的第一防线。

这里降水稀少，异常干旱。湿地的水源疏勒河、党河水系，由于上游截流开发，已干涸断流多年。目前保护区湿地的水源主要来自于疏勒河、党河的地下渗水和西祁连山、东阿尔金山高山融雪渗水。但由于全球气候变暖，整个祁连山和阿尔金山的雪线逐年上升，自20世纪50年代以来，祁连山地的冰川大幅度退缩，有些地区退缩速度每年达16米以上。因此，发源于祁连山地的各内陆河流出山径流量逐年减少，已由20世纪50年代前后的78.55亿立万米，下降到20世纪末的56亿立万米左右，减少了17%以上。受此影响，敦煌西湖自然保护区的地下水溢出量也逐年减少，地下水位持续下降，湿地面积萎缩，部分湖泽消失，植被退化，土地荒漠化、盐渍化程度不断加剧。

据敦煌西湖国家级自然保护区管理局局长吴三雄介绍，造成保护区水资源减少及生态环境恶化的原因，除了资源性缺水和全球气候变暖等自然原因外，更主要的是人为因素。其一是上游的堵坝截流使保护区的生态破坏严重。敦煌西湖国家级自然保护区湿地早期是由疏勒河、党河尾水和地下水混合发育而成。20世纪六七十年代，上游建坝截流，地处下游的保护区段河水断流，因失去滋养水源，湿地萎缩，天然植被衰退，灌丛大量枯死，河流沿岸胡杨林失去再生能力。其二是超量开采地下水，致使地下水补排失衡，地下水位急剧下降。据敦煌水利资源部门提供的资料显示，建国初期与1998年相比，地下水净补量减少了1.5亿立方米。同时，由于党河来水的逐渐减少，以及前些年敦煌大面积种植棉花等一些高耗水经济作物，使农业用水高峰期集中，河水供需矛盾日益突出。为了保证农作物的适时灌溉和城乡人畜饮水，从20世纪70年代中期开始，敦煌全市先后打机井1200多眼，抽取地下水用于补充地表水的不足。地下水的过量开采，使地下水补给与开采呈负增长状态。据观测记载：从1975年至2001年的27年间，总计地下水位下降10.77米。现在每年仍以0.24米的速度下降。最明显的标志是，20世纪60年代，具有"沙海明珠"美誉的月牙泉水域面积达20多亩，最深处达7米多，而现在面积不足10亩，水深不足1米。

由于上述种种原因，导致20世纪50年代面积达20多万公顷的敦煌湿地，如今面积萎缩到只有当年的一半。当时，湿地生长的胡杨林面积达3万多公顷。由于当时人们环保意识淡薄，60年代玉门油田开发、70年代修建水库和南疆公路时，大面积砍伐胡杨林做建材；当地生活十分困难的老百姓也任意砍伐胡杨当柴烧。砍伐高潮时期，戈壁深处每天有几十辆卡车向外运木料。再加上风沙肆虐，异常干旱，胡杨树大量枯死，现在零零星星剩下不足1万公顷，而且失去了再生能力。更为严重的是，20世纪末，玉门关周围的湿地和草场上，每天有18万多头羊、驼、驴等在十分脆弱的草地上放牧，每天还有数百人开着拖拉机挖甘草……任意践踏、破坏着十分宝贵的绿色屏障。

湿地的大量萎缩，树木的急剧减少，造成了严重的生态危机。天气越来越干旱，风沙越来越严重，缺少遮拦阻挡的库姆塔格沙漠每年向敦煌逼近1到4米！

针对此情此景，国务院总理温家宝先后3次做出重要批示，要求"高度重视保护敦煌的生态环境,保护好敦煌的世界文化遗产!"省委书记陆浩亲自到西湖自然保护区考察调研,并指示:"切实采取有力措施,竭尽全力做好敦煌生态环境治理和文化遗产的保护工作,绝不能让敦煌重演楼兰悲剧。"

为了不让历史悲剧重演,不让敦煌变为第二个古楼兰,西湖自然保护区管理局多次组织科研人员进行了大量的调查研究,制定治理方案,采取多种措施,加强生态环境保护工作。他们首先加大荒漠化治理进程,不断扩大对现有沙生植被区的封育管理,采取人工促进天然沙生植被更新复壮技术,逐步恢复和增加林草植被覆盖面积,促进生态环境良性循环;积极实施湿地和珍稀野生动植物保护等工程建设项目,并通过对局部和重点区域封育禁牧、铁丝围栏,对湿地资源进行保护和管理;通过建立野生动物投饲点、饮水池、救护中心,为野生动物提供良好的栖息环境和救助条件。同时,管理局还提出,要进一步开展野生动植物和湿地资源调查,积极开展科学研究,不断寻找极干旱区湿地生态系统、荒漠生态系统和野生动植物保护、恢复的新途径、新办法,走出一条自我创新的保护、发展之路。

当谈到如何解决敦煌的水资源危机的话题时,身为敦煌市政协委员的保护局科研管理科科长孙志成告诉记者,一是要积极促成"引哈济党"工程的付诸实施。即通过修建引水枢纽把与党河仅一山之隔的哈尔腾河的水引入党河,以补充敦煌区域内日益匮乏的水资源,从根本上解决敦煌水资源紧缺的问题,恢复地下水位,保障地处下游的敦煌西湖自然保护区的生态用水。二是要强化措施,节约用水,努力建设节水型社会。以水资源的承载能力为依据,制定国民经济发展规划,进一步优化城乡水源配置,明确水权和用水定额,适当提高生产、生活用水价格,建立健全水市场,引导、教育、鼓励城乡居民节约用水。严禁新打机井,引用河水净化后补充居民供水,减少地下水开采,逐步涵养和恢复地下水资源量。尤其对近几年开垦的效益不高的荒地要逐步实现退耕还林还草,加快农业结构的战略性调整,大力发展以葡萄为主的桃、杏、梨、枣等特色高效节水型经济作物,大力推广微喷、滴灌等高效节水技术,节约水资源用于生态环境建设。三是努力争取疏勒河向下游分水,实现全流域水资源的合理分配利用,恢复由于疏勒河下游河水断流日渐萎缩的湿地和枯死、退化的森林植被。

令人十分欣喜的是,这一系列恢复和保护敦煌生态环境的科研成果、得力措施和合理化建议,已经成为敦煌全市上下关注的重点和主抓的中心工作,正在紧锣密鼓地组织实施。

保护治理，任重道远

虽然敦煌西湖国家级自然保护区管理局成立时间不长，但生态环境不断恶化的严峻形势，使每个工作人员深深地感受到肩上担子的分量。他们响亮地提出：保护生态环境，就是保护我们赖以生存的家园。全局上下严抓细管，各项工作取得了历史性突破。

2005年，在省林业厅的大力支持下投资2700万元，在敦煌市区建起一座占地400平方米的标本馆，在此基础上又建设了一个1万平方米的敦煌自然博物馆。紧接着，玉门关和芦草井子两个关键地方的保护站建成使用；列入国家三北防护林四期工程的封沙（滩）育林（草）工程，确定保护区腹地的小马迷兔为封育小区，封育面积达7000多亩。站在高处的戈壁滩可以看到，实施了封育管护作业和配套基础工程建设的区域内，一棵棵值班哨兵似的胡杨树下，灌草繁茂，初见成效；2004年，经省林业厅、财政厅批准实施，区划界定国家重点公益林面积82.9万亩，其中2006年列入中央森林生态效益补偿基金范围的重点公益林面积为66.3万亩，已经完成了护林员聘用、管护制度建立、巡护道路整修、标志牌修建等工作，实施了明确职责、划区管护、防火及抚育作业等措施。

敦煌湿地保护建设工程是国家林业、环保等七部委下达的重点工程，工程可行性研究报告于2006年经国家发改委和林业局审批，目前已完成初步设计工作，年内将实施建设任务。

通过国家重点工程和项目建设，西湖保护区管理条件进一步改善。为了方便监管保护，贯穿保护区中心地带的火烧湖至大马迷兔的70公里巡护道路得到修复，玉门关至后坑子20多公里的围栏已经完工。

为了引导教育广大市民和青少年热爱大自然，增强环保意识，进一步了解西湖保护区过去良好的生态环境，保护局多方采集标本，在敦煌市区建立了一座永久性的野生动植物标本馆。走进标本馆，首先映入眼帘的是一大一小的两只野骆驼标本。说起它们的来历，还有一段故事呢！2003年春天，在玉门关以西上百公里外的戈壁深处，一位开金矿的老板看到一个小泉边倒着一峰野骆驼，肚子很大，他估计可能是难产。于是，他及时将此情况报告给了当时的敦煌林业局天然林保护站。时任敦煌市林业局局长的吴三雄立即带领兽医和10多名工作人员，连夜开着大卡车赶去抢救。等他们找见地方时野骆驼已经生命垂危，奄奄一息。虽经多方抢救，但野骆驼最终还是因难产而断送了性命。后经请示省林业厅批准，请专家制成标本，成为标本馆的镇馆之宝。

该馆展示的上千种珍稀动植物标本，使每一位参观者既了解了过去保护区内野生动物成群结队、胡杨林遮天蔽日的辉煌历史，又让人们知道如今绝大多数动植物已难觅踪迹的现实，从而进一步增强人们的环保意识。

加强林政稽查，资源保护取得历史性突破。2005年保护区管理机构正式组建以来，管理局本着先易后难、逐步规范、全面封禁管理的思路，采取了扎实有效的保护管理措施。他们坚持预防为主、打防结合的原则，全面开展了西湖保护区的封禁管理和保护工作。购置巡护越野车4辆，长年在浩瀚戈壁、茫茫苇海巡护；关键部位长年设卡，防盗猎野生动物、防引发森林火灾、防采挖药材破坏植被、私自乱闯保护区的行为得到遏制；组建了林政稽查大队，严查严管私自进入保护区活动的单位和个人，还与新疆罗布泊野骆驼国家级自然保护区进行联合执法，先后开展了"绿盾行动"和"制止捡拾风凌石专项整治行动"，查处了非法入境捡拾风凌石、盗挖甘草、采矿、盗猎等案件40多起。目前，保护区管理秩序日益规范，保护区内自然环境得到改善，动物种群数量稳中有增，植被覆盖度明显提高，乱捕滥猎野生动物的不法行为明显减少，生态系统迈上了逐步恢复的轨道。

敦煌西湖自然保护局还积极与敦煌市政府各相关部门、各乡镇共同协调工作，全面清理了保护区内开矿、放牧等生产活动；利用保护区的人才技术优势开展帮扶活动，确立南湖乡二墩村为首个帮扶示范点，帮助群众大面积栽培葡萄，节约用水，提高效益，保护植被，使他们尽快走上脱贫致富奔小康之路。

2005年以来，他们开展了敦煌西湖湿地研究、生物多样性研究等基础研究和保护性对策研究课题共4项，已有1项成果通过了省级验收评审。还相继完成了森林资源连续清查、湿地现状调查、有害生物区域调查、火险区域调查、野骆驼分布区域调查、候鸟种群调查等工作。他们还与北京林业大学建立了长期科技协作关系，共同开展保护区综合科学考察和资源调查等项目研究，并签订了科技合作协议书，商定在敦煌西湖保护区建立"北京林业大学自然保护区学院研究生工作站"和研究生实验培训基地。

尽管敦煌西湖自然保护局做了大量的、卓有成效的保护工作，也取得了一定的成绩，但目前仍面临一系列困难和问题，保护工作任重而道远。特别是由于疏勒河和党河长期断流，保护区缺少地表径流和地下水的补充，保护区内地下水位持续下降，出现了泉眼干涸、湿地萎缩、土地沙化和盐渍化、野生动物种群数量减少以及虫鼠害引起的植被退化等主要环境问题，保护区内有些地区已形成大面积的流动沙丘，沙漠面积不断扩大，危及着湿地存亡，影响到生物的生存。其次，基础设施薄弱，人员配备较少，偷猎现象依然存在。由于经济利益驱动，采挖药材、滥捡风凌石等活动也时有发生，对湿地生态产生干扰，并对珍稀濒危动物的正常繁衍构成严重威胁。加之甘肃属欠发达地区，财政比较困难，有限的财政投入仅能保证保护区人员的工资，而项目建设、保护经费十分紧张，科研管理人才严重不足，许多管理措施很难得到落实，资源调查和基础研究相对滞后，为保护区的保护和发展带来了一定的难度。

因此，敦煌西湖自然环境的保护工作任重道远，还需要大量的投入和艰苦的努力！

敦煌的明天辉煌灿烂

尽管这个组建时间很短的自然保护区还存在很多困难和问题，却有一支特别敬业，工作十分认真的队伍。在随同调研采访中，我们深深地被他们吃苦耐劳的精神所感动。

由于一般车辆无法通行，先后两次，我们都从玉门关保护站出发，乘坐客货两用的皮卡车沿着时而是戈壁荒漠，时而是绿草湿地，时而又是高深芦苇荡的保护区腹地艰难穿行70多公里，一直来到最南端的弯窑洞。一路上，翠绿葱郁的湿地植被和寸草不生的戈壁大漠形成强烈的对比反差，风蚀形成的雅丹地貌和古老的汉长城、烽火台构成奇特的景观，让人感慨万千！

盛夏，这里的地表温度可达40℃以上，戈壁滩上的石头被晒得手不敢抓；严冬，这里大风吹得石头遍地跑，逾零下30℃的气温滴水成冰。更为严重的是，开车在保护区的沼泽湿地、戈壁大漠巡逻，防火灾防偷猎，稍不注意不是陷入泥坑，就是迷失方向。这里方圆上百公里没有手机信号，一旦迷失方向，就很难走出茫茫戈壁。可是，保护区的护林人员一年四季都在这样的环境里东奔西走，治理守护。更加感人的是，66万公顷的保护范围，哪儿有几棵红柳，哪儿有几棵胡杨，保护局的科研管理人员记得一清二楚。他们还给一棵棵有奇特造型的胡杨树起了十分形象生动的名字呢！如观音胡杨、迎客胡杨、舞蹈胡杨等等，应有尽有。

为了摸清野骆驼的种群数量和活动范围，局长吴三雄多次带领科研人员到保护区荒无人烟的大漠深处搞调查。他们饿了啃干粮，渴了喝凉水，晚上住简易帐篷进行跟踪考察。有一次，他带领北京林业大学的两位教授在弯腰洞附近的沙漠里反复跟踪调查，一天之内上午看到了13峰野骆驼，下午在不同的地方又看到了10多峰。根据初步调查掌握，敦煌西湖自然保护区总共有40多峰野骆驼繁衍生息，已成我国重要的野生骆驼保护区。

在敦煌方圆几百里的地方，狼已销声匿迹30多年了。可是，随着保护区的严格防护，湿地林深草旺，植被开始恢复，狼又在好多地方被发现。近两年不断有人报告在保护区内发现狼，驴和羊被狼咬死的事经常发生。为了掌握真实情况，2006年10月1日，孙志成带领北京林大自然保护学院的一个博士和两个研究生，利用国庆长假去保护区进行综合考察。上午11时，他们来到弯腰洞以西的南泉湿地时，一群沙鸡从空中刚落到芦苇荡里的水泉边，突然又惊叫着飞起来。孙志成断定芦苇荡里一定有狐狸或其他野兽。于是，他轻轻地蹲过去，学了几声狼叫。万万没想到，这一叫果真从不远的地方引出了一只茶色的大狼。他十分惊喜，竟忘了危险，又接连叫了几声，果然又从芦苇荡中走出两只大狼来。其中一只还是白色的！他当即用随手带的相机一连拍摄了好几张珍贵照片。

保护自然环境，恢复自然生态，是时代赋予我们的历史重任。要完成好这一历史重任，光靠保护局的力量是远远不够的。必须动员全社会形成共识，齐抓共管，才能发挥更大的作用。

多年来，沙漠的一步步逼近，地下水位的不断下降，沙生植物的大面积枯死，给世界文化历史名城敦煌敲响了生态警钟，亮起了生态红灯。一场恢复生态、保护家园的战斗已经在敦煌全市打响！

其实，早在20世纪80年代初，为从根本上解决群众烧柴困难，遏制群众进滩乱砍树木，破坏植被的现象，当时的敦煌县曾3次发布公告，封滩育林，严禁乱砍滥伐树木，并给当时的11个乡镇各配备了一辆东风卡车，专门从新疆哈密拉平价倒贴煤供应给每个农户。与此同时，县上还成立节能灶推广办公室，抽调146个技术能手挨家挨户进行改灶，从根本上解决了农村没柴烧乱砍树的问题。近年来，敦煌市委、市政府把生态环境保护和治理工作作为贯初落实科学发展观、确保敦煌可持续发展的头等大事来抓，在坚持种草种树、严禁打井开荒、进滩放牧的同时，采取多种行之有效的措施，全面推进节水型社会建设。从农作物种植的大水漫灌到全面推广滴灌，从种植高耗水的棉花、小麦、玉米到发展葡萄、李广杏等经济林，节约每一滴珍贵的生命之水，已从宣传口号变为敦煌每个市民的共识和实际行动。

敦煌西湖自然保护局职工的敬业精神，敦煌市委、市政府抓环保工作的信心、决心和力度，使我们看到了美好的希望，看到了世界历史文化名城敦煌更加辉煌灿烂的明天。

忧患黄河

杨　恒　李近远

草原篇

　　黄河西来决昆仑，咆哮万里触龙门。波滔天，尧咨嗟。大禹理百川，儿啼不窥家。杀湍湮洪水，九洲始蚕麻。其害乃去，茫然风沙……

　　这是诗仙李白著名的《箜篌谣》。千年过后，伟大的黄河并无诗人咏叹的那般浪漫，而是其害又至，风沙近逼。此时咨嗟的不是尧，而是尧万世之后的子孙，咨嗟的内容也不再是"波滔天"，而是"水枯竭"！

　　2003年3月，一个可怕的消息从黄河上游刘家峡水电站传出：黄河上游来水量达到50年以来的最低点！2月26日，刘家峡水库水位线下降到1722.7米，比2001年同期的1730米还低了7.3米。这7.3米，意味着比2001年同期少蓄水8.6亿立方米，库区仅有水5.7亿立方米。此时的水位线距设计最低水位线仅有5.7米！

　　"刘家峡接近死水位"，报纸上超粗黑体的标题，醒目惊心。

　　水荒紧逼着黄河！国人又在惊呼，黄河今年是否又要断流！

　　黄河母亲，为什么如此咨啬？

　　一个巨大的问号，画在母亲河儿女们的心田。

　　2003年7月初，我们溯源而上，到达黄河首曲玛曲县广阔的草原上。贴着地面的野草、无数干涸的溪流、蜿蜒起伏的黄沙，以及那里的一切都写满了答案。

　　草原，蓝天白云马儿跑的草原，风吹草低现牛羊的草原，雄鹰翱翔击长空的草原，充满诗意和幻想的草原，退化着，消逝着。

　　7月4日，我们沿尕玛公路，经尕海湖边，驶上玛曲县东北方的一座高山，此地海拔3902米。站在山口，清亮的河水横穿绿色。同行的甘南州人大副主任李生枝说，这里就是西流的黄河。

黄河之水天上来，奔流到海不复回。然而，玛曲的黄河，却将绿色分成两半，悄然西去。玛曲县县城坐落在西流的河水边。

玛曲，藏语黄河的称谓，也是我国唯一一个以黄河命名的县。清乾隆年间齐召南撰写的《水道纲要》一书记载：河有三源，阿尔坦河为河之正源，阿尔坦河又名为玛曲。1985年，国家黄委会根据历史传统和各家意见确认玛曲（河）为黄河正源。玛曲由玛曲县木西合乡入境，绕过一道400余公里的大湾，再由欧拉秀玛乡出境西入青海，玛曲县几乎所有的土地都拢在九曲黄河的第一湾之中。

曾有人估计，玛曲县的湿地和四川省的若尔盖湿地共同补充了45%的黄河水。虽然，这个数字有所夸大，但却传达了明确的信息：第一湾是黄河水重要的补充地。毫不为过地说，是草原养育了黄河。

草原养育了黄河，也养育了依河而牧的玛曲牧民。穿过首曲第一桥，就是著名的欧拉羊产地欧拉乡。体格高大的欧拉羊撒满了河滩绿地，被誉为"高原之舟"的牦牛散布在草地上，牧民们骑着摩托车飞驰。乍一看，草原依旧安静。但从牧民玛玛（音）的脸上，我们却读出了深深的焦虑。他承包的草场就在黄河边上。他从小就生活在这片草地上，这些年来，老天下雨少，眼看着沙丘一天天长大，又连成了片，他家的草场只有原来的一半大。

牧民玛玛家的帐篷不远处，牧草稀疏，黄沙呈现。玛曲县人大的同志介绍说，这一带沙化的速度每年约6公里。玛玛家承包的草场里，已有一半沙化了。玛玛不愿谈及将来，或许，他不敢想象将来。

在这草地上生活的牧民们，一个个无能为力，只能无奈地看着草一年比一年短，沙一年比一年多。更可怕的是，在漫长的冬季，强烈的季风卷起漫天黄沙，巨大的沙堆疯一般地长高。当地人记得，多年前河边只有星星点点的小沙包，如今已经连成一线，向黄河两岸铺开。

黄河是条无定河。据地质演变史的考证，距今115万年前，黄河流域内还是一些互不连通的河流，距今105万年，才构成黄河水的雏形，距今10万到1万年间，黄河才演变成从河源到入海口上下贯通的中国第二大河。贯通之后，这条大河还在高山大川间摇摆不定。玛曲草原，究竟是古河床，还是昔日的大湖，现已无从考察。然而，绿色牧草下细软的沙粒，恐古已有之。一但过度放牧，牧草盖不住沙子，高原漫长的冬季里，呼啸的大风吹走土层，吹出沙粒，沙湮草场，沙进草退将不可避免。

7月5日下午3时多，我们来到著名的若尔盖湿地的边缘地带——乔科曼日玛湿地。尽管在前去湿地的路上听县上同志无数次地说，湿地干了！但当它呈现在我们面前时，所有的人都发出了惊叹。曾在此担任过3年乡长的县委副书记尕尔项告诉我们，1995年的湿地还是名副其实的湿地，那时牛羊不敢接近，只能在它的边缘地带吃草；那时水汪汪的沼泽神秘无比，如果没有当地牧民带路，谁也走不出湿地。而现在，呈现在我们面前的却是一望无际的草场，白色的羊群，黑色的牦牛拉成一道宽宽的线，在各自的围栏间漫过。而适于湿地生存的乔科马（乔科藏语为湿地的意思），无用武之地，只好奔驰在干涸的草地上。

草场退化，除了过度放牧之外，还有一个原因，那就是鼠害肆虐。

7月5日下午，就在赶往曼日玛乡的路上，不足1公里的路程内，映入我们眼帘的旱獭就有40多只。后面的路程不是没有，而是多得数不胜数。旱獭立起臃肿的身子，约有尺余高，看到车队驶来，不慌不忙，看来已是"人来獭不惊，人去獭还在"。还有一种不愿出世的鼠类，在地下打起高高土包，目光所及之处到处都是。鼠类的猖獗，主要是天敌的减少。甘南州人大副主任李生枝说，那个错误的年代里，抓鼠成了草原民族的第一要务，大量的鼠药投放到草原上，毒死了鼠类，同时也毒死了鼠类的天敌——鹰和蛇。

两天时间的采访中，我们没有见到一只翱翔的雄鹰。只见到几只专吃腐肉的秃鹫，守候在一头死去的牦牛身旁。

两天时间的玛曲之行，画上了句号，但她给我们的忧伤无法挥去。

这种忧伤伴我们走完了碌曲，走完了夏河，走过了东乡，走到靖远、会宁的濯濯童山之间。

河流篇

水是草原的生命。

水是沿河所有生灵的生命。

然而，生命之水正在一步步萎缩。

中国西部，最大的忧患莫过于水的奇缺。小河干涸，黄河枯水，犹如一把把锋利的匕首，不时刺痛西部儿女的心！

2003年7月，我们怀着对黄河的崇敬和对黄河的忧虑，走完了黄河甘肃段全程。耳闻目睹，令人震惊，我们的母亲河，她再也无力给予她的儿女更多的乳汁，甚至再也无力潇洒地奔向大海！因为，退化的草原吸干了涓涓细流，干旱的高原阻断了丰沛的水源。黄河累了，母亲河在流泪！

玛曲草原，素有"天下黄河蓄水池"之称，然而这个"蓄水池"正悄然缩小。

  7月5日，我们穿过玛曲草原，从黄河第一弯的北边，驶向西边。路经河曲马场二分场，同行的玛曲县领导，指着两条隆起的丘陵之间一片广阔的草场说，这里曾经是一片湖泊。可眼前，哪里还有湖泊的影子！只见牛羊密密地撒在其中，几个牧民扬鞭打马驰过。车队继续前行，一路河流拉开的渠道纵横交错，有些有水，另一些干涸皱裂。本来，玛曲县南有一片160万亩大的湿地——乔科曼日玛湿地。那里水草丰茂，黑颈鹤繁延生息，一派生机勃勃的景象。然而，1997年的一场大旱要了她的命，从那时起，她再也没有回过神来。于是，这里没有了沼泽，没有了黑颈鹤，没有了水鸟，湿地在一天天缩小，如今只剩下一些星星点点的水洼……

  一名记者提起了远在千里之外的景电工程，这项惠泽景泰、古浪，直达民勤县红崖山水库的浩大工程，本来是用水去阻挡腾格里沙漠日渐逼进的风沙。然而，祸起萧墙，玛曲县号称亚洲最优良的牧场，却正在遭遇沙化的噩梦。黄河之水天上来，可是天上没雨了，涵养水源的湿地干涸了，这是一个多么可怕的循环：人类牵引母亲河阻挡风沙，可母亲河自己却面临着生存的危机！

  7月，是草原降雨最丰的季节，半天之内，60公里的路程里，我们的确遇到了3场大雨，然而雨来得急，去得更急。这些雨水远远不够补给众多的河流。河流干了，湖泊自然也干了。据玛曲县提供的资料显示，境内黄河的支流有28条，目前已有11条干涸，另有不少河流变成了季节河，数百个湖泊水位明显下降，地表径流量和土壤含水量锐减。全县干涸的沼泽面积达160万亩。一个可怕的后果是，如果所有的小河都干涸了，黄河自然就成了无源之水、无流之河！

  然而，萎缩的不单是"蓄水池"，还有一个"高原水塔"——尕海湖。

  7月6日，我们来到碌曲县，仔细地审视高原明珠尕海湖。尕海自然保护局局长徐强说，2003年的尕海湖是近几年内蓄水量最多的一年，前几年，她动不动就给人"亮老底"。1995年、1997年、1998年、2000年，尕海湖曾4次亮了老底。那4年间，随着湖水的干涸，多年生于斯长于斯的湖内生物，也遭到了灭顶之灾。大量的鱼类，翻腾在湖底的泥浆里，在烈日下挣扎着死去，腥臭味远播数里。各类水生植物也枯死在泥沼中。我们采访之时，近百米宽的湖底裸露在外，约10米宽的湖底生出了旱生植物。

  碌曲，在藏语中是洮河的意思。这个因洮河而得名的县，曾一度被称为洮江县。尕海湖位于洮河上游，是黄河一级支流洮河的重要水源区。近年来，尕海湖三大水源流量日渐减小。这个甘南州的第一大淡水湖的水塔之名，真有点盛名之下，其实难副了。

  1998年，尕海湖被列为国家级自然保护区，这就意味着，这个保障洮河水流的重要区域成了被保护的对象。2002年，自然保区管理局引来一条长3.7公里的引水渠。谁都知道，引来的不是水，而是尕海赖以生存的血液。我们衷心地希望，由人类自身破坏而萎缩干涸的尕海，在悔悟了的人们的呵护之下，重放高原明珠的光彩。

  水本身就是大地的血液。有了水，就有了生机；失去水，就失去了生命。

  夏河县桑科乡西面吉合浪塘，就是大夏河在甘肃省的源头。然而，7月7日呈现在我们面前的却是无水之源。据资料显示，夏河之源后缩了3公里。20世纪70年代，这里的青草约有1米多长，"风吹草低见牛羊"，充满了空旷优美的诗情画意。然而，7月6日下午，呈现在我们面前的青草仅有10多厘米。河流缩短3公里，青草缩短近1米，这绝不是数字的增减，而是一个可怕的警示：生态仍在恶化之中，水源仍在锐减之中，何时才能遏止这一趋势呢？

  7月7日，天庭雷鸣，风雨大作。车队停在距夏河之源约40公里的桑科水库边。从库边宣传牌上所绘图例看，这里就是青海省大夏河之源与夏河县夏河之源的交汇地。牌上写到：库区面积为413亩，而我们所看到的仅有百亩。自然，由这里注入黄河的水源也在日渐萎缩。

  桑科，藏语意为夏河。夏河县和碌曲、玛曲县一样，都因河流而得名。河流养育了草原，草原养育了河流。水丰草美，牛羊肥壮，这便是大自然壮美的交响乐。曾几何时，和谐的音符出现错乱的噪音。桑科草原一望无际的草地上，搭满了洁白的帐篷，迎接四方游客。游客来了走了，留下几声感叹和惋惜，但草原深处的焦灼和忧伤，只能留给世代逐水草而居的游牧民族。就连比邻而居的临夏人，也曾问起，大夏河源头会干吗？

  事实上，更大的忧虑是：黄河还会断流吗？她还能带给陇原儿女福泽和恩惠吗？她还能携带大大小小的河流东流奔腾入大海吗？

  谁主宰着河流的命运，是天，是地，还是人？

  7月8日，陇原环保世纪行采访团来到了著名的刘家峡水库。我们在库区碰见一艘游轮，游轮拖挂着汽艇。导游小姐说，现在虽然是雨季，应该是往年的汛期，而2003年上游来水量依然很少，由于库区蓄水太少，大型游轮无法到达著名的炳灵寺，只好坐汽艇。汽艇价格不菲，游人没有几人愿意乘坐。丰富的石窟艺术只能靠口头介绍。虽然，此时的刘家峡水库不再像二三月份那样，让世人惊呼，但平静的水面下潜藏的忧虑，依然困扰着人们的心。近日，国家发出通知，黄河既要防汛，又要防断流。

　　黄河，这位历史上多次发怒的母亲，如今却屡屡为断流所困扰。断流，这个可怕的字眼，如今却无法挥去，让我们的母亲河难以入海，终日不宁。

　　一边是草原在退化，河流在缩短；另一边是牛羊在增加，气候在变暖。现象与实质，一起呈现在我们的面前。在甘南采访时，所到县乡，人们都在谈这个可怕变化的"时间段"，有人说"大概30年"。30年的时光，却让几千年甚至几十万年的草原，发生了难以遏止的生态恶化。30年，一个孩子长成大人，几代牛羊生老病死。30年前的人，还能看到30年后的今天，30年前的牛羊，却没有见过这样可怜的牧草。一代代离去的牛羊是幸运者，靠着母亲河水滋养的人民，却成了不幸者。又有谁知道，30年后的某个7月，是否会有更大的不幸等待着那时的人们？

　　人类如此，那些逐水草而居的生命的命运又由谁来主宰？据资料显示，先前的玛曲县境内，生存着珍稀动物达230多种。目前，据不完全统计，国家保护类动物仅有140多种，减少了90余种，生物的多样性无可挽回地没落了。

　　草原生态恶化的另外一个标志是，优质的牧草退化后，被根系发达的毒草代替。被称为"草原杀手"的狼毒花，随处可见，从合作到玛曲的路上，一片一片，掩盖了草色。毒草数量上升的速度，和草层高度的下降一样快。与20世纪80年代相比，草层平均高度从原来的45厘米下降到现在的15厘米；而毒草由原来的每平方米12种，上升到现在的33种。数量在某一个层面上，说明生态质量的变迁，同时给当地牧民带来深远的生存忧患。

　　如今的甘南草原，毒草增多，草层下降，牛羊却还在急剧地增多。传统观念使当地牧民认为，多养牛多养羊才是唯一的致富路。可是，草原却有自己所能承受的最大的载畜量，一旦超过了这个警戒量，草原只能以自己的退化或牺牲来报复人类的掠夺！于是，牧民们眼睁睁地看着草层一年年低下去，沙层从草丛下悄悄地浮起来，不宜放牧的地域一年年多了起来。

　　每当春来，度过漫长冬季的牛羊，乏而无力，为数众多的弱小者，惨淡死去。牛羊是牧民的财富，死去一头牛，就等于从钱袋里扔出一叠钱。牧民对牛羊的情感，就像农民对小麦的情感，春乏期牛羊垂死的眼神，更加揪痛牧民们的心。情感和理智往往是矛盾的，牧民将羊只看作孩子，他们不愿意将一只羔羊卖给商人，只到垂老将死，才拿出来卖钱。这种几近原始的传统，导致牛羊的高出生率，低出栏率，无形之中又给草原带来巨大的承载压力。因为草资源如同水资源一般，同样在日渐萎缩，大自然用几乎是残酷的现实来教训人类盲目的开发和破坏。

二三十年，不长不短，但人类的目光无法望穿。时光的链条就像空间的延续一样，沿河而建的城市，不会想到玛曲、碌曲或者夏河。一个城市的水龙头，连接的是无数条河流。站在距兰州市只有60公里的大峡水库的堤岸上，没有人会分辨出，哪一滴水来自玛曲，哪一滴水来自夏河，或者哪一粒泥沙来自玛曲，哪一粒泥沙来自夏河。

河流是自然的，也是人类的。草原腹地绵延的沙丘，尕海干涸的那部分湖底，大夏河渐渐消逝的源头，每一处惨淡的景象，刺痛着我们的心。湿地干涸，草原沙化，水源萎缩，黄河断流绝不是危言耸听！

最新的评价结果表明，多年来，甘肃省黄河流域平均自产水量、入境水量都呈减少趋势，总水资源量减少了12.3亿立方米！一级支流大夏河20世纪60年代水量为每秒34立方米，到了20世纪90年代锐减至每秒20.5立方米，如今几近断流。老鸦关河、胭脂河、吹麻滩河等自产河不时断流……地表水少了，地下水位也在下降，泉水干涸，许多树木因根系汲取不到水分而枯死，柔弱草根的命运就更不用说了。

数一数，看一看，黄河流过的陇原大地，无不是干旱和半干旱地区。沿黄而下，滔滔大河与濯濯童山相伴，大河过处难见郁郁葱葱。

困境已然，是怨天尤人，还是奋起拯救？

深爱黄河的陇原儿女，用行动替代了誓言。

"古者网罟必用四寸之目，鱼不满尺，市不得粥，民不得食，山川林泽……草木零落，然后斧斤入焉。"这是《孟子》中，有关先民保护生态的记载。

斗转星移，时空变换，黄河流域的生态环境日渐恶化。环保，这个古老的话题，成为人们关注的焦点。目睹黄河生态环境的恶化，我们满怀焦虑。比我们更显焦虑的，是各地的环保工作者。走近黄河，也就走近了他们——那些为保护母亲河默默工作着的人们。

在这次采访中，记者感受到各地官员不约而同的态度是：摆困难，谈问题，求真务实，实话实说当地的水资源、水环境危机，历数环保的薄弱环节和面临的困境。这种态度，很大程度上是各地紧迫的水环境保护态势逼出来的。

身临此情此景，才能真正感受到陇上的黄河儿女"守着黄河没水喝"的困境，也才能感触到他们改变生存环境的愿望是多么的迫切与强烈。事实上，沿黄儿女多么需要得到哪怕是一句鼓励的话，支持他们坚持下去、努力下去，多栽活一棵树，多播下一片绿，多为母亲河增添一丝水分。

7月4日，我们到达玛曲。上次来玛曲，看到宾馆柜台里有一种地产酒，泡着冬虫夏草和枸杞，这次没有找到，便随口问宾馆服务员。服务员回答：那种酒已经没有了。是卖完了吗？第二天问起县上领导，他们笑着说："为了保护草原，我们宁可不喝酒！"原来，为保护草原生态，这种酒已经不生产了。

冬虫夏草等众多的野生药材，在玛曲县的草原上分布很广。前几年，每年都有五六万来自各地的采药人到玛曲采药。他们一窝蜂地涌进草原，吃住就地取材。这些人大肆捕杀野生动物、黄河鱼类，大面积滥挖药材，砍烧灌木，在草地茂盛处大面积烧荒，乱扔生活垃圾。

玛曲草原的土壤是黑土层、黄土层和沙质土交错分布。这种地质条件意味着，草场植被一旦遭到破坏和退化，遇上大风大雨，泥沙便四处蔓延，草场因此退化沙化。再加上高原植被生长期短，一旦破坏很难恢复，采挖野生药材的活动对草原生态破坏极大。

为了保护草原，玛曲人毅然关闭了县野生药材交易市场，告别了由数万外来人口带来的繁华。县生态保护稽查大队开进了草原，依法查禁采挖药材、砍灌木和捕杀野生动物等违法行为。草原没有了喧嚣与掠夺，没有了无节制的破坏，又恢复了往日的宁静。玛曲人深知：生态保护远比一时的经济繁荣重要得多。有了这样的认识，有了自觉的环保行动，如果再加上足够的资金，玛曲草原终有一天会重现"风吹草低见牛羊"的美景。

在甘肃银光公司，我们了解到，这家公司早在1980年，就对2条冷却水管道进行了改造，使冷却水得以循环使用，每天节水3000多吨，另3条冷却水管道也很快改造完毕，节水效果将十分明显。同年，该公司投资6301万元，动工兴建了活性炭吸附、石灰石中和装置，对酸性废水集中进行处理。尽管这套设备每年的运行费用在650万元以上，但除了检修等特殊情况，即使企业再困难，也从未停止过运行。因为他们要履行对母亲河的承诺。

1985年，银光公司投资104万元，进行了38项管道改造，建设6.7公里输水管道的环保工程完成。这项工程把银光公司产生的生活废水和未被污染的生产用水从工业废水中分离出来，用于浇灌树木和农业灌溉。18年来，光这一项工程，就回收废水1500万吨。经过长期不懈的努力，现在，银光公司的废水回用率已达到94%，工业废水处理率80%以上。环保带给企业的，不仅是显著的经济效益，还有生态环境的改善。如今的银光公司，处处绿意盎然，曾被国家评为"绿化先进单位"。

对于黄河来说，伤害最大者莫过于排废口。因此，采访团的"老记"们，对材料上的介绍将信将疑，都要到排废口"眼见为实"。一路看过来，沿途的排废口交出了一份让人喜忧参半的答卷。

喜的是，在各级政府和相关部门的严令之下，不少工业排污大户克服重重困难，采取多种措施，硬是把许多老大难的环保问题给解决了。比如，位于永靖县的刘化总厂，原本是黄河上游的污染大户。他们以重油为原料生产了30多年，碳黑水、三氧化二砷、铬、石油类四大污染物，严重污染了黄河。从20世纪70年代末开始，该厂先后把一度排放量超过国家标准6倍的三氧化二砷排放降为零；铬的排放量由超标10倍降到低于国家排放标准；石油类污水经过3级分离，油污物质排放有效减少；"油改气"工程实施后，困扰了刘化人30多年的碳黑水污染彻底解决。

在靖远电厂，我们目睹了冲灰水处理车间，在这里处理过的水流到河沟里，下游的农民用它来浇地；在白银公司第三冶炼厂略显陈旧的污水坝下，两排用坝中处理过的废水浇灌的白杨树长得郁郁葱葱。曾有5家不符合环保要求的外地玻璃厂、皮革厂、造纸厂等在临夏申请建厂，都被坚决拒绝，因为当地政府铭记着保护母亲河的历史责任。他们规定凡在临夏市投产的新企业，必须符合环保要求。在夏河桑达公路修建中，为保护一块仅1平方公里的湿地，县里请了环保专家，专门对湿地进行了考察，又向省交通厅交了申请，桑达公路因此改道……

众所周知，环保是个系统工程，决非一蹴而就，黄河水的污染治理任重而道远，下面的实例就让人忧虑不已。在临夏市，每年排入大夏河的污水中，90％的是城镇生活污水，而临夏市污水处理厂设计项目变更，资金出现2000万元的缺口，不能按期完工，临夏市的生活污水仍然是直排入河；在白银，白银公司铜冶炼厂的硫酸生产系统已经运行了30多年，目前只能维持简单生产，设备老化、腐蚀造成跑、冒、滴、漏严重，现有的收尘设备陈旧，必须从工艺上进行改造，老系统的总硫利用率才能从60％提高到92.5％以上，二氧化硫实现达标排放。然而，道理好讲钱难找，在白银公司维持基本生产、经营举步维艰的情况下，靠自身能力解决这个环保问题，实现二氧化硫达标排放，难度之大胜似登天。

来自白银市水利部门的资料显示，白银年排污总量是3137万立方米，其中达标排放的仅为645万立方米，未达标的是2492万立方米！在黄河靖会灌区，我们随意走进会宁县郭城驿的一家农户的庭院，看到了两眼水窖。一眼装的是黄河水，一眼装的是集流的雨水，提水的小桶放在雨水集流窖上。问过这家的老大娘才明白：黄河水要经过消毒、净化处理才能饮用，集流的雨水经过沉淀后就可以饮用了，有了雨水，家里自然就不用黄河水了。听了这话，我们心里沉甸甸的。

站在大峡水电站前的拦污棚前，看着被形容为"人踩上去不会下沉"的百米白色垃圾带，了解到每年有7000立方米的生活垃圾从兰州漂流到这里，相信每个曾经往黄河里扔过垃圾的兰州人，都会感到羞愧！黄河不只属于甘肃，在看不到的中下游，还有千千万万黄河儿女等待着母亲河的哺育。扔进黄河一个饮料瓶，也就扔掉了对母亲河起码的尊重和感激。

有人在为保护黄河而努力奔波，有人却在为加剧黄河的污染蠢蠢欲动，何时才能改变这一悲哀的现状呢？！

主编点评

保护环境的重要性，我们的老祖宗早已知晓。《孟子》记载："古者网罟必用四寸之目，鱼不满尺，市不得粥，民不得食，山川林泽……草木零落，然后斧斤入焉。"

然而，在人类社会的历史进程中，人类总试图不断改造自然，征服自然。在我们的生存哲学里，大自然只是财富，像奴隶一样的财富，我们从来就没有尊重过她，我们对这个沉默无语的奴隶只知道驱使和索取。历史发展到今天，尽管森林已为罕物，天空极少鸟鸣，索取无度的人类还是抛弃不了这些"清规戒律"，不管三七二十一，目之所及，砍而用之、掠而食之。

有这样一个说法：人字的一撇一捺，表示人是相互依赖的，人们之间应和睦共处。诚然，这样的说法在人类内部是适用的。然而，就在人们强调互相之间关系的时候，人和自然的关系，一种更重要的关系，被有意无意地忽略了。

人类对自然资源无节制的开发、甚至肆无忌惮的破坏，招致了大自然无情而迅速的报复。沙上墙，羊上房，流沙吞噬了农田、淹埋了村庄。沙进人退，人们失去了最起码的生存条件。在民勤绿洲风沙沿线的一些村庄，这种大自然的报复行为，正让人类慢慢品味着自酿的苦酒：人与自然不和谐，直接危及人的生存。

我们应该深知，人类是自然的一部分，而不是自然的主宰者，如果将人类放在自然环境里看，环境就是人类自己。如果有一天，这个星球上除了人类，再无一草一木，再无飞禽走兽，那么人类灭亡之日亦至。对此恩格斯曾一针见血地指出："不要过分陶醉于我们对自然界的胜利，对于每一次这样的胜利，自然界都报复了我们。"

　　庆幸的是，人类还没有完全利令智昏，人类正在不断反省，不断改正错误、弥补损失，再不干那种杀鸡取卵、涸泽而渔的蠢事。政府出台保护环境的政策法规、不少有志之士的投身到环保事业中、不断创新的环保方面的科技研究……虽然，这样的变化只限于局部，但是有希望，也就有了可能。不要把环境和人类看作两码事，人类就包容于自然环境里，破坏环境就是戕害自己。同样，不要因为问题的存在而失去改善环境的信心。

　　如今，为了我们共同的家园，我们开始找到一条与环境和睦相处的道路，我们含泪水援额济纳，呵护"黄河之肾"——尕海，启动石羊河流域治理工程，用一道又一道绿色屏障的阻挡，使敦煌幸免楼兰古城的厄运。更重要的是，我们开始切实调整经济结构，转变经济增长方式，改变以前无节制地从自然索取的传统生产方式，采取有利于保护自然环境的新模式和产业；我们开始在经济社会发展中把自然生态保护放在首位，重新树立人的自然生态价值观，形成尊重自然、热爱自然、善待自然、保护自然的社会风尚。

　　正因如此，近几年来，甘肃省局部生态已出现了逐步好转。实践再一次证明：大自然是仁慈的，你只要给她付出，她就会加倍地回报你。

染亮绿色的梦想

绿色畅想

李晓君

仲夏,定西的天空格外高远,蓝天白云下,经过治理的小流域飞绿吐翠,花果飘香;层层梯田犹如一组组激情飞扬的五线谱,向远方延伸而去;530万亩水保林像飞跃的音符,在阳光里闪动;314万亩齐整的草坡是飘漾的衣裙,随风而舞。

昔日干涸的黄土坡,正在复活,正在腾飞,正在焕发出绿色的生机。

1995年12月,江泽民总书记在定西视察工作时说:"你们搞的小流域治理,是加强农业,脱贫致富的好路子,这个路子应该坚持走下去。"

专家们说,定西的水土保持,是一场大西北的绿色革命。

老百姓说,咱们的地平了,山绿了,光阴好过了,人也亮豁了。

定西地区脱贫致富的历史,正是一部进行水土治理和开发的历史;定西面貌巨变的历史,写在每一条沟里,写在每一座山上,写上梯田,写在树梢……

定西地区的水土保持与小流域治理,不仅是定西人民的骄傲,也是全省水保事业的骄傲,在这片干旱的西北高原上,不仅仅崛起了一座座绿色的丰碑,也收获着具有创造性的经验。

高度——"水保立县"创新工作机制

"水保"是什么?很多地方没把水保当回事。水保水保,梯坝林草,人人会搞。

1995年春,定西县的一个决定让全地区刮目:水保立县与农业稳县、工业富县、科技兴县、依法治县并列,成为"五县战略"之首,作为党委、政府指导全县工作的总体战略部署,写进了《政府工作报告》。这种提法在全国尚属先例。

不是定西人喜欢冒尖,而是他们对于县情的认识太深刻了:定西苦,苦在恶劣的生态环境。这里是全国水土流失最严重的地区,蒸发量是降水量的3.6倍。不治理环境,农业生产就无法提高效益,群众脱贫致富的步伐就无法加快。从这一点上来说,定西县当时的决策,具有相当的魄力。

魄力也来自于定西人30年来的苦苦探索与辛勤汗水。

20世纪60年代,青岚乡大坪村。从1964年开始,全村人民苦修梯田,使全村97%的耕地全部实现了梯田化,粮食亩产、人均产粮、人均纯收入分别比治理前提高了3.1倍、3.6倍和10.2倍,成为干旱山区脱贫致富的典型。

——定西人由此认识到,梯田化是粮食稳产、高产的基础。

20世纪80年代,官兴岔流域。1983年被列为黄河中游治理重点,由此,全区流域重点治理工程从这里拉开了序幕。通过多年的集中、连片、规模治理,全流域兴修梯田1.1万亩,造林1.2万亩,种草0.3万亩,各类拦蓄工程1500多处。形成了典型的"山顶戴帽子,山腰系带子,沟底穿靴子"治理模式。官兴岔绿了,官兴岔也富了。

——定西人认识到,造林种草是改善环境、实现农业可持续发展的有效措施。

20世纪90年代,关川河流域。从1987年开始,甘肃省第一个利用世界银行贷款建设的水土保持项目开始实施。这项由国家出资、政府领导、国际组织援助、科技专家指导、广大干部群众一起上的综合治理工程,通过开展兴修梯田、造林种草、拉电修路、筑坝蓄水、开发土地资源,使占全县面积54.8%的项目区发生了根本性变化。

——定西人更加认识到,以水土保持为主的综合治理,可以改变定西的明天,可以创造定西山川秀美的未来。

就这样,以定西县为先导,水保工作在全地区"立"起来了。地区成立了由主要领导负责的治理领导小组,定期研究解决工程实施中的重大问题,为水保工作的开展提供了组织保证。勤劳朴实的定西人民怀着对未来的美好憧憬,在荒山乱沟上修梯田、打水窖、植树种草,改变着山的面貌,也改变着自己的面貌。

定西县杏园乡是全县梯田化第一乡。从1999年开始,乡党委、政府带领群众苦修梯田,仅用了两年时间,就将全乡95%以上的坡地修成了水平梯田,5万亩梯田挂山坡,昔日连种子都收不回来的瘠薄地成了高产田,平均产粮300多公斤。李家河村农民李建国提起修梯田,感慨颇多:"修梯田把咱苦砸了,脱了几层皮，掉了几斤肉，全家老少大干整两年。不过，这苦没白吃，粮食稳产高产，以后的光阴好过了！"

海拔2440米的通渭县华岭乡大牛村，按地理条件，算是高寒阴湿地区，然而这里却只高寒却称不上阴湿，要么冰雹，要么大旱，为什么？因为山太秃。近些年，村党支部书记张克勤带领群众植树种草，退耕还林，七沟八梁十一面坡终于绿起来了。2006年5月下旬，大牛村下了一场及时雨，让进山的人惊奇不已：全县其他地方都是艳阳高照。老百姓说："这林子和天气是通着的，小气候就是老天爷单独开小灶。"

夏日里的临洮县花麻沟流域看起来格外好，层层梯田绕山坡，层层绿意染山窝。与之相隔不远的崆峒湾流域还有一部分没有治理，那里则显得灰黄一片。通过几年的治理，花麻沟流域变了，当地群众把地修平了以后，开始调整农业结构，发展洋芋、中药材等，农民收入一年比一年高，1998年，流域内人均纯收入仅为711元，2005年底，这个数字变为1319元，增长了近一倍！以小流域为单元的水土保持与治理的成功经验，昭示着定西农业可持续发展的巨大潜力。"山顶造林种草戴帽子，山腰修造梯田系带子，沟底打坝穿靴子"的流域治理模式，唤醒了沉睡的荒山。

时任定西市委书记的石晶说，只有通过水土保持综合治理，定西的经济和生态才能进入一个良性发展的轨道。

从2005年开始，地委、行署把水保工作中的梯田建设、梯田化乡(镇)建设、流域治理和预防监督都纳入农村经济管理目标的重要考核内容。在2002年召开的全区经济工作会议上，对上年成绩显著的14项工作进行了表彰，其中水保就占了4项。

定西地区水保站站长景亚安捧着这份表彰文件激动不已，他之后给职工们开会说："这就是水保人的骄傲，咱们的天地越来越广阔了。"

沿着定西县关川河流域走一遭，从符家流域到石家岔流域，从花岔流域到复兴流域，都基本得到了治理，当地群众在阴坡上修梯田，在阳坡上种柠条，乱石沟复活了。据统计，仅定西县就有91条小流域相继得到治理。

到复兴流域采访，恰巧碰到来自河南的客人到这里参观学习。午后炽烈的阳光洒向山坡，像在燃烧一般，似乎让人透不过气来，而阳光下的梯田一派绿意，让人顿生清凉。第一次踏上定西大地的河南客人被眼前的景象感染了："定西人的精神真是太伟大了！"

在复兴流域的丁家山顶上，技术人员用种植的松柏组成了"FX"两个字母，以纪念复兴流域的治理。极目远望，阳光下的沟沟峁峁一派盎然之气，升腾起丰收的希望。

这里曾经是一片荒芜而贫瘠的土地，如今，这里又是一片充满希望的腾飞的土地，全区513条小流域，已经有294条相继得到治理。复兴，不仅仅代表着小流域的复兴，也预示着整个定西大地的复兴。

深度——严谨求实铸就科学精神

拿到定西地区水保站站长景亚安和副站长张富的名片，很意外：景亚安，省级优秀专家、省政协委员、政府特殊津贴获得者；张富，政府特殊津贴获得者、第五届中国青年科技奖获得者、国家有突出贡献中青年专家、甘肃省优秀专家等等。

记者着实一惊：水保工作无非就是修梯田、打水窖，哪里需要专家？

张富举了个例子：定西从20世纪50年代开始，就进行过大规模的造林运动，但一直是年年造林不见林，原因在哪里？是没有把自然资源的要素与生物适宜性的诸要素配置起来。——道理很简单，操作起来却并不那么容易，这就是科学。

景亚安把记者领到了定西县的高泉沟流域。位于定临公路旁边的高泉沟透出明显的与众不同，周围的山坡上都是层层梯田，这里却显得"杂草"丛生。景亚安沿着荆棘丛生的小路进了沟。他指着周围的沟道说："这里以前是泥石流多发区，寸草不长的地方，我们从1983年开始，把生物措施与工程措施相结合，把这里的沟道全部治理完毕，修建了近500道谷坊，这里才逐渐绿起来了。"原来，这些乔灌草都是人工种植上去的。景亚安不断地指着一条条沟道，说这里是石谷坊，那里是土谷坊，还有的地方是柳石谷坊。

年逾半百的景亚安走起山路特别快。表面上并不起眼的高泉沟原来是别有洞天，越往里走，草木越丰美，风中飘来阵阵花香，林里传来悦耳的鸟鸣，静静地听，仿佛还能听到泉水潺潺。周围的泉水已经干涸了，高泉沟的泉还一直流淌着。高泉沟被水保专家们称为"黄土高原治理的明珠"。

乱石沟变成草木沟，这就是科学。

水保工作者把科学的论文写在旷远的定西大地上，收获着绿色，收获着经验，收获着科学精神。

草木葱茏的定西县安家沟流域像一位沧桑的老人，守候着山水的变迁。这里是全地区最早的水保试验示范基地，从1956年开始，研究人员便在这里进行了大量的实地研究，第一条梯田、第一座骨干坝、第一片沙棘林都是从这里走向全区的。山路很窄，路旁的杨树长得已有碗口粗，繁盛的枝叶伸到山路上。张富介绍说："你看，定西50年代种的杏树，60年代种的榆树，70年代种的杨树，80年代种的混交林，都可以在这里看到轨迹。这些树的成活率仅为30%，而且大部分都是'小老树'。水土保持工作要讲求科学，要因地适树，不能想种什么就种什么。瞧，柠条就是适合定西地区自然条件的品种之一。"顺着他手指的方向，我们果然看到对面的山上旺盛生长的大片柠条，泛出耀眼的金黄色，那分明是丰收的颜色。

在安家坡上，记者又看到了一处雨水集流工程示范点，4亩坡地+10眼水窖+12亩梯田。张富介绍说，4亩坡地是集流面，专门复种粮食，到了降雨季节，铺上覆膜，收集的雨水储存到水窖中，用于发展12亩地的补灌，长势喜人的小麦，像长在水浇地里。

群众凭经验，水保人员凭科学，用科学指导经验，就能创造奇迹。

大量的试验使科研人员认识到，定西的水土保持，要围绕一个"水"字来进行。这不仅是定西改善生态的基础，也是实现农业可持续发展的血脉。

为了留住雨水，他们在小流域治理中，配套实施了"121"；为了留住雨水，他们在沟底打坝，形成了天然的水库；为了留住雨水，他们甚至研究树坑怎么挖……

到临洮县崆峒湾采访，那里的不少梯田正实行退耕还林。山坡上挖了不少的育林坑，形式各异，工作人员介绍，根据不同的地理位置，开挖不同的坑，有"漏斗式"、"燕尾式"，还有"圆形铺膜聚流坑"、"隔坡软埝水平沟"等等。

指着眼前的漏斗式育林坑，景亚安介绍说："你看，以前种树挖坑都是直上直下，面对着同一片天，现在修成梯状漏斗形，每个面各顶一方天，可以有效收集雨水。还有，你会发现这里新定植的云杉非常稀疏，这是我们根据实际情况来计算的，如果按林业上的每亩222株来种，树的长势就不太好，我们每亩虽然只种了40株，但这是种一棵，活一棵，旺一棵。"果然，路旁已成林的树木，密度大的地方树就较细，间距大一些的树木倒非常粗壮。水土保持是一项改变江山面貌的工作，而他们把工作做到了每株树、每棵草、每块梯田上。

花岔流域是一条狭长的流域，这里先前是一个巨型的"大漏斗"，每到雨季，雨水顺着山坡顺流而下，冲走了黄土，冲出了沟壑，形成了烂泥沟。经过多年的治理，这里如今已是另一番景象：昔日的沟道已经种上了大片的乔灌，裸露的山石看不见了，沟底经过拦蓄处理，已经被15道坝留住了雨水，形成了富集的连环坝，水面波光粼粼，倒映出旷远蓝天，还有鱼儿在水中嬉戏。近看，似一汪湖水，远观，则如一条断断续续的长河，一直流向远方。

如今，定西地区已经通过实践，总结运用了径流调控理论、系统工程理论、对位配置理论等水保理论体系，得到了国家水利部的认可。水利部水土保持司原司长郭廷辅、副司长段巧甫等人前几年经常到定西来看看，他们说，定西是为全国出经验的地方，在这里可以找到适合在全国推广的先进经验。近年来，定西地区多项水保成果被评为"国内领先"甚至是"国际先进"。

因为定西的生态环境太特殊，在这里出成果是非常困难的，也是独一无二的。

到陇西县消掌小流域采访，县水保局局长手里拿着一本厚厚的规划书，16开，足有上百页。工作人员非常中肯地说，水保工作如果不讲求科学精神，就达不到实际的效益。规划书中有对当地自然条件详尽的分析和相应的治理措施，有投入与产出的各种数据的测算，有组织管理和技术安排，还有对经济格局产生的影响与对策等等。让人分明感到，广大干部群众正在进行的小流域治理，其实是一项如此严密的科学工程。

用这种科学的精神去创造，再造秀美山川的梦想还会遥远么？

广度——综合治理创出综合效益

多年的流域治理，不仅治了山，而且治了穷，使山区人民的脱贫致富迎来了新的春天。

九华沟的春天来了。站在山头，四周的山全部呈现出螺旋状，层层梯田被深浅不一的绿色尽染；山顶和山腰上一片一片的小树，虽然尚未成林，却透出顽强的生命力，如同卫士一般，守候着大山的变迁；四通八达的山路像一条条黄金线，向着山外蜿蜒而去。

从1997年开始，通过4年的治理，昔日干旱、落后的九华沟显现"芳华"，全流域累计兴修梯田4.5万亩，人均6.5亩，造林留床4.8万亩，种草留床2.2万亩，治理程度达到了86.3%。

在进行生态治理的同时，水保人员把开发融入治理中，号召群众调整种植结构，发展第三产业，在增收上做文章。如今，当地农民积极发展种草养畜，丰收的洋芋一车车向山外驶去，塑料大棚在九华沟落户，山里人终于能吃到地产菜了，农民人均纯收入翻了番，达到1486元。"乔灌草山戴绿帽，水窖塘坝迎面笑，梯田果树绕山腰，节水灌溉真可靠，良田坝地产量高，村兴民富展新貌"，这是群众对水保工作的赞叹。近年，九华沟人抓住高速公路建设的契机，大发公路财，打工的，租房的，运输的，群众的市场观念越来越强了。

多年的实践牵动着定西水保工作走向纵深。从20世纪60年代的单纯修梯田，到80年代的山、水、田、林、路综合治理，再到90年代的综合治理与开发相结合，定西水土保持工作就这样一步步走向成熟。

九华沟治理，是依据流域内自然、社会、经济条件及农业生产存在的主要问题，坚持以小流域生态经济系统理论为指导，以治理水土流失、建设生态农业为中心，以提高群众生活水平，改善生态环境为目标建设的。

它的成功治理，标志着定西水土保持达到了一个新水平。

此后，临洮的崆峒湾流域、通渭的三义流域、渭源的峪岭沟流域、漳县的锁林沟流域、岷县的雪地河等小流域都按照这种模式进行了治理。他们在继续坚持"山顶戴帽子，山腰系带子，沟底穿靴子"治理思想的同时，在规划、治理中，实行农户配套农电，田间配套农路，梯田配套水窖，山坡配套林带，种草配套养畜，并综合运用各项新技术措施，如在梯田上应用优化设计技术，在造林上应用水平沟整地、径流林业技术；椒园、果园建设上应用丰产坑栽、良种壮苗、带土移植、地膜树盘保墒、仁用杏高接换优技术；在粮菜种植上应用地膜覆盖、模式化栽培、配方施肥、塑料大棚、日光温室等技术；在养畜上应用标准化畜禽规模养殖技术，使治理达到了一个新水平。这些操作办法，在水保上概括为"水电路先行，粮林草间作，种养加结合，产供销配套"。

这就是定西模式。

从生态到经济再到社会，如此系统的工程，定西的水土其实并不是一个部门的事，而是农业、林业、水利、农机、乡企、扶贫、计划等部门共同协作，积极配合的成果。他们把各自的业务重点和实施项目向流域内倾斜，把各自多年来的先进适用技术在流域内组装配套，使之发挥综合效益。

全社会共同打造水保，这又是定西模式。

时任定西行署副专员的武文斌对水保工作的理解非常深刻："我们把水保工作当作水保经济来抓，当作水保事业来抓，这不仅仅是改善生态的范围，更是整个经济的大范围。"

大牛村边改善生态，边发展经济。在村党支部书记的带领下，大牛人在沟尾建塘坝，沟头建谷坊，蓄水栽树，退耕还林，荒山造林和四旁植树4200亩，林草覆盖率达到了50%以上，位于全县之首。在此基础上，大牛村调整种植结构，发展起了高效农业，人均收入从原来的100多元，提高到现在的1500多元。全村近3年买了54辆三轮车，95%的群众有了大彩电。为保护林地，村上还组织了护林队晚上巡逻。2005年5月，定西明珠公司在大牛村的王家梁上试验发展了50个阴棚，进行白灵菇的试验，竟一举取得了成功，对大牛人来说，这将会是一项具有潜力的产业。说起大牛村的未来，村党支部书记张克勤信心百倍："我们的农业基础设施条件已经初步有了基础，下一步就是绣花工程，我们要把富饶的大牛村绣出来。"我们深信，迈开步子的大牛村一定能织出锦绣前程。

定西县杏园乡，名字好听树难栽，坡耕地长期以来使群众不得温饱，更别说发展经济林了。不少群众种的树是"春天种，夏天拔，秋天熬上罐罐茶"。经过治理后，全乡农民人均梯田5.7亩，粮食够吃了，群众又实行退耕还林还草2.6万亩。当地党委、政府带领群众种草养畜，仁用杏、山杏等也开始规模发展起来，若干年后，杏园乡要变成名副其实的"杏园"了。

陇西县种和乡是全县第一个实现梯田化的乡，全乡90%以上的耕地都修成了梯田。在此基础上，乡党委、政府带领群众发展洋芋、蚕豆、胡麻、中药材、草畜等主导产业，形成了一村一品的格局。2005年，乡上又同清吉洋芋公司签订合同，发展订单农业6300多亩。

随着生态环境和生存环境的改善，从一定意义上来说，定西人民正在探寻着一种新的生产方式，利于自身，也利于自然，从而慢慢实现着人与生态的相对平衡与和谐发展。这种观念，是比治理结果本身更为重要的。

看看这一组数字：1999年，定西地区农民人均纯收入比上年增加了156元；2000年，定西在大旱之年增幅为88元；2001年，又增加98元，均超过了全省的平均水平。

20年太久。然而对于定西地区曾经历过的漫漫贫瘠和干涸的历史来说，这20年，是只争朝夕的20年。20年后的今天，经过治理的定西大地，草木葱茏，麦浪翻滚，硕果累累，欣欣向荣。

在地区水保站站长景亚安的办公室，有3张定西地图，分别是定西地区水保工作的现状、初见成效和大见成效图。定西争取用20年左右的时间，使全区的林草覆盖率由现在的24%达到80%。

地图上的定西像一只鸟形的风筝。但愿，这只风筝能摆脱生态的羁绊，展翅高飞，飞过高山，飞向蓝天，飞向更加美好的未来。

多彩的绿色

尚德琪

2001年9月初,在洮河林区卡车林场一个破旧的库房里,记者见到了1998年8月20日和9月20日两次入库加封的大马锯和玻璃斧。3年过去了,一层厚厚的尘土已经遮住了它们曾经的光亮与锋利。

斧锯黯然失色了,绿色则更具诱惑。2001年9月,记者到白龙江林业管理局洮河林业局时,他们的"百里万亩绿色长廊工程"刚好结束。这只是白龙江林管局林业建设的一个缩影。他们不仅栽下了两万亩树苗,也把林业工人对绿色的神往种在了大山中。

林区又进入了一个新时代。

狼窝的狼又回来了

洮河林区冶力关林场黄捻子河营林区内,有个叫做"狼窝"的小地方。

因为曾经有狼,才有了"狼窝"这个名字。但近20年里,那里连狼的影子都没见过。年轻人只知道这地方名不副实,林区的老职工则说:"狼都是被吓跑的。"

天然林禁伐后,林区没有了斧锯声,也没有了车马声。人为活动少了,林子恢复了往日的宁静,这儿又成了动物们的乐园。2000年,"狼窝"又有狼出没了。记者到林区采访时,林区人把这当成"天保工程"实施后的一个大新闻,一次又一次地说起。

在整个白龙江林区,和狼一起回来的还有黑熊、野猪、豹子和"四不像"。林区边缘的一些地方,还发现了大熊猫的脚印和粪便。

久违了的马鸡、野鸡,已经随处可见。原来一见人就起飞的鸟儿,现在已经敢和人近距离相视了。

在腊子口林场老龙沟，每天早晨，云雾缭绕之间，时不时还能听到呦呦鹿鸣。在电尕林场之润沟，一种被林区工人叫做"白脸媳妇"的小鸟，竟然有意追随我们的采访车。林场的人说，这在以前都是不可能的。

护林的人深有感触：保护天然林和保护野生动物其实是一回事。

苗圃占领了楞场

在卓尼县境内洮河和冶木河交汇处，有一个68亩大的梨园。和梨园一墙之隔的是一个100亩大的苗圃，里面的一行行侧柏长势喜人。十几个女工们戴着草帽，挎着竹篮，在苗圃里细心地拔草，好一派清新娴静的田园风光！

没有想到的是，3年前，这里还是一个大"楞场"。

把采好的圆木一根根摞起来就叫做"楞"，一摞就是一楞，摞木材的地方就是楞场。楞场是木材采伐时代的产物。

"天保工程"启动后，和斧锯一起淡出历史的，还有楞场。白水江林业局中路河林杨500亩大的楞场、迭部林业局设在兰州北山脚下的大楞场等14个楞场纷纷"转行"，成了培育"绿色后代"的苗圃。现在，白龙江林管局的苗圃总数已达到38个，总面积超过5500亩，育苗品种由过去的针叶树苗延伸到各种苗木，形成了针阔混交、乔灌结合的育苗新体系，年出圃各种苗木6000多万株。

每到春、秋造林季节，苗圃车来车往。从那里拉出去的苗木，有的绿化荒山去了，有的美化庭院去了。

白龙江林区的领导说，苗圃替代楞场，对他们来说，是一个时代的结束，也是一个时代的开始。

新绿掩埋了老树桩

连续多年的砍伐，使林区留下了成片成片的老树桩。

林区的人说，林区的环境就是长林子的地方。停采以后，凡是绿色的东西，不管是天生的，还是人种的，一律疯长。迭部林业局的人说，跑车的路，一年不跑车，就跑不动了。洮河林区的人说，进人的路，一年不进去，就进不去了。

在整个白龙江林区，所有的沟系，新长起来的藤条、悬钩子等等知名和不知名的植物，已经挡住了过去的运材路；而被认为是大煞林区风景的那些老树桩，也被迅速生长起来的灌木丛和人造林所"掩埋"。

原来拉锯抡斧的采伐工人，已经转行当营林工了。9月初，我们在著名的腊子口采访时，当地林场130多名林业工人已经开进了牛路沟。在那里，他们支起帐篷和锅灶，拉开了秋季植树的序幕。他们中的很多人，原来都是砍树的。

在植树人的周围，停采后栽的小云杉，早已缓过了气，精精神神地成长着。而在整个白龙江林区，3年来，他们已完成人工造林50多万亩，综合抚育50多万亩，封山育林近300万亩。那些连片成规模的小树，已经能让人感觉到生态效应了。

护绿播翠的人说，只要给林区一分善意，林区就会以双倍的速度创造奇迹；只要在林区栽下一片树，大自然就会还你一抹绿色，一溪清流，一片清新。

绿色自在我心中

但是，一抹绿意的出现并不容易。

2001年，全省天然林保护工程要正式实施了。急性子的洮河林业局长何录德在多种场合都说："我们得有特别的行动。"

植树造林不像别的活，从开春到5月份，满打满算不过100天左右的时间。时间不等人，人也不敢等时间。很快，局里便做出决定，在保证全面完成4.8万亩常规造林任务的基础上，集中力量，实施"百里万亩绿色长廊工程"，染绿定(西)新(城)公路沿线的一山一坡——大岭山，长岭坡。

那山真大，那坡真长。汽车沿公路从大岭山上去再下来，从长岭坡这头到那头，总共要走50多公里的路程。

谁看了那两座山，其实都有点怯阵。但决定做出以后，全局所有的人都表示，决不能在山面前退却。

2001年4月24日，羊沙林场124名职工背着行李，开进了长岭坡。"五一"长假一放，冶力关林场、局机关各科室、医院、学校以及林区公安局、检察院、法院、消防队、经警大队等单位职工上山"入伙"。5月2日，下巴沟、车巴、卡车、大峪、冶力关5个林场造林一线的职工，彼山下来上此山，纷纷赶来参战。到此，局属17个单位在两座大山都有了自己的"高地"，总人数达到1200人之众。

老职工郝丽华已经写了退休报告，但她还是坚决上了山；上山不久，退休报告就批了下来，但她还是坚持到了最后一役。下岗职工们似乎是等得太久了，他们好像要把参加大会战当成将来上岗的申请报告。

5月24日，造林大军凯旋。仅仅30天时间，在50多公里长的战线上，他们栽下500多万株小树苗。2万多亩荒山秃岭上，开始泛起别样的绿色。

绿色面前不言苦

我们到林区采访时，在长岭坡底一个叫做西沟口的地方，看到了工程总指挥部的"遗址"。13个帐篷就架在路边的荒滩里，锅灶就支在旁边的塄坎上。在那1个月的时间里，17个单位，每个单位的"宿营地"都是如此，每个人过的都是一样的野外生活。

林区天气，变化无常。刚刚还是阳光灼人，忽然就会大雨如注。有时，不大不小的雨，一天能下四五场；有时，大大小小的雨，一连能下四五天。无遮无拦的职工们，要经受曝晒的考验，也要经受雨打的考验。

领导们说，一场雨过后，湿了的人第二天仍可以干着上山；但一月下来，每个人脸上都留下了太阳的印记。白的人黑了，而黑的人则开始一层层地蜕皮。皮肤本来就黑的副局长米兆云说："唯有我没有大的变化，而山上下来的人，黑得都像我。"

局长何录德是"一把手，两手抓"，"前线""后方"一起跑。山下要管起苗、假植、装卸、调运，山上要管造林质量。晚上到现场开会，常常要到深夜十一二点。他甚至有时是一边挂吊针，一边主持会议的。

副局长乔国瑜是现场总指挥，每天他起得最早，睡得最迟。手持对讲机，一天步行几十里路，从早到晚，走到哪里喊到哪里。嗓子喊破了，含着药片还在喊。他患有糖尿病，在山上的几十天时间里，每天饭前半小时，他都要自己给自己注射一次胰岛素。

山里的景色不错，但不是休闲的地方。指挥部下的任务是，男的一天要栽300棵树，女的要栽250棵。早上6时30分，吃饱饭，喝足水，每个人背上自己的"任务"和干粮，走一个多小时，到达作业地点。那些天里，小伙子们上山时要背七八个大馒头，但晚上回来吃饭时仍然会狼吞虎咽。

女职工腰弯得时间长了，脸都肿了。冶力关林场场长梁离乡说："到了下午，很多女职工都是跪在山坡上挖坑的。"那些天里，男职工中间好像形成了一条不成文的规则：是男的都就必须照顾女的。局劳资科谷科长上山时，主动申请让女同志到他的组上来。那不是表个态的问题，他得额外挖许多坑，栽许多树。

3名职工到合作参加完自学考试,距大会战结束还有两天。领导说本来可以不来,但他们觉得不能不来:"病倒了的、累垮了的都没下来,剩一天我们也要上去。"

在定新公路上,每天都有多次来往于合作、临潭、康乐之间的班车。大会战期间,路旁的帐篷山上的人,都成为过往旅客眼中的风景。当地老百姓看得仔细,他们说,从没见这么大的阵势。

何录德则说,天然林保护工程上马了,我们的阵势还会更大。8至10年后,我们的"绿色长廊"将会成为真的风景。

愿为绿色保护神

这是一次精神的会战,也是一次技术的会战。

上山前,局里组织技术人员,对参加大会战的职工进行了强化培训,让本来就是熟练工的林业职工重温栽树要领。"挖大坑,栽当中,踩实诚,不窝根",是他们对所有上山人员提出的要求。

现场有专门的技术人员巡回检查,"查出一株,返工一片"是他们对质量问题提出的处理方法。一旦查出,要求当场返工;当天返工不了,第二天上山连树苗也领不上。

上山苗木都是局内各个苗圃的,但仍然严守"起苗关"和"运送关"。起苗要带足够的原土,要有适量的醮浆;运送不但要限时,还要限路。用他们的话说,既要防脱水,还要防感冒。

他们的口号是:"栽一片,活一片。"

6月初,他们又一次对新栽的小树进行了一次拉网式检查,实地检查表明,成活率保持在95%以上。

栽活了,其实只是一个小阶段,护林的路才叫漫长。

长岭坡和大岭山都在羊沙林场辖区。大会战时,羊沙林场得过两次"流动红旗"。树栽上了,两万多亩树林的管护任务理所当然地落到了他们的头上。他们得把这面红旗一直扛下去。

记者到现场采访时,羊沙林场经济民警中队副中队长刘双林在半山坡的公路边上,披着皮袄看羊。局里说,林子里进去一只羊,都有相应的处理办法。在大岭山下和长岭坡底,拿着望远镜,才能看到山顶和坡头上,处处有人在活动。羊沙林场场长张发计说:"那是我们的巡山人。"

在海拔3000多米的山脊上，已经栽上了许多水泥桩子，桩子上缠上了一道道有刺的铁丝。他们把这叫做"工程围栏"，主要是为了防止牛羊进入。据说，每一根水泥桩子有30多公斤重，都是一人扛、两人抬上去的。据说，这种围栏要栽35公里，需要近4000根水泥桩子。

除了"工程围栏"外，还有一种叫做"生物围栏"的，就是在林区边缘地带栽种酸枣、沙棘等带刺植物，达到以林护林的目的。2001年植树的时候，他们已经种了不少；2002年植树的时候，他们还要种更多。

他们的口号是："活一片，绿一片。"

何录德说："这不仅是呵护我们的劳动成果，也是呵护更多的人的生存空间。"

泾川人的自豪

李战吉

2002年仲夏时节，踏上泾川大地，生命的绿色扑面而来。塬上，果树连成绿海；坡间，苜蓿展起绿波；沟里，刺槐铺出绿浪。一座座砖瓦房在苹果林中时隐时现，一辆辆摩托车在杨柳路上往来穿梭。麦子黄了，桃子红了，柿子绿了……泾川的沟沟洼洼、坡坡坎坎擎起了绿色的丰收。看着黄土高坡这一派迷人的景色，人们会情不自禁地赞叹——泾川不愧为"全国林业生态建设先进县"；同时也会不由自主地发问——为什么泾川人能够重现汉唐时期山清水秀、林木蔚然的壮丽景象呢？

荒坡里挺起绿色屏障

站在官山林场，眺望远山的层层云杉、依依杨柳，谁也不会想到，就在20多年前，这里还是一片光山秃岭。

官山原来住着百十户人家，饱受水土流失和克山病、大骨节病的折磨，几百口人中竟挑不出一个适合当村干部的人。1976年，时任县委书记的宋拴民下决心把官山的乡亲们搬到了塬上。又组织3000多名群众，大干10多天，在官山上种下了满山刺槐。如今，这1.8万亩的沟坡上，已是绿树成荫、鸟语花香，官山林场也成了甘肃省第一个青少年生态环境教育基地。那时候，宋拴民背着干馍，领着两个技术员一条沟一条沟地跑，一座山一座山地查，人们都说，是干部的汗水浇绿了这一片荒山。

泾川的13届县委、县政府班子就是这样，咬定青山不放松，一届接着一届干，带领33万泾川人，在4条残塬、4道川谷、2480多个沟壑里展开了一场植树造林的接力赛。终于在1992年使泾川成为"甘肃省实现绿化第一县"。

20世纪80年代中期以来，泾川县抓住"三北"防护林和"天保"工程建设的有利时机,每年春、秋两季,都要组织几万人的大会战,整条沟、整面坡、整流域地实施规模绿化。茜家沟就是泾川人的代表作。1983年,泾川4乡、16村的农民和城里的干部、工人聚集在这里,展开了植树造林攻坚战。经过十几年的奋战,昔日50多平方公里光秃秃的荒沟变成了一条蜿蜒起伏的绿色长龙。泾川县也探索出了"山顶梁峁和陡坡地防护林戴帽,缓坡地经济林缠腰,地埂地缘林草锁边,沟底水保林穿靴"的造林模式。

原梁村可以说是泾川生态建设的一个缩影。20世纪60年代末,刚刚脱下绿军装的梁买子当上了村支书。当他满怀热忱地号召大家种树时,乡亲们却说,人是吃粮哩,还是吃树哩?那时全村900多口人,箍在1.9万亩瘦地上,一年下来,人均分不到100公斤口粮,一个劳动日值不了3角钱。

不信邪的梁买子硬是带领大伙开始了植树造林的长征。先是刺槐填沟,固土保水;后是泡桐造林,桐粮间作;再是种植果树;现在是生态林、经济林、苜蓿草齐上阵,还把20世纪80年代种的秦冠苹果全换成了红富士。眼下三梁六坡的24条沟种下了1.4万亩林木。农民种粮少了,打粮却多了。2001年,全村人均产粮660公斤,人均纯收入1620元,几辈子种粮的农民第一次不靠种粮食过上了好日子。乡亲们喜滋滋地说,这林子、果树还真是个宝哩!

泾川的树种到了人民的心中。阎志钦老人是飞云乡南峪村农民,几十年前他就联合乡亲们平整土地,栽种树木。树长起来了,他便自告奋勇当上了护林员。一年四季,松土、剪枝、灭虫,忙个不停,有时带几个干馍上山进沟,晚上就睡在小树下。"天作帐,地当床,绿树就是他的小儿郎。"小树悄悄地长大了,老人也悄悄地离去了。他的生命长进了树木的绿叶和年轮。

泾川人用爱和生命改变了家乡的面貌。解放前,泾川县没有一片天然林,森林覆盖率不到1%,水土流失面积占全县土地总面积的98.6%,每年有1250多万吨泥沙随雨水狂风流失,相当于泾川1486平方公里的大地上每年要被剥掉6毫米的土层。而今,全县人工造林保存面积69.6万亩,森林覆盖率达到了34.9%。栽植各类树木1.6亿株,如果按照1米的间隔排列起来,可以绕地球13圈。累计治理水土流失面积1136.98平方公里,每年土壤流失总量减少了810万吨。联合国教科文组织的专家认为,泾川的流域治理达到了国内领先、国际先进水平。

近年来,泾川县的小气候发生了可喜的变化:年均蒸发量减少了171毫米,湿润度提高了16.5%,气温年较差缩小了1.1摄氏度,空气相对湿度增加了1.6%。泾川的森林在黄土高原上树起了一道绿色屏障,过去那种"风来尘土满街走,缺水少树秃山头,雨来土肥留不住,十年九灾难糊口"的日子一去不复返了。

高原上长就"绿色银行"

飞云乡坡头村农民薛虎成的家就在果树掩映之中，树间是砖瓦房，树下是果窖。薛虎成这个头脑活络的西北汉子从1985年开始种杏，后来看到苹果值钱，又种起了苹果。当初乡亲们还是那句老话：这可是瞎闹腾哩，果子能当饭吃，老辈子咋还要种麦哩！现在他把承包地种了6亩杏、8亩苹果，一年纯收入4万多元。富起来的薛虎成又帮助乡亲们发展果园，当起了技术指导，教大家剪枝、打药、疏果、除草，那些曾坚持种粮的人也尝到了种果树的甜头。

"以前种粮没粮吃，现在不种粮了，有粮吃，还能挑着吃。果子甜，日子也甜着哩。"薛虎成一边夸着好光景，一边要记者回到县里一定帮他说句话，让他承包村里的100亩沟地，好种上柿子和杏。

泾川没有矿产资源，从20世纪80年代中期开始，县里就把发展林果业作为调整产业结构和种植结构、帮助农民脱贫致富的出路。飞云乡从1985年起采取行政推动、政策启动、典型带动、效益驱动的办法，集中连片，整村突破，规模建园。经过10多年的努力，建成了2条果带。2001年，全乡产果3558吨，人均果品收入495元，占当年农民人均纯收入的1/3。2002年，又栽植了20万株烟富6号等优质苹果树，全乡的粮经结构比例调整为4∶6，优质果树占了果树总量的80%。1998年，"泾龙"牌红富士苹果在全国名优果品展示会上，一举摘取了"中华名果"的桂冠；2001年，在第四届中国国际农业博览会上，又被评为名牌产品。

红河乡田赵村的魏玲娃住在山腰上，前有河沟，后有大山。她想在山后的地上种上果树，可是得翻山越岭，走一趟要花一个多小时。于是，她便和丈夫一起，从自家的院子挖起，一镐一镐地刨，一车一车地运，花了3年农闲时间，挖出了188米长的隧道，打通了山梁，平整了4亩地，并栽上果树，还在下面的山沟种下了大片绿林。

泾川人就是这样，发展了26万亩果树。2001年，全县果品总产量达到10万吨，人均果品纯收入386元，占当年农民人均纯收入的25.7%。果品年收入万元以上的农户有227户，户均收入5000元以上的村28个。全县已有3.4万户农民依靠林果业走上致富之路，47个果树专业村率先步入小康。

林果业的发展也推动了生产经营方式的更新。泾川县面向市场，以果为媒，开放开发。近年来,县里在果品基地引进了短枝富士、黄金梨、秦王桃、贵妃杏等新优水果,建成了一批示范园区;连续几年举办了优质苹果展示鉴评会;建立了泾川苹果网页;在深圳、武汉、重庆等大中城市设立了苹果直销窗口。2002年,窑店乡的32户果农还与西安一家公司签下订单,生产500亩套袋苹果,果子成熟后,每公斤3.6元,交由公司回收。全县1亿只套袋苹果,正在孕育着更大的丰收。拿惯了镢头的农民掌握了配方施肥、疏花疏果、摘叶转果、铺反光膜等新技术,实行了无病毒栽培和单果管理;近千名农民成了拥有"绿色证书"的技术员。

果品产业的规模发展,还带动了运输、销售、服务等相关行业,转移、吸纳了农村和乡镇的6万多剩余劳动力。全县兴办果品经销公司、果行80多家,拥有经销人员2800多人,年收入360多万元。兴建果库、果窖3000多个,贮量5.8万吨,保鲜增值年收入300多万元。还涌现出了乔爱贵这样的年销果品近3000吨的专业果品经纪人。怪不得泾川人都会动情地说,是党的富民政策让山窝窝里长出了"绿色银行"。

穷山中迸出绿色希望

在合道乡完颜洼村的后子沟,蒙蒙细雨中的大片刺槐显得格外青翠。年近花甲的张麦焕告诉记者,这是他1998年在竞拍中承包的1200亩荒沟。承包期间,所有权和经营权归个人,期满后,重归集体。他投资4万元,乡政府组织投劳3万人次,一下子栽了40多万株刺槐,还种了一些仁用杏和花椒,又育了15亩刺槐苗。从1999年开始,他卖树苗的收入已超过了6000元。"再有几年,我的这片林子就值几十万元了!"张麦焕的脸上挂满了笑意。

退耕还林以来,泾川县积极探索发展非公有制林场的路子,合道乡首先采取集体公开拍卖、政府统一投劳、个人自主经营、林业部门重点扶持的办法,将5270亩荒山、荒坡、荒沟、荒洼和弃耕地租赁、承包给个人。如今全县涌现出规模治理荒山的大户26户,植树1.88万亩,建起了一批民营林场。这些林场栽一片、活一片,不再是"人人种树不见树、年年造林不成林"了。

近4年来,全县新增人工林16.5万亩,完成道路绿化134条计341公里,开发地埂资源近3000亩,绿化大小村屯900多个,全县的粮经比例也由1998年的6.7:3.3调整为5.2:4.8。结合退耕还林,全县还新修山区道路117条、集雨水窖2300多眼,让山区群众能走出山、用上水。

退耕还林还给农民找到了另一条财路。在红砖、钢管建成的温棚牛舍里，党原乡唐家村的唐东风掰着指头算了一笔账：他种了38亩地，以前年景好的时候，也就收入2000来元。现在他把20亩坡耕地全部种了苜蓿，每年政府补粮2000公斤，补钱400元，折合下来，净收入2400元，比种一年庄稼还划算。种苜蓿有了饲草，他又养起了肉牛。2001年卖了6头，收入1.3万元。他所在的唐家村二组有26户，户户养牛，2001年出栏70头牛，卖了14万元，人均从牛身上收益过千元。

记者所到之处，乡亲们都异口同声地说，退耕还林好着哩！人们从先行一步的窑店乡公主村看到了自己的希望。

这个村的253户农民在泾川县率先发展起林果业。10多年来，种了1082亩果树，一半多的农户不再种粮食。2001年，果树和果品产业收入占了人均纯收入的90％。10年前住土窑洞的农民都搬进了砖瓦房，有的还盖起了楼房。家家有了电视机，全村有50多辆摩托车，不少农户装了电话，一些人还用上了手机。适龄儿童全部入学，绝大多数学生读到高中毕业，近几年有35人考入了大学。现在，村里自发去陕西杨凌高科技示范园区参观、参加农业高交会的果农越来越多，还有近半数农户订了《陕西科技报》、《果农信息报》、《山西果树》、《甘肃农民报》等报纸、杂志。

在绿树绿草的簇拥中，时任泾川县委书记的刘旭宾自豪地描绘着未来——泾川县坚持林草兴县、果畜富县，到"十五"末，全县将完成退耕还林、还草28万亩，人工造林24.5万亩，森林覆盖率达到41.6％；建成30万亩优质果品基地，其中5万亩是绿色果品出口创汇基地。

一个绿满山川、鲜果飘香、秀美富庶的新泾川正从黄土高原上大步走来。

唤得春风度关山

——庄浪县坚持改善生态环境的启示

张国华　李晓君

7月，穿行在庄浪县的南梁北山。我们被一浪一浪的绿色热情地簇拥着；我们被庄浪人改造山河和改善生态环境的事迹深深地感动着。

庄浪人40年改山平地不停，20年植树造林不止。

让人不能不称奇：如果把庄浪人在40年里改山治河所移动的土石方，垒成1立方米的土墙，可绕地球6圈半。

使人越看越振奋：庄浪人近20年植树造林的数量，相当于前40年的总和，森林覆盖率上升了13个百分点，而全国50年间仅上升了8个百分点；森林覆盖率达到了23.6％，高出全国平均水平6.8个百分点。

继实现"中国梯田化示范县"的目标后，庄浪县又成为全国生态环境建设的先进典型。在一项又一项的成就面前，在一个又一个的荣誉背后，我们在探究着庄浪人坚持改造山河、改善生态环境的精神内涵。

动力，源于群众的长远利益

比自然条件，庄浪县与甘肃省其他干旱山区一样严酷；论生态环境，庄浪县和甘肃省其他干旱山区一样脆弱。

但不一样的是，在一些地方难以干成的事，庄浪人却干成了；很多人无法坚持的事，庄浪人却坚持了下来。

在过去的40年中，庄浪县委、县政府的领导班子更替了10届，县委书记也换过11任，但他们改善生存条件和生态环境的目标，却一直没有改弦易辙；他们向同一个目标迈进的步伐，也从来没有退缩摇摆。

庄浪县的领导也曾有过认识上的争论。实行包产到户后，地还要不要修？当时的县委书记李文清提出把回销粮与修地挂起钩来，谁修的地多，谁就得的粮多。虽然李文清当时受到了很大的压力，甚至为此承担一定的"责任"，但把"等着吃"变为"干着吃"以后，却调动了农民的积极性，使农田基本建设没有因为土地承包到户而中止。

庄浪县的干部群众也不是没有过思想上的困惑。当沿海发达地区大力发展高科技农业、兴办乡镇企业时，这里的人还在干着"修理地球"的事。不停地刨啊刨，到底什么时候才能在黄土里刨出富裕？

不是庄浪人只会刨土整地、不善其他，而是谁也不能无视这样一个基本的县情：全县42万人口中40万人是没有解决温饱的农民；100多万亩耕地几乎全是养活不了人的陡坡地。农民说："种下80斤，收不了40斤。"

也不是庄浪的领导思想守旧，缺乏创新，而是他们认准了一条：只有彻底改变恶劣的生产条件，才能从根本上摆脱经济发展的羁绊；只有坚持改善生态环境，才能实现经济和社会的可持续发展。

县委书记王浩林说："在庄浪这样一个地方，不改变恶劣的自然条件，农民就不可能得到温饱；而农民的温饱问题解决不了，其他的一切问题都无从谈起。"

从平田整地，到植树造林，再到退耕还林，在庄浪县改造山河的40年历程中，一以贯之的是实事求是的思想主线；始终着想的是农民的迫切愿望和长远利益。

但当领导和群众的认识还没有达到一致时，决策的执行并不都是一帆风顺的，有时也会有波折。

1997年，庄浪县梯田化建设的任务基本完成后，县委、县政府开始考虑下一步该如何走。当时，国家的退耕还林政策还没有出台。为了探索出一条切实的路子，县上选定了位于县城北山的羊把式坡作为示范点，实行整山退耕，发展经济林。县上组织群众和机关干部2000多人上山，一次性定植了1250亩果树。可没多久，水洛镇的群众有了情绪，认为这是政府剥夺了他们的土地经营自主权，几次上访。

县上领导并没有采取强制态度，而是想出了一个农民能够接受的办法。县上动员全县有条件的机关单位把农民的地反租倒包下来，每年1亩地给农民交承包费200元，等到5年挂果后再交还给农民。这期间，承包者还可以在果园里发展间作套种，获得收入。

这项决定让水洛镇的群众非常满意,羊把式坡连同二郎山上的600多亩果园很快被机关单位承包了。但事情并没有就此了结。当年秋天,群众看着地里的洋芋长得好,没等到收获就偷偷地挖走了。这一下,机关单位承包果园的积极性又受到了影响。群众的责任不好追究,最后县财政只好拿出36万元,作为当年机关单位的承包费,如数交给了农民。第二年,退耕还林还草的政策出台,县上把果园和退耕还粮款一并交给了群众,原来搞承包的机关单位仍帮助农民管理。不少群众事后都说:县上的决策比中央的政策还早一步哩!

县长位志荣说,这件事给了县上领导很大启示:当领导决策与群众的意愿暂时达不成一致时,决策者首先要考虑群众的利益;当干部与群众的利益发生冲突时,也应让利于群众。如果违背了农民的利益,什么事也干不好。

庄浪县南坪乡党委书记马殿富说得好:"改善生态环境不是领导凭空的决策,而是依着群众的意愿,顺着群众的利益,这条路子才能几十年坚持走到底。"

合力,来自干部的好作风

庄浪县流传着这样一个故事:清朝时期,庄浪县来了一个县令,当他看到这里十山九坡头的贫瘠景象时,仰天长叹:没治啊!然后心灰意冷,辞官而去。

面对恶劣的自然环境,封建王朝的官吏可以置民之饥寒于不顾,但今天庄浪县的各级党政干部,与封建社会的官吏不能同日而语。他们以为官一任造福一方为己任,把发展地方经济作为执政的第一要务,以"实事求是、崇尚科学、自强不息、艰苦创业"的庄浪精神,带领广大群众征山战水,治穷致富,身体力行实践着"三个代表"。

农民说:"干部和群众能想到一搭,就能干到一搭。"

在平田整地的艰苦岁月里,干部与群众一起肩挑背扛,挥汗大干;在退耕还林还草的大行动中,干部带头干给群众看。全县7000多名干部职工每年都要参加近一个月的义务劳动,整整几十年,累计投工投劳960多万元。改善生态环境,为再造秀美山川出力,已经成了广大干部的自觉行动。庄浪的百万亩梯田中,庄浪的80万亩林草中,都渗透着广大党员干部的心血和汗水。

在庄浪,找不到没有修过地的干部;在庄浪,找不到没有栽过树的干部。

庄浪人的心里,铭刻着过去在治理河山中牺牲的31名英雄的名字;也记得116名致伤致残者的感人事迹。

杨家湾村党支部书记孔祥吉，20多年带领群众苦干，治理流域3100多亩，使村民"吃回销粮、穿破衣裳"的历史一去不返。孔祥吉至今还保存着修地时被冻掉的10个脚指甲。有一年冬天，寒风怒吼，地冻三尺，孔祥吉带着大伙奋战在平田整地的工地上。他推着架子车来来回回拉土，手脚都冻得没了知觉。他穿的那双破布鞋不知啥时候掉了，回家洗脚时，10个脚指甲全部脱落了。

当了23年村党支部书记的王丕江，在60年代平田整地时，就率领着一家人带头先干。马寺村的坡地全都修平了，王丕江一个人修的梯田就有近百亩。为改土造田，他的哥哥搭上了一条命，他的妻子累出了一身病。

过去平田整地，干部党员吃苦在前；现在植树造林，也是领导干部带头先干。

在水洛镇的羊把式坡兴建经济林示范点时，机关干部放线划圈，农民担水栽树。县上当时定了一条规定：谁栽的树，谁保成活，一保10年。树死了，承包者掏钱买苗再补上。为了在干山上种活一棵树，有的单位买来保水剂；为了改良碱性土壤，有的甚至以醋浇树。

二郎山上植树时，正是干旱的时候，几十辆拉水的拖拉机扬起山路上一尺厚的尘土。参加劳动的干部和群众一样，全身是土，满脸是泥，分不清哪位是干部，哪位是群众。

韩店乡的崖湾面山上栽树时，石山坡上没有土，乡上领导干部与群众一起，先在石坡上挖下坑，再从山顶上移来土。栽活一棵树，流下多少汗！

杨河乡马寺村起初搞退耕还林时，农民还不太情愿："地都种了树，以后吃啥呢？"没有念过书、但深知退耕还林好处的村党支部书记王丕江，为了动员村民种经济林，他带头在王家沟里栽上了花椒树。等到挂果时，他把全村300多人叫到沟里一边看，一边给他们算细账。村民看到了收益，跟着他都栽起了花椒树。

如今，王丕江仍全心扑在植树造林的事上。他说："只要能活着一天，就要领着大伙栽树。"

在庄浪的土地上，每一棵树，都是一个苦干的见证；每一片绿，都有一个动人的故事。

改善生态环境，再造秀美山川，是一项需要千百万人投身其中的千秋伟业。庄浪县各级领导干部的苦干、实干精神，凝聚着广大群众众志成城的巨大力量。

政绩，写在了秀美山川

县委书记王浩林有句话："官不在高，有功则名。"让农民群众真正得到实惠，这才是为官者最大的政绩。

群众不怕干，就怕变。他们最担心"换一届领导改一道令"。做"形象工程"、搞短期行为的事，在甘肃省一些地方不是没有过。

庄浪县历届县委、县政府领导，虽然每一任也都有新思路，但却始终抓住生态环境建设不松手。40年苦干、实干的政绩，写在了庄浪的青山绿水间。

穿行在庄浪的沟岔梁峁，到处可见丰收的庄稼、绵延的绿色。黄土地上，丰碑般地崛起大片大片的希望之林。庄浪县连续多年的生态环境建设，已取得了显著的生态、经济和社会效益。

农民说："地修平了，出的力少了，产的粮多了。"过去农民常常吃不饱，现在不少农户家有余粮上万斤。吃饱了肚子的农民，开始退出地来种树，腾出手来抓钱。2001年底，全县农民人均纯收入达到1200多元。

过去，庄浪县的山多是光秃秃的，一下暴雨就发洪灾。30年前的一场暴洪灾害夺去了667人的生命。现在，庄浪县的梁梁峁峁有林，沟沟岔岔是树。气候变了，雨水多了，但"土不下山，泥难出沟"。有人曾经计算过，庄浪县修成百万亩梯田后，黄河下游每年就能减少1000万吨泥沙；庄浪人每种一棵树，头顶的天空就会减少一粒沙尘。

生态环境建设，也使当地农民的生产生活方式和全县经济发展发生了很大变化。随着退耕还林还草的开展，全县结构调整迈开了新的步伐。近年来，县上积极调整和优化农业内部结构，一手抓基地建设，一手抓龙头企业，使全县果品、洋芋、草畜等主导产业保持了良好的发展势头。全县农业生产出现了三个转变，即由单纯抓粮向粮经并重转变，由单纯抓增产向增收转变，由传统自给自足农业向市场农业转变。

生态环境建设的喜人成果，不仅在于我们所能看到的变化了的山山水水，也不仅仅是梯田和树木的简单相加，还在于，群众保护生态的意识从无到有，逐渐增强，这是比治理本身更为长效的成果。

如今，庄浪的普通群众都知道，生态环境建设不仅利在当代，而且惠及子孙。从开荒种粮到退耕还林，从破坏植被到植树造林，这种转变不仅仅是因为国家政策的调整，也缘自庄浪群众内心的意愿和自觉的行动。

退耕还林政策使农民植树造林的积极性更加高涨。从1999年开始到2002年，全县已退耕还林12万多亩。马东山是高寒阴湿地区，山高坡陡，粮食产量非常低。县上动员这里的49户农民搬下山，将山上的地全都还了林。万泉乡的3600亩耕地，其中有2400亩退了耕。

不少群众都说，即使国家不补助钱粮，树也照样种。农民邵锁成自从退耕还林后，格外爱惜树。他说："家里人在地里干活，都生怕把树给撞着了。"

火焰山上有3400亩集体林场，二李村一位普通的农民李有才，自愿承担起了护林任务。护林30多年，有25年他没有拿过一分钱的报酬。他不仅看林，而且还从不间断地栽树。几十年来，他亲手种下的林木已有600多亩，先后用坏了17把铁锨。李老汉曾说过："只要我还能走得动，就要把林子看到底！"如今，李老汉已经去世了，但他守护和种下的树木却越长越高。

庄浪生态环境历史性的巨变证明：江泽民总书记5年前提出的"再造秀美山川"的伟大号召，在干旱贫瘠的陇原大地一定会变为现实。

那人·那山·那狗

邱暄美　苟保平

那人，人称孙家老汉，大名孙仰贵，护林员。

那山，名叫二郎山，据孙家老汉讲，因山上有座二郎庙而得名。其实，究竟是山因庙名，还是庙因山兴，无从查考。

那狗，是孙家老汉的忠实伙伴。

一

出庄浪县城，南行约三四里地，就是二郎山。20年前，二郎山还是乱坟岗子，到处荒草凄凄，没长几棵树。如今，山上青松参差，群鸟翔集，白昼层林喧哗，夜间松香弄风，成了庄浪县一个名气不小的旅游胜地。

说起山上的变化，人们常常会提到孙家老汉和他的狗。

2002年，在阳春三月的一个夜晚，我们忍不住好奇心的驱使，踏着朦胧的月色，去拜访孙家老汉。

"孙家老汉今年71岁，大名孙仰贵，但大伙儿都叫他孙家老汉，真名倒很少有人提起了。"同行的庄浪县林业局副局长杨思科说，"老人爱狗，也爱鸟，山上没有人烟，长年累月住在山上看林子，狗和鸟就是他的伴。"

明月如镜，静静地照着山下的水洛河，照着庄浪县城的万家灯火。"孙家老汉上山看林子，已经14年了。现在，背驼了，腰弯了，头发白了，但山上的树长大了，鸟也多了！"杨思科正说着，一只灰喜鹊"叽"的一声，扑拉拉地迅速从车窗前飞过，鸣叫声随空旷的夜风飘荡而去。

汽车终于停在了老人的护林房前。几根木头很随意钉成的木栅栏上，一把大锁在月色下泛着冰冷的光。敲了半天门（实际上就是摇锁，摇拴门的铁链子），没有应答。

显然，我们来的不是时候。

夜寂静，月朗照，清风徐来，不时带出一缕花草的清香，淡淡的，若有若无。顺着墙角看过去，斑驳的月光下，一枝杏花在朦胧的夜色中开得正艳。此情此景，正应了宋代叶绍翁的一首诗："应怜屐齿印苍苔，小扣柴扉久不开，春色满园关不住，一枝红杏出墙来。"

我们的到来打破了山的宁静。

行走在林荫道上，不时有不知名儿的鸟儿惊飞起来，叽叽喳喳地叫着飞向远方。早睡的野兔也从梦中惊醒，飞也似地从我们面前跑过，美丽的身影在月色下划出一道线，消失在油松林带的深处。

"这么晚了，他会到哪儿去呢？"我们问。

"肯定在山上！"杨思科答道："十几年了，每天晚上睡觉前，他都要在山上走一圈，把树林子看一遍。"

夜风轻轻地吹着。我们边走边聊，路两边的油松，郁郁葱葱，黑压压地伸向远方。

山越来越高，坡越来越陡。我们好不容易爬上了一座山头。明月高挂，极目望去，但见群山连绵，一山更比一山高，直接星光闪烁的天尽头。防风林带如两条巨龙，斗折蛇行，蜿蜒而去。一层一层的梯田，如锦如缎，缠绕山间。我们来到梯田里，一棵棵小树随风轻摇，生机勃勃。有些小树明显是补栽的，培上去的土还是新的。

杨思科说："14年前，孙家老汉上山时，这山上就两条防护林带。现在，山上的林子已经超过千亩了。林子大了，还是他一个人看着。"

夜越来越深，风越来越凉，喧闹的水洛城宁静下来，安详地进入了梦乡。

巡山的孙家老汉还没有回来。

月光如水，静静地洒在二郎山上。

二

孙家老汉看上去精瘦精瘦的，满脸皱纹，精神矍铄，一双炯炯有神的眼睛里透着几分固执。他的手抖得厉害，偶尔吸一支烟，要好几次才能点着。

"这都是看林子落下的。"他猛吸一口烟，收起打火机说，"我这个人火气大，看着别人糟蹋林子，常常把我气得两手发抖，十几年下来，就这样了。"

老人一口地道的方言，很健谈，说起话来倒豆子一般："种下林子看不住等于没种。我还没到山上那阵子,护林员换了几茬子,就是看不住。我这人脾气犟,就不信还有看不住的林子。心里寻思着如果我是护林员,保证不丢一棵树。"

自从有了护林的念头,孙仰贵就开始认真琢磨这事儿了。

他把自己的想法跟老伴一说,没想到她死活不同意:"整天风吹日晒的,还得担惊受怕,摆个卖麻子的小摊儿也比看林子强!"儿女们也坚决反对老人去看林。

"说实在的,那年头,谁愿意看林子?包产到户政策那么好,几年时间,许多人家都像吹气球一样发起来了。看林子一年也就两百元的工资,还有操不尽的心,惹不完的人。可话又说回来,我们总不能眼看着林子白白地毁掉呀!"孙仰贵的确有股犟劲,认定的事儿,9头老牛也拉不回。

1988年10月的一天夜里,秋风瑟瑟。孙仰贵卷起铺盖,提上马灯,带上心爱的"麻狼"——一只狼狗——离开了温暖的家,住进了二郎山上的护林房。

说是护林房,其实就是20世纪70年代县广播局的转播站留下的旧房子,有两间房门框上连个门板都没有,窗户也大开着。由于长期没有人住,房子里结满了蜘蛛网。另一间更糟,屋顶上的钢管连同窗子都让人卸了,能撬下来的砖也搬走了。

孙仰贵找来几张旧报纸,把窗户糊上,打扫了一下卫生,把铺盖卷往靠墙的土炕上一扔,就算在这里安了"家"。"那天晚上的月亮圆极了!"孙家老汉说。

其实他心里明白,苦日子刚刚开始。

二郎山与县城近在咫尺,却了无人烟,新栽的树苗还没有长起来,偶尔有几只乌鸦飞过来,哇哇地叫着在空中盘旋。

山后面有个村庄,村里的孩子在县城上学。每天早上,这些结伴而行的孩子们一路说说笑笑地从山梁上走过,下午又从县城返回。除此而外,难见一个人影儿。到了吃饭时间,孙家老汉的后人(儿子)会准时把饭送到山上;渴了,就自己到山下去背水;寂寞了,就卷一支烟,哑巴着,望着山下的县城出会儿神……

孙家老汉的生活从此就按照这样的程序重复着。冬天到了,呼呼的北风吹得人东倒西歪,孙家老汉每天照样在林里转。遇上下雪天,在林子里转一圈差不多得半天的功夫,深一脚浅一脚,跌跌撞撞地走一圈回到护林房,连眉毛都成了冰串串。

夏天来了，雨水也多了起来。山上的树吸足了水分，长得正旺，可孙家老汉的烦恼也随之而来，年久失修的房子开始漏雨。他搬出盆子、喝水杯，甚至吃饭碗，沿着漏雨的缝子摆成一条线，即使这样，也往往弄得满炕都是水。在"吧哒、吧哒"的滴水声中，他度过一个又一个夏天。

那时山上的油松还小，过往的学生娃娃爱折树枝，有时候还把林子里的枯枝碎叶捡在一起点火玩。上下学的时候，是山上最热闹的时候，孙家老汉盼着学生来了热闹，可又怕他们"祸害"树。所以，孩子们开了学，孙仰贵的事儿就多了，整天整天在山上呆着，有时候一个礼拜也回不了一次家。好不容易回趟家，顶多吃个热饭转身就走。为此，老伴和他开玩笑："我看你把魂丢到二郎山上了！"

孙家老汉说："十几年下来，一天不上山，心里就觉得不舒坦，还真像丢了魂一样！"

三

我们来到了孙仰贵的家。

大儿子盖了新房搬出去另过了，老人现在和小儿子孙根旺住在一起。

尽管住在县城，但孙家还是农民，属水洛镇东关村。他的家虽然不像别人家那么气派，小小的院落却打扫得干干净净；几间土坯房虽然明显地旧了，屋里却收拾得整整齐齐。人刚到院门口，一只凶猛的黑狗"汪、汪、汪"叫着扑了过来。孙家老汉迎出来，喝住了狗。他说："这是我养的第八只狗，叫黑豹。"

屋子里的陈设很简单，最显眼的是一台25英寸彩色电视机。"这是大后人去年才给我买的，他在街上卖羊肉，日子过得挺红火的。"

老人一边说话一边忙着给我们让烟，说是让后人专门买来招待我们的。闲聊的当儿，院子里一阵快乐的鸟鸣把我们吸引了出去。

靠南墙的一个大草棚下，挂着几只精致的竹编鸟笼。由于天色将晚，其中的两个已经蒙上了黑布。

老汉把笼子搬出来，一字排开，挂在院子中间的一根铁丝上。

"这只是画眉，叫得最好听了；这只是百灵，十几天前才买来的，花了200元，金贵得很；这只是云雀，喜欢树林子……"说起他的鸟儿，老人如数家珍，脸上的笑容就像九月的山菊花，灿烂极了。

孙根旺解释说:"我爸爸喜欢鸟,我就想办法买了这几只,他上山看林子的时候,就带着鸟儿,解个闷儿!"孙家老汉接过话茬:"别看我这后人,可孝顺着哩。当年我看林子,他陪了我差不多整4年,每天晚上把饭送上山,就睡在护林房里,看着他在身边,我也就宽心了。"

不知不觉,暮色四合。孙家老汉扛起一把铁锹,领我们出了门,向二郎山进发。

和第一次上山的情况完全不同,今天天阴沉沉的,好像要下雨的样子,田野里漆黑一片,风也刮得紧了。

我们打起手电筒,在崎岖的山路上深一脚浅一脚,一步一步向上爬。

在山上住了十几年,孙家老汉的故事几箩筐。路上,他给我们讲了这样一件事:

过去,传说这山上经常闹鬼,方圆十里八村没有人敢在夜里上山。林子栽下了,总得有人看呀。有个姓李的老汉胆子大,一个人上山当了护林员,结果没过几天就死在了护林房里。村民们说,李老汉有一天半夜到房子外面去小解,看见一只白山羊,追过去细看,什么都没有。后来就得了病,死了。

讲到这里,孙家老汉停下脚步,在我们的手电光里仰起头来:"传说归传说,我觉得他可能是煤烟中毒。哪里有什么鬼呀?都是自己吓自己。不过从那以后,更没有人愿意看林子了,都怕遇见白山羊。"

"那你不怕?"

"说实话吧,尽管心里明白世上根本就没有鬼,刚开始还真有点怕。后来住久了,也就不怕了。"

风呜呜地刮着,刮过路边的树林,确实有些阴森恐怖。

说着,走着,孙家老汉忽然又停下来,走到路边,拨开一丛油松。手电光柱下,茂密的林子中间一个白晃晃的树桩,有碗口那么大。

"有一天我回家吃了顿饭,回来就发现这棵树被人砍了。我在附近的村子里转了好几天,也没找见偷树人。当时我真是后悔死了,要知道发生这样的事儿,我就不回去吃饭了。"孙仰贵一脸的沮丧。

在黑咕隆咚的夜色里行走,竟然一伸手就能从这么多树中摸到当年的伤心树桩,我们非常惊讶。孙仰贵说:"看了十几年林子,每棵树在哪里,长什么样,都心里有数,跟自己的娃娃一样,就差给他们取个名儿了。"

在几块农田的边上,有几棵松树的根裸露在外。孙家老汉说:"这都是他们取土搞的,为这事儿,我吵过多少回,可人家就是不听。"

不知不觉间，我们来到了护林房跟前。老人打开锁，领我们进去。他指着院子里的一个土台子说："这就是二郎庙的原址。"传说二郎神杨戬巡游天下，曾在这座山上歇过脚。后来人们为了纪念二郎神，就在山上建了座二郎庙，庙在清朝同治年间毁于战火。

院子里还有几十棵不大的果树，都是孙家老汉栽的。

穿过一片林子，我们来到了一片坟地，黑压压的望不到头。

孙仰贵说："人们不敢在山上住，还和这片坟地有关。风水先生说这里是'卧龙岗'。过去，水洛城里的死人差不多都葬在这里了。"我们走了一圈，果然照见许多坟头，荒草凄凄，随风东西。

站在山上向下望去，黑黢黢的夜里，水洛城里万家灯火，灿若繁星，一派辉煌景象。

孙仰贵默默地站在那里，凝视着灿烂的灯光。14年来，他多少次站在这里，望着山下的热闹与繁华，体验着属于自己的孤单与寂寞。

庄浪县有这样一个风俗：除夕之夜，每家都要砍一棵松树栽在院子中间，避邪消灾，祈求平安，当地人叫"栽天爷"。二郎山离县城不过三四里地，山上郁郁葱葱的油松就成了人们"栽天爷"的首选目标。为此，每年腊月三十晚上，老人格外小心，不敢有一点马虎。14年里，老人从没有在家过一个团圆年，每年的除夕之夜都在山上过。

孙家老汉回忆说："那是1989年腊月三十晚上，我带着狗正在林子里转，发现有人在林子里躲着，手里提着斧头，准备砍树。见我来了，要给我两盒烟。我毫不客气地把他们赶走了。我原以为他们走了就不会来了，可不一会儿，狗又叫起来，我跑过去一看，又是那两个家伙。我气坏了，牵上狗放开脚步追过去，一直把他们赶到了山底下。这一折腾，我一个晚上都没敢合眼。"

由于孙家老汉脾气大，性子倔，看树认死理，二郎山附近这几年渐渐也就没人"栽天爷"了，世世代代相传的风俗习惯就这样销声匿迹了。

四

孙家老汉除了谈树，就是谈狗。

在二郎山上的乱坟岗子上，有7座坟茔里面埋的不是人，而是老人的7只狗。正是这死去的7只狗和正在养的"黑豹"，陪伴老人走过了漫长而孤独的14年岁月。

跟着孙家老汉一道上山看林子的第一只狗叫"麻狼"。他说，麻狼身材瘦小，性格温顺，行动敏捷。

那阵子，麻狼是老人最好的朋友，没有人说话，他就和麻狼说；没有人逗乐，他就逗麻狼玩。二郎山大大小小的山头上，孙家老汉每天都得走一遍，麻狼就像忠实的朋友，身前身后地跑着，撒着欢儿，经常逗得老人哈哈大笑。那时候林子还小，经常有人偷树苗，麻狼就成了老人看管林子最管用的耳朵和眼睛。

一次，刚吃过晚饭，老人和往常一样，带着麻狼去巡山。天色逐渐暗下去，一弯新月悄悄地爬上了山头。麻狼走在前面，东张西望，一点儿也不安分。突然，它停下来，对着一个拐角一阵狂吠。孙家老汉走过去，发现有人正在偷挖一棵油松。麻狼一咬，那人飞也似地跑了。孙家老汉说，其实麻狼胆子小，很少单独行动，整天和他形影不离，一般也不敢扑过去咬人，只是瞪大眼睛，一个劲地叫。

然而，好景不长。不久，麻狼病了，离开了孙家老汉，长眠在二郎山上。

孙家老汉的第二只狗名叫"虎虎"。虎虎长得很结实，一身的老虎斑纹更是威风凛凛。和麻狼相比，虎虎比较贪玩，也比较懒。玩累了就睡，睡醒了就玩。山上没有其他狗，它就自己找乐子。一颗松球，一个纸团，都是它的玩具，偶尔还出去抓只老鼠回来玩。玩累了，就抱头呼呼大睡。

别看虎虎贪玩，工作起来也丝毫不比麻狼差。每到上学放学时间，它就会准时出现在学生们经过的路口，谁如果敢动手折一根树枝，它就会"汪汪"地叫着扑上去，直到他们四散逃走，它才带着胜利和自豪，大摇大摆地回到护林房。刚开始时，孙家老汉一直为虎虎捏着把汗，害怕它把孩子们伤着了，给他闯祸。后来老人发现，它只不过是借势吓人，纯粹是逗着孩子们玩，也就不去管它了，任它"胡作非为"。

至今最让孙家老汉还念念不忘的是"黑豹"，给他闯祸的也是"黑豹"。

黑豹是孙家老汉带上山的第三只狗。

黑豹长得高大威猛，通体乌黑，油光发亮。一遇到行迹可疑之人，就会毫不犹豫地冲上去，一口咬住不再松口。为了不让它伤人，孙家老汉专门定做了一条铁索，把黑豹牢牢地拴在护林房前。只有在夜里巡山时，才带它出来走走。尽管这样，黑豹还是闯了祸。

一天，孙家老汉去巡山，刚回到护林房，黑豹挣脱了索链，把一位上山闲逛的妇女的胳膊咬了深深的两道口子。孙家老汉不敢马虎，赶紧把这位妇女送下山，到医院看，还赔上了80多块钱的医药费。但孙家老汉不怨黑豹，他觉得黑豹这么凶，完全是为了看好林子。

"自从有了黑豹，就再也没有人敢上山偷树了，调皮的孩子们路过林子，也不敢转来转去找松脂、爬树折枝了。"孙家老汉说起黑豹，眼睛里露出无比的兴奋和自豪。

"黑豹是在1993年死的。那天我回家吃了顿饭，等回到山上时，黑豹已经断了气，它死的时候脖子上还套着我给它做的锁链。它的样子很痛苦，眼里噙着许多泪水，肯定受了不少罪。"孙家老汉点燃一支香烟，悠悠地说，"黑豹一共在我家呆了10年，其中一多半时间是陪我在山上度过的。"说这话时，老人的声音有些发涩，哽咽着。

黑豹死后，孙家老汉把它葬在了麻狼的旁边。有时，老人会在两座坟前站一会儿，默默地说上会儿话，就像对老朋友一样。因为这个黑豹，孙家老汉后来养的狗都是黑色的，而且都叫"黑豹"。

十多年以来，孙家老汉已经把7只狗葬在了二郎山上的林子里。现在，每天跟在孙仰贵后面巡山的，已经是第六只"黑豹"了。

五

在采访孙仰贵的过程中，他流过一次泪，那是在谈到县委书记王浩林的时候。

他说："有一次，王书记到我这儿来，看到我点马灯照亮，第二天他就想办法把电给送上来了。说实在的，县委的一把手，能把这点小事儿放在心上，真让人感动。"

孙家老汉护林的认真劲儿，在庄浪县是出了名的。有一次，几个学生上山玩，折了些树枝点了一堆火，围着火堆又跳又唱。这下可把孙仰贵气火了，他不依不饶，硬是把这几个学生送到学校，交给了校长。

像这样的事儿，这十几年来，孙仰贵不知经历了多少，也不知因此得罪了多少人。有人骂他，有人诅咒他，也有人暗地里故意和他做对。想起这些，老人一肚子的委屈。他说："每遇到难心的事儿，我都会找王书记说说，能解决的他尽量解决，无法解决的他就安慰我，说只要林子长起来了，你老孙就为我们庄浪县作了大贡献！想起这些年受的委屈，有时候真想卷铺盖回家，但想想王书记的话，我就得留下来。"

孙仰贵说，1973年，庄浪县发生了两次洪灾，淹死了700多人。王书记对他讲："这都是因为没有树，没有草，生态环境太差，只要我们庄浪把林子搞起来，再大的洪水都不怕。"

孙家老汉就把所有委屈都咽到肚子里，一门心思照应着让林子长起来。

在孙仰贵的精心看护下，如今，二郎山上的油松根深叶茂，郁郁葱葱，经济林带更是花艳果香。生态改善了，环境优美了，各种知名不知名的鸟儿开始飞回了林子，成群的野兔也在山上出没。春夏季节，山上林草丰茂，杂花生香，群鸟齐唱。幽美的风景逐渐吸引了城里人的目光，早晨锻炼，假日休闲，大家都爱到二郎山上来。来的人多了，看林子的任务也就大了。

孙仰贵对王书记念念不忘："王书记爱到山上来，每次来了先看看树，然后就到护林房里和我唠嗑。一来二去，我们就变成了老朋友。和我一样，他也爱树。"

老人摸着已经长成碗口粗的油松，动情地说："时间长了，我和树也有了感情，看着树就像看着自己的孩子，心里踏实着呢！有人骂我：'你这个老不死的，我就不信你死了还能看着这片树林子！'说真的，就是死了，还真想睡在这山上，这样每天都能看着我的树哩！王书记说了，只要二郎山的树长起来了，我就是功臣。我要尽到责任，这样才对得起王书记。"

正因为他把王书记当朋友，一有什么事，他首先想到的就是"王书记"。

2001年，他发现好好的油松得了病，叶子开始枯萎，有些树枝也慢慢地干了。情急之下，他两次跑到县委找王书记反映情况。恰好那几天王书记不在家，他就托人给王书记带个话儿："你就说，二郎山上的孙家老汉说了，山上的树要干了，需要浇水……"

还有一次，他找到王书记，希望对在校学生进行生态教育，因为他发现上山来的有些学生一点儿都不爱惜树木。

县上领导听取了他的建议。

现在，在庄浪县的校园里，经常能听到孩子们齐声朗诵："山顶乔灌戴帽子，山间梯田缠带子，地埂牧草锁边子，沟道林草坝库穿靴子……"

和我们一起上二郎山的时候，孙仰贵站在山梁上，望着山下灯火辉煌的水洛城。我们问他什么感觉，他沉默许久，慢慢地说："我刚上山的时候，县城不过巴掌大的一块，几盏灯冷冷清清地忽闪。这些年一年一个样儿，变大了，都绕到二郎山背后来了。你们看，现在的县城有多气派！再过几年，山上的林子更大了，县城也就更大了，我们的生活肯定比现在还要好！"

神沙窝里的两代人

柯 英

一户普普通通的农家，父子两代人自发地在张掖市甘州区以南被称为"神沙窝"的一片沙漠里植树造林，防风固沙。父亲去世了，埋在树林里，儿子继续接着干。20多年来，在国家没投一分钱的情况下，他们自力更生，硬是用勤劳的双手在沙漠边缘"抠"出了400多亩的林带，为风沙线上的家园建起一道绿色屏障。他们被群众亲切地称为"当代愚公"，他们就是甘州区和平乡朝元村的管增年和他的儿子们。

管增年是甘州区和平乡朝元村三社一个朴实的农民，一生一世都与土坷垃打交道。1980年，农村联产承包责任制刚刚实行的第一个春天，年近半百的管增年在沙窝边的责任田里劳动，强烈的季风一起，无遮无拦的黄沙便随风飞扬，整个村庄霎时弥漫在沙尘之中。他的脑海里闪出一个念头：为什么不种些树，挡住这些可恶的风沙？

绿色梦想

当地民谣云："东靠沙窝南靠滩，中间夹个石岗岗，春天风起难睁眼，夏天天热似火焰。"24年前，村庄离沙窝只有一里之遥，只要刮东、北风，便风沙飞扬，天昏地暗。朝元村群众饱受风沙之苦，数百亩农田常常因风沙而受损。管增年这个朴实、勤快的农民，看着空旷的沙窝边一丛丛野生的沙棘、红柳和花棒，忽然有了主意。

大儿子管桐记得最清楚，那天下午回家后，父亲就把一家人召集在一起，说出了他的主意："我琢磨着，咱们在沙窝边上植树造林，能成。"他没想到，全家人没一个赞成的。老伴、儿子七嘴八舌地说，过去大集体时，一二十个人都没干成，你一个人能干成么？那么大一片沙窝，你有多大能耐封住？再说，就算树栽成了，将来还说不定归谁呢……

那时刚刚包产到户，农民对政策变与不变心里还不踏实。但管增年信心坚定，他对妻子、儿子讲："古人讲，前人栽树，后人乘凉。栽下1棵树，等于埋下5两银。我们每年栽一些，渐渐就会形成气候，既能改善环境，又能给儿孙创个家业，这是件好事哩！"

家里人的思想还没做通，管增年自个儿先干了起来。他就是这样一个倔强的人，打定了主意，任8头牛也拉不过弯来。

管增年清楚，在沙漠地带植树的代价有多大。一开始，他就采取先易后难，一点点积累，一片片扩展的方式。

沙窝边上有一条400多米长的退水沟，管增年就从这里栽起。每天天蒙蒙亮，他就背着草筐，扛着铁锨到1公里外的沙窝边去挖坑、平地。

坑挖好了，没有树苗，年近半百的管增年就爬到高大的杨树上砍树枝，插杆栽植。村里人看到他在沙窝窝里植树，不以为然，嘲笑他枉费心机。

一天，老熟人代倡碰到他，说："你费那个神干啥？过去集体林场里都没干成的事，你一家还能行？"说来有趣，在包产到户前，代倡是村集体林场场长，管增年是会计。他们折腾了几年，仅仅建成一片10亩的果园，包产到户后，又相继砍伐殆尽。从20世纪五六十年代起，村里每年都组织群众在沙漠边缘植树，可年年是"春天掀高潮，夏天全晒掉，冬天当柴烧"。由于管护不当，并没有多少树木活下来。村里人都说，沙窝里缺水，栽棵树不是旱死，就是晒死，栽活一棵树比养活一个娃还难。

然而，管增年没有灰心，他用一个春天的时间，硬是在退水沟两边栽上了400多棵杨树。等庄稼刚刚露出头时，他的树杆也奇迹般地发出了新芽。这一小小的成功，鼓舞了管增年植树的信心，也让一家人看到了希望，他们默默地加入到了治理沙漠的行列中。

秋后，庄稼收完，农人都闲了下来，而管增年一家却闲不住。他又带领全家老少开始平整沙丘，准备来年继续向沙漠地带扩展。退水沟旁有一条三米多高、十几米长的沙格楞，下面又是一片起伏不平的沙凹。那年秋天和冬天，他们全家把全部的精力放在征服那条沙格楞上。村里人看见了，劝他说："你别枉费那个劲了吧，50多岁的人了，凭你一把老骨头还能咋样？"管增年说："不怕干，就怕站，我天天干一点，总有一天会把它铲平的；年年栽一些树，总有一天会把风沙封住。"

他们一没有机动车，二没资金雇工，只能全凭一家人齐心协力来移沙填坑。

近的地方用锹挖,远处用筐背、用架子车推,就这样一小片一小片地平整着沙丘。

"真是愚公精神!"今年已经67岁的代倡,回想起当年管家父子征服沙丘的举动,十分感慨。他说:"有一天,我到滩上去放羊,看到他们一家正在平沙格楞,老头子、老婆子、儿子,六七个人肩挑背扛,车推人挖,干得热火朝天。近处的沙,都甩开膀子一锹锹扔;远一些的地方,儿子们就用筐挑、用车推,沙窝里架子车推不动,大都是人挑。那个干劲,真是叫人没法形容!"

村里有些人离沙窝边较远,平常很少过去,开春种田了,他们到沙窝边一看,已经认不出原来的样子了。原先起伏不平的沙梁、沙坑已经夷为平地。又一个月过去,新平整的沙地里插满了长短不一的插杆,变成了一方新生的苗地,树杆上开始咴出新芽,仿佛在向人们诉说着一个梦想,一个希望。

守护希望

在沙漠地带种树,干旱是最大的威胁。管增年和儿子们不断探索、积累抗旱的经验,摸索出一套有效的办法。在退水沟旁,他们引出无数条小毛渠,把灌溉庄稼后的尾水引到树林里;在山洪淌过的地方,他们压上树枝,拦起一道道土坝,雨后,压植的树苗活了,山上肆意流淌的雨水全部拦进了树林。他们不是一棵一棵地栽,而是一束一束地种植,照他们的话说:"栽上十棵苗,能活一棵也就成了;如果都活了,那既可以遮阴保墒,又利于防止水土流失。"这些做法,既没有现成的教科书,也没有成功的样板,都是他们在实践中探索出来的。

谈起那几年植树,管家的老五管利说,那时啥都缺,春天开始栽树,但买不起育好的树苗,只能采用传统的办法,要么栽插杆,要么压枝条。所谓插杆,就是把从大树上砍下锹把粗的枝条,去掉旁枝,栽到树坑里;压枝条,就是把一束树枝压进土里,任其发芽。这都是传统的杨树、柳树的栽植方法。如今的那400多亩林子,基本上全都是采用这种办法植出来的。没有水,他们从远处挑水,一棵棵地浇,汗水也像雨点一样落在干涸的沙地里,用他们自己的话说:"就凭我们流的汗水,也能浇活几棵树苗。"遇到下雨天,别人都懒得出门,管增年一家可不行,这种时候正是浇树的好时机。管家父子几人常常冒着风雨到沙窝边去拦坝截水,充分利用雨水浇灌树苗。有时,上游发洪水,不但拦不住,还会把树苗全部冲毁。1983年的初夏,他们好不容易推平一条沙梁,刚把树苗栽到地里，夜里，下了一场暴雨，洪水冲下来，把他们10多天的劳动成果轻轻就抹掉了。没办法，冲毁了，只好重栽。

俗话说，植树容易护树难。树栽成了，还要护好。要防火、防畜、防鼠咬、防病虫害。这几年村里养殖业渐渐兴起，放羊的人多起来了，一些人看着林子里的草长得茂盛，就把羊群赶到林子里去放，刚刚发芽的树苗可就遭了殃。60多岁的代毅说："那几年，管增年真不容易，一天到晚离不开林子，他把林子看得比啥都重要。他常跟我们说，树植起来不容易，植成了就要管好。他下的苦功夫，我们没一个人能比得上。2001年的正月，68岁的管增年大病了一场，刚出院回家没几天，就套着一头使了30年的骟驴到林子里去。我劝他说，你刚出院，不好好休息，咋又干起来了？他说，闲不住，一天不见林子，心里就像缺个啥。他一年四季几乎天天都是这样，把个树林经营得像模像样，过去大集体没干成的事，他们一家子干成了。唉，啥事关键在人，在人的恒心。"

原先，管增年一家住在居民点上，离植树的沙坡地带有1里多路，每天来来往往很不方便。刚开始那几年，管增年每天早晨天还没亮，就赶着破驴车到1公里外的林子里去，育苗、平地、打坝、浇水，总有干不完的活。一天到晚几乎都在林子里，中午也不回家，由老伴送饭，一直忙到天黑才回去。后来，他干脆在林子里砌了一间土坯房，白天吃住在那里，有时天晚了，就住在简陋的土坯房里。那荒郊野外，一天除了偶尔见个放羊的人，几乎很少见到人影。管增年就整天与他的林木为伴，他把一棵棵树当孩子一样地精心照看着。

1985年秋天，管增年一家经过5年的苦心经营，已经在沙漠边缘造出了足有100亩的一片林子。为了看护方便，他决定把家搬到林子边的一个废弃的饲养场里去。那里只有四五间破草房，没有电，也没有自来水，远离人群，生活的不便可想而知。全家人看着老人为了那片林子，费尽心血，人都熬得不像样子了，谁也没有怨言。他们就搬到了沙坡下，点着煤油灯，从1里外运水吃。一直到6年后才通了电和自来水。张掖市林业局局长孟仲看过管家父子用20多年时光培植的这片林带后，深有感触地说："一户农家靠自力更生、艰苦奋斗的精神，在沙漠地带造出这四五百亩防风固沙林，这的确是个奇迹！"

林中那座令人起敬的坟茔

2001年的初冬，劳累了一辈子的管增年病倒了。虽然在病中，但只要精神好一点，他总要到林子里转一圈。儿子们都劝他，不要太劳累了，有啥你吩咐我们去干就行了。管增年说："心里放不下啊。"乡亲们碰上也劝："老管爷，儿子啥都给你干好着呢，你就别操那份心了。"他还是那句话："心里放不下啊。"随着病情的恶化，他渐渐走不成路了。儿子问他想吃点啥，想到哪里旅游，他啥也不想，就是想到林子里去看看。跟父母亲一起生活的老五管利、在家劳动的老三管兵深知父亲的心思，他们常用架子车拉父亲到林子里去。有时候，在外面工作的儿子管桐、管文、管伟每遇到节假日，总要陪父亲到倾注了一辈子心血的林子里去看看。不管哪个儿子陪着，管增年都对他们说："娃呀，创业不容易，守业更不容易啊。我这一辈子也没给你们创下啥家业，就这片林子，你们可要守住，别破坏掉了。"他对管利、管兵讲得最多，甚至给他们提出了一个细致的计划："每年纵向发展100米，用不了几年时间，就会把沙封死。"

这一年农历十月初二，管增年带着对"神沙窝"的深情走了。去世前，他嘱咐儿子们："我死了，就把我埋在林子里，我要看着这片林子一天天茂盛起来。"儿子们遵照他的遗言，让老人安息在了他亲手培育的树林中心。

30岁的管利接过了父亲未竟的事业。管利15岁初中毕业后就一直随父亲在家劳动，从小在父亲身边耳濡目染，他非常理解父亲一辈子为之奋斗的这项绿色事业，也格外钟情于这片父亲开创的热土。这里面也凝聚着他10多年的心血和汗水。在父亲的言传身教下，他学会了育苗、管护、灌溉、压植，更秉承了父亲吃苦耐劳、艰苦奋斗的精神。一年四季，他也像父亲一样，不管多忙多累，每天总要往林子里跑一趟。农活闲的时候，便整天在林子里守候，修枝、清扫枯叶、疏理渠道、喷洒农药。他深知"三分植，七分管"的道理，把时间和精力全部投入到了树林里。400多亩的林地，整个转一圈也得一天时间。累得时候，看一眼父亲的坟茔，就平添无穷的力量。在管增年活着的时候，他们一家以"滚动式发展模式"，已经在风沙线上营造起了一片300多亩的绿色屏障，父亲去世后，管利和4个兄长干得更加起劲。他们雇用推土机，一层一层地把黄沙往里推，推出了100多亩沙滩，用两年时间，全部种上了树苗。

村上的年轻人，每年春天等庄稼一种上，全都外出打工挣钱了。村里流传着"打一年工强似种十亩田"的说法，一个好小伙子，务工一年，少则五六千元，多则上万元。管利却无法离开，也难舍那片林子。他家只有10亩地，一年的收入最多4000多元，大都又投入到了植树中。连续不断地投入，花尽了一家人的积蓄，他们一家几乎成了全村收入最低的家庭。妻子有时也不理解，埋怨说："光有投入，没有收益，家里年年不变样，吃不好，穿不好，这样下去日子咋过？"管利耐心地说服妻子："这一片林子，虽然没有经济效益，但它的价值是看不见的，我们不能光顾眼前利益。"

植树是一项投入大、见效慢的产业，俗话说："十年树木，百年树人。"而真正长成用材林，何止10年！沙漠里的树长得更慢，管增年植的树20多年了，最大的树木也只能用作檩木。有人以为他家这么大一片林子，经济效益可能很可观，其实不然，父亲当年植下的树木，如今一棵也没采伐过。他不但没收效益，每年投入的都是不计其数，仅2003年一年，他就投入了9000多元，现在，信用社里还有1万多元的贷款呢。有人劝他，树木长成材了，你伐掉几百棵，也能变出上万块钱来；或者，开垦种了地，每年的收入就可观了。他说："父亲栽这片林子不容易，我们再困难，也不能辜负了父亲的期望。父亲栽了二十几年树，没指望靠它发家致富，我们这一辈也可能受不上益，但从防风固沙的一面说，我们是感到欣慰的。"

汗水和毅力铸就绿色屏障

管利和他父亲植树20多年，虽然自己没有得到什么收益，但这片树林带来的生态效益是不可估量的。过去的神沙窝附近，可谓是"四顾茫茫一片沙，风沙一起不见家"，这几年好了，那片林子一起来，明显感到风沙小了，沙丘不再前移，庄稼也不再受旱。据资料显示，一片10万亩林地所蓄含的水量，相当于一座200万立方米的小水库；防护林带迎风面30倍高范围内，可减弱风速40%—50%；同时，一片林地达15年以上，就能改良沙土结构，提高土壤质量。神沙窝边的土地基本得到了改良。

过去，神沙窝边缘的七八百亩农田，由于风沙大，干旱严重，大都当荒地耕种，小麦、玉米产量低，水分蒸发快，禾苗容易枯死，只能种些豌豆、谷子、青稞之类的小杂粮。就这样，每年春天风沙一起，地里刚露头的庄稼往往被沙覆盖，太阳一晒，禾苗被烫死，导致绝收。自从管家父子的这道防护林建成后，可真正形成了一道绿色屏障。从1998年起，村里人开始在沙窝边的地里种植玉米，结果一种就成。三社的管保在沙窝边有5亩承包地，前几年种啥都不长，2003年，他在承包地里种上了玉米制种，5亩地收入近5000元，跟村里最好的耕地没什么两样。还有人种植脱水专用的辣子，红得又早，个头又大，在收购时分外打眼。据村里估计，这几年沙窝边的土地，每年增收达七八十万元。多年深受风沙之害的农民真正体会到了植树造林带来的好处。

一家两代人倾其所有，用20多年时间建起400多亩的防护林。然而，相对于长数十公里、方圆二十多公里的神沙窝，四五百亩的面积仅仅只是在苍莽沙海里绣了一朵花。朝元村的村支书代学忠对这个问题的认识是清楚的，他说："管利和他的父亲植树，几乎全靠的是人力，靠的是最原始的植树方式，在国家没投一分钱的情况下，凭一家人能发展到这么大面积，很不容易。现在做大了，要想继续发展，就不是他们一家能解决的问题。"

对于未来，管利还有很多想法，同时也面临着很多的困难。没有资金保障，他只能一步步地慢慢干。他想在林子中修几间房子，一方面护林，另一方面发展养殖业；还想寻求合作伙伴，引进资金、技术，继续向风沙线上推进。沙窝里面水位浅，如果能争取些资金打一眼机井，就能有效解决灌溉的问题。另外，他发现在沙窝里发展沙产业也很有潜力。神沙窝风光独特，将来可以开辟成旅游景点，发展设施农业和观光农业，东面又紧靠石岗墩滩宋有年的现代高科技农业示范园区，如果有眼光的商家看准这里，投资开发应该前景广阔。

有人问他："你们父子两代人投入这么多，将来图什么？"他说："我们也没想那么多，最大的心愿就是把父亲的这种精神继承下来，在神沙窝里造出一片让子孙后代乘凉的绿阴来。"

风雨治沙十八年

王宇兴

在古浪县长达132公里的风沙线上,有这样一位治沙英雄:在18年的时间里,他带领林场职工苦斗沙海6000多个日日夜夜,在风沙肆虐的腾格里沙漠边缘累计完成治沙造林15万亩,封沙育林30万亩,实施省道308线通道绿化14.5公里,植树3000多万株,使一座座鸟草难生、干旱凄凉的流动沙丘,变成一个个林茂草丰、鸡鸣鸟叫的沙漠"生态园"。

他就是现任古浪县马路滩林场场长、"甘肃绿化奖章"获得者张平。

18年风雨治沙,练就他一身铮铮铁骨

在全国又一个植树节到来之际,记者深入到古浪县腾格里沙漠边缘的头道梁,在抗击风沙最前沿的沙丘上,见到了正带领职工和周边村民埋压麦草方格沙障的张平。他黝黑的脸膛、干裂的嘴唇和一双粗糙的双手,给人留下了深刻的印象。

从2月20日开始,沙海边缘中的残雪还没有完全退去,张平就带领林场职工和村民来到治沙第一线,冒着腾格里沙漠深处刮过来的一阵又一阵刺骨的寒风,开始了治沙。经过20多天的苦干,他们已在头道梁埋压麦草方格沙障600多亩。

张平说:"今年墒情好,林场计划在沙区造林4万亩。如果到时完不成埋压麦草方格沙障的任务,会影响到全年的造林计划。为了抢时间、赶任务,20多天来,大家天天往沙海里跑,一天吃不上一顿热饭。尤其是近些天来,沙漠里天天刮大风,有时风沙刮得人站都站不住,但大家咬住牙还得干!"

马路滩头道梁风沙口,已是张平转战的第三个战场了。1990年,组织上派26岁的张平来到海子滩林场任副场长,第二年又改任场长。

进入海子滩,方知治沙苦。海子滩林场离古浪县城130公里,是古浪县主要

的风沙口之一。当地一年四季刮风，尤其是春秋季节，风起沙飞，天昏地暗，沙粒子拍打得人生疼。职工们住的"干打垒"和地下窝棚四面透风，早上一觉醒来，被子上、眼里、嘴里都是沙子。更难以忍受的还有寂寞和孤独，由于林场不通电，林场职工与外界基本断绝联系，晚上全靠一盏煤油灯。夜幕来临，职工们瞅上一阵星星、月亮，就早早入睡了。因林场效益差，当时每个职工每月只能领到三四十元的工资，生活异常艰难。为了养家糊口，很多人白天在林场干活，晚上就跑到一二十公里外的火车站当装卸工。

由于林场经营困难，海子滩林场所管辖的11万亩沙地，从1960年至1990年的30年时间内，仅治理了3万亩，还有8万亩沙丘一直没有得到治理。为了改变这种状况，张平上任后，在积极改善林场职工生产生活条件的同时，制定出了一个详细的治沙计划。

来年春季，张平带领30多名职工早早来到了治沙第一线。为了抢墒情，张平和职工们一天在沙漠里干十五六个小时，挖坑抢栽梭梭、花棒、红柳、白榆、沙枣等耐旱植物。渴了，大伙就地喝口凉水；饿了，就地啃口干馍；累了，就地躺在沙地上缓口气。但让大伙气恼的是，有时狂风骤起，刚刚栽下的树苗就被大风刮跑了。有些人忍不住发牢骚时，张平说："沙化这么厉害，为了后代能生存，咱们现在吃点苦、受点累值得！"

经过春秋两季70多天的苦干，当年，他们在沙丘上栽植各种耐旱植物200多万株，治理沙漠12000亩。由于墒情好，当年他们栽植的各种植物成活率达到80%以上，这给了张平和林场全体职工极大的鼓舞。

此后，从1990年到2000年的10年间，他们把海子滩剩余的8万亩沙丘变成了富有生命力的神奇绿洲。林场辖区的林草植被率由建场初期的不足4%提高到10%，森林资源得到了持续的增长。

如今的海子滩林场每到夏季，那一眼望不到头的各种沙生植物，就像一块块巨大的绿色地毯，随着沙丘逶迤绵延；迎风摇曳的红柳、婀娜多姿的白榆、枝繁叶茂的花棒、柠条及嬉戏其间的野兔、土鸡，构成了一幅幅生机勃勃的沙漠美景。

海子滩林场的沙漠得到治理后，2002年，组织上又把张平调到了治沙林场当场长。张平上任后，紧紧抓住当时退耕还林的有利时机，通过争取项目和出售苗木，筹集到40万元资金，先后建成7个护林站，并给每个护林站配备了电视和太阳能热水器，调动了职工护林造林的积极性。4年来，张平带领54名职工，在管护好治沙林场原有13万亩林地的同时，又在沙漠地带新造林地5万亩。

治沙林场林地的不断扩大，将治沙林场和海子林场林地连成了一片，使沙漠沿线的11个重点风沙口得到了有效治理，在腾格里南缘形成了一条宽约5至6公里、长约17公里的"锁边林带"，有效保护了景电二期灌区32万亩良田和干武铁路、308省道公路的生态安全。

18年风雨治沙，他除了拥有绿色，依然两手空空

夕阳西下，风吹沙走。在马路滩治沙现场回来的路上，张平盯着沙丘两旁林场今年刚刚埋压的一块块麦草方格沙障，深有体会地说："现在治沙最困难的是缺资金，如果没有艰苦奋斗、自力更生的精神，就啥也别想干。"

张平说，自己和风沙搏斗了18年，资金缺乏也困扰了自己18年。1990年，他刚到海子林场担任场长时，林场30多名职工，除每人每年仅有76元的办公经费外，再没有任何造林经费。由于历年治沙造林，林场不但没有一分钱的积蓄，还欠外债20多万元。自己到林场上班的第一天，就被要债的人缠上了。

为了摆脱资金缺乏的困境，张平根据林场现有的一些土地资源，经过市场调查和与职工商量，在林场建起了一块占地约120亩的中心苗圃。第二年，海子林场先后培育出新疆杨、柠条、花棒、沙枣、白榆等苗木300多万株。当年，除外销杨树100万株外，他们用其余的苗木治理沙漠1.2万亩。经过10多年的努力，目前，海子林场苗圃树木品种达到22科、33属、58个品种，年育苗能力达到了800万株，初步走上了良性循环的发展路子。

近两年，马路滩林场由于治沙面积大，资金也一直严重不足。张平说：治理沙漠，目前最有效的方法就是埋压麦草方格沙障，但需要大量的麦草。现在1公斤麦草0.6元钱，压一个麦草方格沙障需1公斤草，治理1亩沙地需750公斤草，就得450元。2008年，上级给马路滩林场下达的治沙任务是4万亩，但下拨的经费却只有50万元，杯水车薪，缺的资金就只有自己想办法解决了。

为了解决治沙经费严重不足的问题，2007年，在张平的精心筹划下，全场职工已培育各类苗木1200万株，为春秋两季造林奠定了一定的基础。

对此，有人笑张平太傻了。说他18年来带领职工培育出的各种苗木，至少有1亿多株。而他除了将一块块沙海变成一片片绿洲外，至今两手空空！

每当听到这些话，张平会动情地说："生态环境建设是国家的头等大事，为社会多担当一些责任，为国家多分担一些负担，这是一个共产党员应尽的职责。"

18年风雨治沙，使他变成了治沙方面的"专家"

多年的实践经验，使张平深深体会到：治理沙漠，不但需要吃苦耐劳的实干精神，更需要科学求实的态度。

治沙林场所属的黑疙瘩梁沙区，是古浪县一个重要的风沙口，常年风沙都在四五级以上，有时风大时，从当地308线公路经过的汽车常常摇摇晃晃不敢跑。由于风沙大，过去在该沙区栽植的树木成活率很低，是全县沙漠治理中一个难啃的"骨头"。2003年，张平接手黑疙瘩梁沙区的治理任务后，在部分地段常规造林难度大的地方，采取"麦草方格压沙、大树移栽、大穴定植、覆膜保墒、拉水浇灌"等超常规技术措施，先后移栽成活红柳、沙枣、白榆等各类苗木12860株；对墒情较好的治沙造林地段，专门购进一台挖坑机，采取"深挖坑、严把关、勤看护"的造林措施，取得了显著的成效。两年来，林场先后在沙区封沙育林草2.6万亩，埋压麦草方格沙障2200亩，人工育苗造林1.2万亩，架设刺丝围栏14.5公里，使黑疙瘩梁沙区治理工程成为全国"三北"防护林工程治理的样板。

马路滩林场治沙工程是国家"三北"防护林体系建设中的又一重点项目，是国家旅游局列入的沙区"全国农业旅游示范点"，同时也是省、市、县生态和环境综合治理的重要示范点，治沙造林的任务十分繁重。

2006年8月，张平担任马路滩林场场长后，按照著名科学家钱学森提出的"多采光、少用水、新技术、高效益"的沙产业开发技术思路，遵循治理、保护和合理利用相结合的原则，在治沙和发展沙产业方面进行了多方面的探索。

在生态建设方面，林场采用工程措施和生物措施相结合，利用围栏封育、埋压麦草方格沙障、人工造林等综合治理措施，对白板坡、八道沟一带的16万亩沙区进行了全面封育。对重点流沙地段采用"大苗深栽"、"泥浆磷肥沾根"等造林技术，近两年共完成人工造林6.1万亩。在此基础上，林场利用沙漠地区独特的光热资源，在不改变原有地形地貌、不破坏原有植被的情况下，设计实施了河西生态荒漠区生态经济圈模式试点工程。目前，试点面积由原来的2万亩扩展到5万亩，圈内植被覆盖面由原来的15%提高到80%-90%。

在节水灌溉和发展沙产业方面，全场共铺设了20多公里长的节水管道，同时通过调整种植结构，发展低耗水、高效益的日光温室40座。种植葡萄、林果、药材上千亩。建立沙漠土养鸡示范点6处，年出栏土鸡达到15万只。目前，马路滩林场已成为中科院治沙研究所、甘肃农业大学、内蒙古肉苁蓉(药材)研究所重要的实验基地,为加快发展甘肃省的沙产业起到了样板和带动作用。

只为苍山绿如黛

先朝阳

庆阳，习惯上称之为陇东地区。这一广阔的区域，干旱少雨，植被稀疏，水土流失严重。绿色，成了陇东百姓世世代代最大的渴望。

为了让身边能多一抹绿意，一拨又一拨的老区儿女伸出奉献之手，植下一片绿色，树起一座丰碑。

在这里，我们带着崇高的敬意，从他们中间撷取离我们最近的名字，将他们和他们的功绩一一记下。

线治兴：老骥伏枥绿荒山

他是治山的愚公，不屈不挠地给荒山披上了绿装；他是生活的强者，年老退休后仍坚持不懈地造福桑梓。

他就是现年72岁的共产党员、退休老干部线治兴。他将绿色挥洒在宁县早胜镇遇村一道名不见经传的山沟——红土洼。

阳春三月，记者慕名来到这里。20年前，这座面积64亩的山沟正如它的名字——红土洼一样，与周围董志塬厚实的黄土形成了鲜明的对比，坡陡沟险，红泥裸露。而今，这里却给人面目一新的感觉，粉白的杏花竞相绽放，沁人心脾，沟坡里的林木虽然还看不到郁郁葱葱的绿色，却显露出勃勃生机。

线治兴，这位1931年出生、1956年入党的古稀老人，用自己的余热与红土洼的一草一木共同演奏着生命的乐章。

线治兴对树木情有独钟。1956年他一参加工作，就被分配到子午岭林区的宁县罗山府林场。他当过造林员，当过护林队队长，一干就是十几年。后来到西峰市原零二师部（即后来的庆阳地区林业处）工作。由于林业部门结构的调整，1975年，他被调往庆阳地区运输公司工作，直到1987年退休。

线治兴及其家人都没有想到，1981年他的那次回家探亲改变了他整个后半生的命运轨迹。

当时农村正在推行联产承包责任制，分给老家弟妹的红土洼路远地薄，家人纷纷要求退回村里。线治兴想起自己以前呆过的林场，春天吐绿绽翠，生机盎然；秋天层林尽染，果实累累。看着这个红土洼又要撂成荒地，他一咬牙："我来！"

对丈夫的决定，在庆阳地区被服厂工作的妻子韩钰咋能不反对呢？她说："我们都快退休的人了，将来都有退休金，不在城里好好享几年清福，还折腾这干啥？"线治兴告诉她："这块地咱们都不愿种，弟妹退回到村里，谁还愿意管？还是咱们给好好治理治理，种些树，也能给后代留一片绿嘛！"

乡里乡亲从来没有听过这种事，更没有见过这种事。一时间议论纷纷："老线真是老糊涂了，50多岁的人，把这还当真事儿闹啊？"

听到这些，线治兴总是淡然一笑，主意已定，还管别人的闲话干嘛？

1987年，他刚退休，便不顾在西峰工作的5个子女的反对，在半山腰挖了几孔窑洞，干脆住了下来。

有了充裕时间的线治兴干劲更足了，他对栽树着了迷、犯了痴，每天披星戴月，装在脑子里的尽是如何造林。为解决饮水灌溉之需，他出资在沟底开挖了一眼水井，修通了从山顶到沟底约两公里长的道路。

山地坡度大，为了保持水土，改善树木生存环境，线治兴不但对预整出的一个个鱼鳞坑进行了加围修整，而且在新修的梯条田内侧开挖深约1米、长2至3米的防洪蓄水坑，不致使它成为跑土、跑水、跑肥的"三跑田"。接着，他在荒洼里平整出的一道道梯田里，追上肥料，待土壤熟化后栽植上苹果、曹杏等良种树木，埝边的野生杜梨、酸枣等全部换接成酥梨、梨枣等良种。他现年68岁的老伴说："这辈子跟了老线，啥都没学会，就光会挖地栽树。"

种树再累，也没有孤独与寂寞让人难以忍受。劳作之余，老两口白天看山，晚上数星星，连吵架都没个说合的。看着没日没夜劳作的父母，儿女们不忍心，想方设法地投资，给山上拉上了照明电，装上了电视，替他们解闷。

在线治兴的精心照料下，红土洼慢慢变了颜色，秋天的落叶盖在它的身上，土质变黄了，春天，草儿们悄悄冒出了芽，刺槐、枣树、苹果树、杏树慢慢长高了，荒芜不堪的红土洼变了样，渐渐地，绿色染遍了红土洼。

20年物换星移，线治兴没有享受过国家一分钱的补助，相反，购置苗木的费用，自己倒贴了不少。上了年纪的他有时实在体力不支，雇人帮他收拾苗木、担水浇树、打农药的费用等等，也都是他自己掏腰包。这些年，经济上并不宽裕的他几乎倾其所有，多年的退休金连同积蓄的三四万元全投在了山上，5个儿女在城里集资买房，他也帮不上任何忙。老伴有次急了，让他瞧瞧过这日子付出的代价，问他图个啥。

图啥？啥也不图！线治兴爱上了红土洼的山山水水，恋上了红土洼的一草一木！

2000年11月27日，有个放羊的爬上了红土洼的山坡，老线急忙去驱赶，一不留神摔倒在树林中，老伴急忙叫塬上的人帮着送到位于西峰市的地区人民医院，一查是右腿骨折。

在医院里住了18天后，作为医生的大女儿不由分说把他接回到自己家中悉心照料。3个月一过，线治兴刚能凑合着拄着拐杖下地，就睡不踏实了。他在城里做着绿色梦，他给家人说植树节快到了，正是栽树的好时候，他心里着急呀。

"老线，我们不去了，看看你的腿，钉进去4个螺丝钉才固定住，你也瞧瞧我的身子……"患有高血压、心脏病的老伴哽咽着语不成声。

"爸，别回去了，再这样下去，命都没了，还能种树？"子女们纷纷哀求。

"爷爷，我听你的话，你跟我们住在一起，带我玩。"懂事的小孙子牵着爷爷的手，使劲儿往屋子里拽。

"不！"

2001年3月6日，71岁的线治兴硬是拄着双拐回到了魂牵梦萦的红土洼。举目四望，经过春雨洗礼的树木煞是可爱，老线动情地挪向树林，紧搂着一棵棵挺拔的树干，久久舍不得松手。20年来，他在红土洼栽下的一棵棵树苗，他亲眼看着它们一天天长大，这里的一草一木都是他的朋友、邻居，甚至亲人，他打心眼里舍不得离开它们。

劝说无辙只能又跟他回来的老伴问："你打算啥时候离开这鬼地方？"线治兴斩钉截铁地回答道："只要有一点力气，咱就在这呆着。"

人老了，山年轻了；头发白了，山变绿了……风风雨雨20年，线治兴纷繁的人生已融入到红土洼苍翠的山峦上、茂密的树林中。线治兴治理的红土洼景色宜人，像是镶嵌在董志塬上的一颗璀璨的明珠。

左健康：子午岭上一棵松

62岁的左健康，被人称作"子午岭上一棵松"。

从1962年参加工作起，左健康就一直在华池县山庄林场当着一名普通的林业工人，47年来，管护林木、参加次生林改造、任生产班长，以及森林病虫害防治……凡是林业上的工种，他样样都干过了。现在，年逾花甲的他仍然是山庄林场检查员，和老伴住在山上，护着林子，护着子午岭。

在子午岭林区华池县山庄林场的林地里，采访"全国劳动模范"左健康时，很多时候，记者找不到话头，只能和他一道沉默着。的确，作为一名老林业工人，左健康像一棵树，确切点说更像一棵松树，沉默寡言，风撼不动，雪压不弯，扎根林场。在近半个世纪里，左健康的足迹踏遍了华池林业总场山庄林场的沟沟岔岔，他的痴情染绿了这里的山峁。

刚参加工作，左健康就被组织安排在距场部15公里以外的护林站看护天然林。护林是一个跑断腿的差事，左健康的管区有1万多亩，将管区巡查一遍，需要跑7个多小时，走60多里的山路。他每天准时起床，走在熟悉的山路上，毫无怨言，一干就是6年。他坚持昼夜巡护，坚决制止和预防林区零星盗伐的不法行为，6年间，他的管区内从未发生过乱砍滥伐、毁林开荒和森林火灾现象。

1998年以前，山庄林场每年承担着上千亩次生林的改造任务。伐木工作技术难度高，左健康勤奋好学，实践经验丰富，是林场的技术能手。在伐木年代，他当过8年施工员，带过近20个工队。林场几乎年年都要换来新的工人，每来一个工队，他都要亲自教、带头干、跟着看，早出晚归，同吃同住。8年中，他共完成次生林改造任务1.5万多亩，伐木中没有发生技术事故和不安全事故，更没有造成浪费和丢失木料现象。

左健康处事公正，带头苦干，榜样作用发挥得好，工人们都心服口服。在山庄林场，大家都亲切地称他"左班长"。从20世纪70年代担任生产班长以来，左健康带领林场的20多名生产工人承担了造林、育苗任务。整畦、施肥、浇水、点种样样认真，锄草、间苗、喷药事事精心，由他经手培育的各类苗木累计3100亩、3亿多株。除保证本场造林外，还向社会销售苗木，为林场创收130多万元。

与泥土打了几十年的交道，左健康凡事都要讲认真二字。整地时，用木棍对每一个坑穴的间距、大小、深浅都要进行比量，从不马虎。每次起苗时，左健康要求工人先浇足底水，所有苗木分级分类，装运合格壮苗上山，绝不允许不合格苗木出圃。1992年春季，在场里的白沟造林点，一名青年工人因造林技术措施不到位，出现了栽植质量问题，左健康发现后，立即要求返工，那位工人带着不满情绪与左健康发生争吵，左健康丝毫没有让步，说服他严格按要求重新栽植。

　　天然林保护工程启动后，左健康每年都主动收拾行装，住进造林工地，与大家同吃同住，起早贪黑，顶风耐寒，一个人负责两三个工队的现场管理。这期间，他坚持采用油松带土苗造林，突破了荒山造林成活率低的难题，在白沟、老爷岭、马大梁造林1.1万亩，当年成活率都在95%以上。荒山造林地病虫鼠害时常发生，左健康冒着酷暑，带领20多名生产工人，身背喷雾器，坚持喷药40多天，使树木免遭病害。47年来，他带领工人累计造林5.3万亩，保存4.5万多亩，八成以上已郁闭成林，一派欣欣向荣的景象。

　　正如山庄林场党委书记穆念严所说，老左一辈子虽然没有惊天动地的壮举，但就是凭着一股韧劲，勤勤恳恳地干，默默无闻地做，赢得了工友的信任，赢得了社会的肯定。1985年和1986年，左健康连续被评为庆阳地区绿化先进个人，2003年，荣获了甘肃省绿化先进个人奖。他先后3次被华池林业总场评为优秀共产党员，4次被评为先进生产者。2005年，他被授予甘肃省劳动模范和全国劳动模范称号，2006年，又被甘肃省委授予优秀共产党员称号。

　　而今，年逾花甲的左健康脸上的皱纹更深了，手上的老茧更厚了，但他对林业事业的痴心却矢志不渝。他的心中，装满了绿荫。

雷九合：巍巍青山埋忠骨

　　"我在沟里呆一天，就要把林子管护一天；等我死了，就把我埋在沟里，继续守护好这片林子！"

　　2007年11月8日，跟着冬天的脚步，记者再次走进宁县造林英雄雷九合的故里。他临终的话语，似乎又在耳畔响起。

　　在宁县平子镇雷家沟，众多村民闻讯赶来，眼含热泪，说起这位造林英雄生前的感人事迹。

　　20世纪六七十年代的雷家沟是一条荒沟，水土流失严重。巩家村人意识到这会殃及他们生存的家园，1974年，村里决定在雷家沟打坝种树。当时，已经50岁的雷九合主动请缨，带领3名年富力强的村民下沟打坝。他们先用炸药炸，然后用架子车一车一车拉，一点一点地整平夯实坝面。第二年开春，他们在整平的坝面上栽上了柳树。就这样整整干了4个冬天，终于整出了一块30多亩的土坝，大坝上的绿色也一点点地在沟底延伸。任务完成了，其他人都回村了，雷九合却在沟里打了一孔窄小的窑洞"定居"下来，决意让绿色铺满雷家沟。

从50岁到83岁，雷九合黑发变成白发，硬朗的身板变得腰弓背驼；沟底的树栽满，就移到半坡，一条沟植满，再挪到另一条沟。随着造林的推进，他的"家"从沟底逐渐上移，先后4次搬"家"。在雷家沟，雷九合过着与世隔绝的生活，除了偶尔遇见牧羊人和偷树的，这里一年四季人迹罕至。30多年来，他没要国家一分钱、一棵苗，日复一日、年复一年地育苗、栽树、护林。20世纪90年代，宁县水保站派人来雷家沟测算了一下，雷九合造的林地接近4000亩，树种有四五十种，中药材有20多种。

雷九合生活在沟里，夏季山洪暴发、山体滑坡时有发生，冬天大雪封山、野兽出没，危险时刻伴随着他。近几年，眼看父亲身体每况愈下，儿子一直动员父亲回家，但雷九合死活不同意，儿子曾3次强行把铺盖背回家，雷九合又3次把铺盖背下沟。每年春节的时候，家人早早叫他回家过年，他嘴上答应但就是不上来，每次到大年三十他才趁黑扛着铁锨回家，大年初一吃过年饭后，又匆匆下沟。

雷九合住的窑洞，确切地说只是个山洞，仅有3米多深、2米多高，里面只有一个炕、一个灶台。在只能容一人转身的空间里，白天他在里面烟熏火燎地做两顿饭，晚上蜷缩着睡一宿。点的是油灯，烧的是柴火，睡的是土炕，盖的是分不清颜色的棉絮。下雨了，他到沟底背点渠水做饭；天旱时，他就到塬上背点水下来凑合着做饭。三十几年来，他一个人穿行在雷家沟，踩出了一条只有他自己能够辨认的"路"。

雷九合爱树如命，只要有人和他一样爱树惜树，他就视为知己。1985年前后，北堡村有个叫巩恒元的老人想在雷九合种树的山坡对面植树造林。雷九合非常高兴，全力支持巩恒元，给他送树苗，帮他挖树坑，还教他种树护树的方法。那几年，这两位老汉在相对的两道山坡上种树，干累了就你呼我应地拉拉话。

有一次，雷九合上塬背水，回来发现他在坡上刚栽下不久的核桃树被人偷了十几棵，他又气又急，放下水就去追偷树人。当雷九合一路打听着追到偷树人时，那人正在往自家地里栽树。雷九合看到偷树人那细致的样子，觉得他也是个爱树人，自己的火气也不觉消了一半。他不但没有训斥那人，还苦口婆心地说："树栽到哪儿都一样，只要能栽活，能管好。你既然栽上了，就一定要保证栽好管好，千万别糟蹋了树苗。"之后，他还几次跑到那人家地里看树苗的长势。

2004年，年事已高的雷九合，加上过度劳累，患上了心脏病，卧床不起。

儿子把他接回家治病，不到半个月，他就挣扎着要下沟看他的林子。在儿孙的护送下，他下到沟里，结果发现林子被人毁得厉害，他气得又是骂毁林人又是骂自己，说什么也不愿再上沟了，连治病的吊针也不愿打了。无奈之下，学医的大孙女把剩下的药带到沟里给他打吊针。

在荒无人烟的大沟里，雷九合生活得寂寞而有味。每天他早早起来，先站在窑门口吼几段秦腔，然后扛起农具栽树巡山，每天他的行程都有十几里。肚子饿了，就回到山洞一样的家里做点吃的，吃过饭，又接着栽树巡山，他把自己完全交给了那片林子。

据平子镇党委书记于玺介绍，除过3000多亩用材林，雷九合栽植的近百亩经济林，再过两三年就会有收益，估计年产值11万多元。但是，老人没有等到这一天，2007年3月29日凌晨，雷九合因突发脑溢血去世了。

巩家村主任雷升旺告诉记者，3月28日，就在去世的前一天，雷九合还来到村部，与村上干部商量植树、护林的事……那天下午，雷九合感到身体不适，第二天就撒手人寰了。于玺说，3月27日，就在雷九合去世的前两天，他还赶到镇上，谈起来年春季的造林打算。雷九合的女婿冯鹏举说，老人去世前一段日子，还从村上请了二十几个精壮劳力，每天一人给15元报酬，在沟底挖坑、植树……

说起雷九合，他的儿媳陈粉谋泣不成声："公公一生给家乡播下汪洋绿海，乡亲们要给他立个功德碑，他却说自己做的那点事不算啥；他说功在党和政府，德在人民！"

雷九合走了，他活了83岁，应该算是高寿了，但乡亲们还是觉得，他离去得太快。大家都说，在那4000多亩郁郁丛丛的树林间，在那十几架绿树掩映的山沟里，他的身影，好像还在……

渭水绿意

杨 恒 李天伦

一

森林，对于今天生活在渭河流域的人们来说，是一种奢侈。但是在历史上，这里却到处都是森林。

史书记载，远在盛唐之前，武山县的森林还保存完好，县南北山区森林覆盖，十分茂密。北宋初，秦州（今天水）知府高防、雄武将温仲舒在今天的云雾山东设有采木场，大肆伐木，运往京师。《宋史温仲舒传》载："陇、漳、武三县交界的桦林山、云雾山，峰峦耸翠，林木荟蔚。"民国时期的《甘肃分志稿》中也说："武、漳县南麒麟山，民国初年，森林犹存。"

然而，让人痛惜的是，经过宋代以后的伐木东运和明清时期的垦荒屯田，尤其是近百年来人口激增，伐木垦荒毫无节制，武山县的森林惨遭破坏。当代武山人，也曾有过美好的记忆。20世纪50年代初，武山县群众性造林开展良好，南北两山，新一代幼林郁郁葱葱，十分喜人。但是，好景不长，"大跃进"时期大肆伐木、大炼钢铁，成片的林木被毁殆尽！到了20世纪80年代，武山县天然林仅仅只剩305平方公里，其余地区则全部变成了水土流失区！

在武山县的红沟，我们碰到一个放羊娃，他正赶着一群羊。他说，山上没有一棵树，太阳照着火辣辣的，没有地方可以乘凉；在山沟里，也没有树，只能躲在山坎下边的阴凉处。他还告诉我们，他上小学四年级时，已经会写"森林"两个字了，但从来没见过森林。"老师告诉我们，森林在离学校很远的地方。"

地处渭河源头的渭源县，曾以"渭源八景"而闻名。然而八景之一的"五竹雪景"却成了永远的记忆和伤痛！原因是20世纪70年代，这里几乎全民割竹作为燃料，于是漫山遍野的奇特的五种颜色的竹子，在肆虐的刀斧之下，已经绝迹。如今，"五竹雪景"痛成历史，只有一座五竹寺孤零零地守望在五竹乡的山坡上。

面对渭河北部记忆中的森林及渭河南部越来越少的森林，保护森林，发展森林，刻不容缓！

渭源县南部和川沿共有13个乡。这13个乡在历史上和北部一样都是原始森林，但历年的砍伐使得现在只有小面积的原始森林保存。这几年，渭源县实施了国家生态环境建设项目，停止了对原始森林的砍伐，并在南部几乡以水源涵养林为主，种植云杉，落叶松。在北部以水土保持为主，植树种草。目前，全县森林覆盖有45万亩，草地65万亩，森林覆盖率达到了17%。

陇西县种和乡植被曾经很差，树木只有在四旁可见，而且越来越少。从20世纪90年代中期，这里的人们放下了刀斧，开始植树造林。他们从四旁植树开始，到1998年，植树造林转向荒坡。到如今已经造林7000多亩，退耕还林还草1100亩。一条福星林带横贯种和境内，长20多公里，宽100米，行走其中，神清气爽。

2002年7月3日上午，我们走进武山县滩歌乡。民国时期，这里出过一个姓芦的镇长，曾组织人们在周围栽种过好几百亩白杨树。据说成片的白杨树遮天蔽日，树林里鸟语花香，让人心旷神怡。当我们来到滩歌乡政府时，看到的白杨树已经高达数丈，树干也有锅口大小，令人痛惜的却是只有为数不多的几十棵，原来栽树的地方也已经被鳞次栉比的房子占领了。同行的武山县委宣传部长车学军，曾在滩歌乡当过党委书记。他告诉我们，前些年，附近人们建房燃薪，大部分的白杨树都被毁掉了。这几年，天保工程开始实施，退耕还林也开始了，村民和政府都意识到了保护森林的重要性，这些没有被砍伐的林木得以保全。原来这个地方"靠山吃山"，现在村民烧煤、太阳灶、沼气池普及，对森林起到保护作用。

在武山县山丹乡，连续8年的干旱教育了老百姓，老百姓放下了刀斧，加入到了退耕还林的行列。群众造林积极性非常高，造林模式灵活，荒山承包出现了好几个典型。在阳山村，一个离任村干部承包一处荒山近800亩，10多年时间过去了，他多年看护的树苗已经成林了。在苏咀村，任宝生带领全村群众承包了两处荒山，2001年一年栽了20多万棵松树，10多万棵其他树种。现在，农民雨天不去地里，而是全部上山管林护林。贺店村前些天新栽的林木得了虫病，全村的老百姓主动背着喷雾器，上山去打药。

天水市北道区东岔乡，是甘肃的东大门，也是渭河流经甘肃的最后一个乡，渭水就是从这里的牛背村取道陕西，径奔黄河。这里在历史上就是林区，小陇山林业局东岔林场就设在该乡。全乡除了占地1万亩的耕地和河道外，几乎都是林区，面积达36万亩，森林覆盖率80%，人均森林面积50亩。因为森林覆盖率高，这里水资源丰富，一向风调雨顺。

然而，就在这里，1982年、1990年发生了大水灾。尤其是1990年，山洪暴发，30多户村民的房子被冲毁，村民无家可归；33亩耕地被毁，颗粒无收，其他损失不计其数。据村民回忆，洪水不是来于渭河干流，而是来自四周的高山上。雨一下，洪水就上了房子的半墙，粮食根本就顾不上，人能逃出来都是万幸了。

东岔乡党委书记韩华告诉我们，那两次大雨，东岔乡灾情严重，周围的乡镇都是好好的，没受多大的影响。他说，那两次水灾，都与东岔林场的砍伐树木有关，当时，有几条大沟山上的树木基本上被砍光了，山上植被一下子变得很差，水土流失严重，加上那里山大沟深，一下雨，水就涌到沟里的村庄里去了。这两次水灾对村民的触动很大，人们意识到，保护生态环境就是保护家园，就是保护自己的生命。1990年以后，东岔乡实施了天保工程和生态建设，如今10多年过去了，东岔乡又回到了风调雨顺的美好时代。

除了政策引导和政府组织外，在渭河流域，老百姓也自觉行动起来，植树种草，改善环境，在他们的心中筑起绿色的堡垒。

6月27日，渭源县北寨乡。中午时分，车上老君山。站到山顶四望，我们发现这个山头是"秃头"群中的一个绿色的"另类"。层层反坡梯田一旋到底，山头小小的云杉在青草中茁壮成长，山坡上沟壑间的松柏像绿色的衣裙。县上同行的同志告诉我们，这些功劳都与一个80岁的老人有关，他的名字叫王嘉驹。

王嘉驹，1921年生于北寨乡，1949年加入中国共产党，解放前当过乡村教师，带过枪，参加过地下革命。解放后入西北党校学习，毕业后分到定西地委统战部，其后任渭源县民政科科长，北寨区区长，水保站站长，北寨变电所所长，北寨乡前进村支书。当这个村支书时，老人已经60多岁。我们笑着说，别人的官都是越当越大，而你的官却是越当越小。老人也笑了，他说，那些事都没多大的意思，有意思的还是山上的树啊！谈起树，老人兴高采烈，似乎连稀落的白发也根根有了光泽。

1961年，老人摘掉了扣在他头上的"反党集团成员"的帽子，出任了大安公社主任，但很快又调到了庆坪公社。大炼钢铁之后的庆坪，树木成了"稀客"，而年复一年的干旱紧逼着刚刚走出大饥荒的农民。要根除旱情，只有一个办法，就是植树造林。说造就造，庆坪公社的大地上很快多出了绿色。前些天，庆坪乡的老人们带话给王嘉驹老人，让他再看一眼他栽下的树，要不然就被人给砍光了。讲到这里，老人的语调缓了下来，他用干枯的手掌抹了一把脸，他的眼里闪出了泪花。

1984年离休后，老人急急找北寨乡领导"要了"个村支书。家里人和同乡人都笑他没有过足官瘾。可他是胸有成竹：发动群众，植树造林。那一年他带领群众，在老君山上植下了4000亩的沙棘林。今天，这一片沙棘林已有房子那么高了。有了林，老人的夜晚就忙碌了起来。每到傍晚，他披上一件大衣就上了山，睡在露天地里，守护着心爱的林子。

之后，林地越来越大，管护也就越来越难。老人就自己掏钱，请人修土筑的围栏。

到了1990年，围栏有了1.2万多米，1米成本1元钱，1.2万米就是1.2万元。那时他的离休工资每月也只有几百元。老人说，这些钱只是他花在造林上的一个小数目。就这些天，他请了20多人干了10多天，一天一人15元。

1998年，老人去靖远县热电厂看儿子。他发现电厂院子里的榆树茂盛高大，榆钱十分饱满。他想，这东西种在老君山上一定有出息。回来后他就打发老伴到电厂去扫榆钱，然后他花3000元买了两头牛，自己翻耕土地。地翻好了，他便起身前往电厂。去时老伴早已准备好两大袋子榆钱，他背起袋子就往车站赶。一回来，他就把榆钱儿撒在了刚刚翻好的地里。榆钱下地，老人的心开始焦急地等待。他天天跑到地头看一看，绿芽终于小探出了头。老人像孩子一样高兴得不得了。现在，老人种下的榆钱已经变成茁壮的苗木，老人又得花钱请人，一株一株地合理移植。

目前，老人的林地已经扩大到1万亩，山上草地、沙棘、各种乔木欣欣向荣。2001年5月，省政府授予老人"国土绿化先进个人"称号。可是，就在他荣获这个称号的同一年，老人的两头牛却因劳累过度而死。

王嘉驹老人的故事，就像一段传奇，而记载着传奇的书本就是那绿色掩映的老君山。在甘肃省渭河沿岸的大地上，像王嘉驹老人这样书写传奇的人并不多见。虽说武山县表彰了20多名生态标兵，还有天水市500余家非公经济参与造林的主人，但他们比起渭河两岸数百万计的人口，只能说太少太少。

21世纪应该是个绿色的世纪，生态建设试点工程，退耕还林还草工程，正在渭河两岸描绘着一片绿色的未来。在这些重大的建设中有一群默默无闻、勤勤恳恳的奉献者,我们也应记下他们的名字。

渭源县生态办公室主任李文忠就是其中之一。他文质彬彬,憨厚而真诚,在记者面前,显然不善言谈。6月27日,我们相约去看一看渭北诸乡的生态建设情况。

早上8时整,他准时到达。一路行去,7个乡几十个村庄,近百个山头,远的近的,他都如数家珍。我们穿行于绿色的荒野之间,司机师傅有时忘了路,于是李文忠一一指引。我们问,李主任为何有此惊人的记忆力,他笑而不答。司机师傅说,如果你要知道他一年在这路上走过多少次,就不感到奇怪了。下午3时左右,车过新寨乡,李文忠说让我们稍稍等一下他,他去看看半年没有见过的父亲。老人不在,街上的邻居说,老人出去了,一会儿就回来。我们说等一等吧,他说走,还有好些地方没有看呢。

车上新寨乡的一个山头,一个牵着骡子的农民从山上走了下来,李文忠要求车停下,他要问一问,这人是不是偷偷地在封禁区放牧。在渭水三源之一的唐家河沟脑,他看到路旁的沙棘被掐了尖,他便痛心地说,都是没管好。在太白山下的万亩青年林场,遥遥地有一群牛羊在林场里吃草,他便冲上去大喊,要求将牲口赶出去。他一直盯着放牧人将牲口赶出了林地,直到走远后,才回过头来给我们一一介绍。

李文忠没有什么大动作,只有一些工作的细节,也正是这些踏踏实实的细节,他才和他的同仁们将国家投资变成绿树,将荒山变成绿地。

和李文忠一样,李森林的名字也不得不提。

6月28日下午,到陇西县,我们希望有一名熟悉情况的同志介绍具体情况。县上的同志告诉我们,最熟悉情况的李森林主任下乡了。第二天是个星期六,我们想休息日应该能够找得到吧。没想得到的答复是:又下乡了,但可能晚上回来。等我们看完了渭河北岸5个乡的生态情况回到宾馆时,已是下午6点多钟。此时,一个头戴破草帽,高高卷着衣袖和裤管,脚穿旧布鞋,又黑又瘦的中年人,走进了我们的房间。他说:"我就是李森林。"

20多天时间,县上验收3年期满的生态建设工程,他几乎每天都下乡。对于建设项目,他同样是一个如数家珍的人,每一项投资,每一个数据,他记得清清楚楚,其实他调到这个办公室,才有半年的时间。这半年里,他走过的路也许是他以前多少年走的总和。李森林说:"今年是近10年来雨水最足的一年,如果不抓住这个好年景,老天爷下的雨白白地流走,那就太可惜了,植树造林同样需要机遇，不跑路，不行动，机遇也就溜走了。"

送走了李森林，看着他的背影，我们发现他走路有些瘸。后来县上的同志告诉我们，他的腿一直不好。

其实，渭河沿岸各县，像李文忠、李森林这样的人物并不少。武山县水利局局长田应厚，天水市北道区生态办主任师富志，以及我们没有接触到的许许多多为生态建设默默奉献的人，他们都是今天我们所要书写的英雄和楷模。

绿色，每一片绿色，都需要无数的心血和汗水。我们很难说，哪一片绿色是哪一个人的功劳，但我们却记住了他们的名字。只能有一种解释：这样的人太少了！绿色无需英雄，它需要无数奉献的双手，还有持之以恒的决心。

十年树木，可是多少个十年过去了，多少棵十年前栽下的树木都失去了踪影。天灾和人祸，是一把双刃剑，时时刻刻都有可能砍在绿色的丰碑上，使其消失。绿色，生命之绿色，不应是明日的梦想，而应是今日的责任和行动。百年树人，一百年后，渭河清澈的流水里映满的是绿色的影子，但愿这不是美丽的空梦。

二

从1998年开始，甘肃省沿渭河各县先后被列为国家生态环境建设综合治理试点县。各县根据自身生态现状，依据自身优势，因地制宜，创建绿色家园。我们采访之时，甘谷、渭源两县已经结束工程，通过国家验收；陇西、武山两县工程结束，正在验收之中；天水市北道区工程正在建设之中。

有创造，就有收获。2000年6、7月间，全省大旱，我们曾在渭源县目睹过遍地生烟的情景：在行往北寨镇的山梁上只有一道行道树，白杨树叶在烈日下蜷缩起来，山坡上几乎寸草不生，田地里也没有庄稼的影子。

2002年6月27日，我们再次前往北寨镇，一路上庄稼碧绿，苜蓿的紫色花映入眼帘，梯田里小云杉窜出老高。站在山头极目望去，一圈一圈的水平梯田，层层旋下，绿色融融，犹如绿色的地毯。北寨镇离休干部王嘉驹老人说："有些人说今年雨水好，草木长得好，我说雨水再好，没有国家的投资建设，想长也没有长的。"老人的话倒是真的，渭源气候条件较好，渭源县生态建设瞅准优势，栽上树种上草描绘绿色家园。

当然，生态建设并不是简单的植树种草，它是一项系统工程，包括水保生态工程、水利生态工程、林业生态工程、草地生态工程和生态农业工程。各个大项目中又包含了十余个子项目。

我们行走在渭北山头上,向山下望去,山弯处有令人惊喜的一坝清水,生态办同志说,那就是淤底坝,这东西有两个好处,一是蓄水,二是淤泥,是防止水土流失的好东西。在陇西县,我们还见到了更小更多的沟头防护工程,说是工程,其实就是一条小沟中的一个小小的土坝。

陇西县最需要的就是水保生态工程。全县水土流失面积为2399.58平方公里,占全县土地面积的99.6%,多年土壤侵蚀模数为7070吨/平方公里。平均每年流失泥沙1703万吨,其中含氮3024吨,磷7820吨,有机质6.4万吨。

陇西县成为沿渭河各县中水土流失最严重的县份之一。陇西县的生态工程也将水保放在了第一位。柯寨乡老君梁,大旱之年寸草不生,2002年雨水足,但小草也很难盖住地皮。

在这样的山上要种活草木,决非易事。生态办的同志想出了一个好办法,育林的同时注重水保:一不修水平梯田,尽量保护原有草皮,二修建"品"字形育林坑,层层截流,将水和土保持在原地。远远望去,一个个育林坑星星点点撒满山头,谁会想到这个小小的坑中藏着大学问。远水解不了近渴,陇西人只有用自己的智慧将每一次降雨,留在自家的山坡上。

武山县与陇西县相比较而言是个多水县。先后有榜沙河、漳河、山丹河、南河、聂河等支流以及300多条山间小溪注入渭河。但水在武山人的眼中也贵如金子,多少年他们没有留住水,眼睁睁地看着水流走。

留住水也就成了代代相传的最大渴望。在武山县担负着全县灌溉任务的水渠,被称为"生命渠";武山县水利局局长田应厚也成了老百姓最受欢迎的人。我们在山丹乡听百姓议论,说如果老田再干上几年,他们全乡就能吃上自来水。田应厚说,老百姓欢迎的不是我,而是水,是水利工程。

山丹乡车家岸村就在渭河边上,可是车家岸渠多年失修,严重老化,发挥不了多大的作用。2002年,县上决定重修车家岸渠,要形成一个万亩灌区。我们到车家岸时正好是下午1时,太阳直直地照在地上,火辣辣的,烤得人不敢停留。而此时,车家岸村的老百姓已经吃过午饭,在工地上挥锹大干。一位车姓的中年人告诉我们,给自己修渠,谁还愿意浪费时间去休息。

2000年10月30日,在东顺渠扩建工程典礼上,有人送了这样一副对联:"西部开发兴农兴水五业兴,引水富民东顺西顺南北顺。"武山全县农业就是靠着东顺、北顺、东梁、南河这些万亩以上的干渠和100多条渠道支撑的。水是生命之源,有水就有绿色,有绿色就有了希望。可是,武山县渭北山区的老百姓依然在为水发愁。生态建设任重而道远，需要几辈人前赴后继。

2001年9月，甘谷县通过了国家生态环境建设工程项目验收，为期3年的建设划上一个句号。一些过度放牧的草场渐渐恢复，全县3900多台节能灶、太阳灶闪烁在村民们宽敞的大院里；400多口沼气池产气丰富，沼气蓝色的火焰跳在了老百姓的罐罐茶桌上。浩大的生态工程花去3108.4万元，还有无数百姓的汗水，洒进干涸的大地。甘谷，企盼着昔日山青水碧的模样。

天水市北道区以渭河为界，南北生态差异极大。1999年国家生态建设项目实施以来，区上集中资金重点治理。1999年项目分布在区东南部的颖川河流域，2000年集中在渭河东段伯阳、元龙等5乡，2001年集中在南河川、渭南、新阳等7个乡镇。他们依据当地旅游资源，把生态建设与旅游业相结合。东岔镇森林覆盖面积达80％，旅游资源丰富，桃花沟被天水市开辟为第二条旅游热线。生态建设项目工程便在桃花沟流域种草种树，修建人工湖，既保持水土，美化环境，完善景点内容，也能使东岔镇从中受益，近两年，每年可引资3000万元。

生态建设工程、退耕还林还草工程，在渭河两岸进行绿色大写意的同时，一个来自老百姓的创造，改变了多年生态建设由国家投巨资的模式。在北道区的政府工作报告中，老百姓才知道他们的创造叫做"非公林业"。

2000年春，武山植树造林风起云涌。滩歌镇北山村支部书记李茂春敲开了原镇党委书记车学军的办公室。他问车书记，能不能把荒山承包给他一些，车书记觉得这事很为难：承包倒是好事，但老百姓个人投资，何时才能收回成本？正当车书记犹豫之时，县上决定荒山拍卖，鼓励个人承包。原来，全县像李茂春一样要求个人承包的人有50多户。县上觉得这是个新事物，应该加以政策上的鼓励和引导，于是决定荒山拍卖，让群众享有70年的使用权。

2000年，首次拍卖就有53户，县长为买主亲自发证。于是，有志于绿色的奉献者纷纷走上山头。

滩歌乡的李茂春、鸳鸯镇的王守礼、山丹乡的仁宝来等一大批造林带头人，吃在山上，住在山上，以山为家，一片片绿色从山头铺开。滩歌镇西山东坡，李茂春所造之林连片延伸，青翠欲滴。镇上同志介绍说，这些树都是2000年所栽，不知花去了李茂春多少心血和汗水。名义上是他一个人承包，事实上那可是全家人的劳动成果。

滩歌镇原党委书记车学军说，个人承包的确是生态建设必不可少的一种形式，它和家庭联产承包责任制一样，极大地激发了老百姓造林绿化的积极性，谁的林子谁造谁管，其他老百姓也觉得这些树是主人花心血栽下的，也会更加尊重主人的劳动成果，这样管护和维护两个造林当中的老大难问题，便迎刃而解了。

有人栽，有人管，效率高，见效快。个体非公有制林业，已在渭河两岸遍地开花。天水市个体非公林业已达500多家，仅北道区一地，个体经济林面积就达17万亩。当然，个人承包荒山造林在其他地方并不是一件新鲜事儿，可对于甘肃渭河两岸的老百姓来说的确是一个伟大的创造。

从国家投资到老百姓自掏腰包，从国家对于生态的自觉，到老百姓个人的自愿，这种自上而下、又自下而上的巨大力量，推动着渭河两岸绿化的进程。

主编点评

森林，是地球的肺，也是地球上的天然水库，更是人类生存的屏障。我们的祖先造字之时，写下了三个木字的组合，我们读之为"森"，两个木字的组合，读之为"林"。森和林，是一个集体，一种群体生存的姿态，是一种无法割裂的情结。但智慧的人类却偏偏忘记了对她的呵护，森林正在一步步远离我们……在陇原的许多地方，如今自然条件相对恶劣，自然灾害比较频繁，森林只能在历史中寻找。

面对种种制约因素和不利条件，是怨天尤人、枉自嗟叹，是背井离乡、远走高飞，还是以坚定的意志、必胜的信心，与自然抗争，与时代共振，趟出一条发展的路子呢？

在近半个世纪的岁月里，改善环境，植树造林，成了陇原优秀儿女的唯一选择。二郎山上的孙家老汉，甘州区的管增年和他的儿子们，他们不约而同地一道向沙漠进军，运用科技，治沙造林，将一片风沙肆虐的绝望之地，变成林茂粮丰的希望田野，彻底治理了沙患，保住了家园，稳定了人心，改善了生活，善莫大焉，功莫大焉。

与此同时，泾川人、庄浪人以及陇原其他地方像线治兴、左健康这样的人们，就像舍弃生命追逐太阳的巨人夸父一样，用自己的汗水和生命与荒漠化较量，在染亮绿色梦想的同时，改变着荒原的命运。他们不仅造福当代，而且造福后人；不仅惠及当地，而且也为下游的人们挡住了扬尘和泥沙。

面对绿化陇原取得的巨大成绩，我们感到无比欣慰。但我们更应该清醒地认识到摆在面前的任务仍很艰巨：虽然这些年我们造林的面积不断攀升，成活率也一年比一年高，但留下的地域造林难度也越来越大；虽然一些林业重点工程快速推进，但个别地区"边治理、边破坏"的现象依然存在；虽然植树造林、改善生态已成为全民的共识，但仍有人停留在口头上，没有在履行植树义务上下功夫……

我们必须清醒地认识到，目前，陇原生态恶化的状况还没有从根本上得到遏制。植树造林，治理荒漠，任重而道远。改善生态环境，再造秀美山川，是一项长期的历史任务，需要几代人、十几代人的接力奋斗，更需要一个汗珠摔八瓣的苦干实干。事实说明，我们的森林还是太少太少，目前，种多少树也不算多。

千里之行，始于足下。锦绣陇原，众人绘就。孙仰贵、管增年等人的事迹向人们昭示，为建设明天更加美好的家园，无论是那些至今还在遭受荒漠化困扰的地方，还是在环境已经得到改善的地方，只要我们自觉运用自然辩证法，一切按客观规律办事，坚持不懈地治理河山，保护环境，用心植绿，精心护绿，写出更加气壮山河、波澜壮阔的治沙造林、改善生态的史诗，经过三五十年的努力，我们就一定会得到大自然丰厚的回报，一定能够实现再造秀美山川、创造幸福生活的美好愿望，我们脚下这片深爱的土地就一定会青山常在，绿水长流。

谱写壮美的山川

詩言志辨

千山有水千山绿

蒲振刚

山地、沙漠、戈壁，组合成了陇原的基本地理构架；干旱、少雨、缺水，是甘肃省的基本省情。一部甘肃农业的发展史就是与干旱缺水长期抗争的历史。

1995年，一场60年不遇的干旱炙烤着陇原大地，干旱山区300多万人、200多万头牲畜承受着水荒的煎熬。甘肃中部和陇东一带40多万人翻山越岭到10公里以外的地方拉水，有的甚至跑四五十公里路去拉水；20多个县的近万名学生和教职员工因喝不上水而难以进行正常的教学活动，个别地方水价高达每立方米100元左右。当政府部门送水的汽车到达村庄时，闻讯而来的大羊小羊"咩咩"地叫着，围着水车不愿离去；渴急了的麻雀竟然落在水车上拼命嘬水……此情此景，闻者无不动容。

干旱，一直是甘肃农业乃至整个经济社会发展的最大障碍

多年来抗旱减灾的实践告诉我们，在甘肃这样一个严重缺水的省份，要实现人民生活的安居乐业和经济社会的可持续发展，水利建设至关重要。新中国成立以后，国家投资在甘肃省兴建了290座大中型水库，仅河西地区就有双塔堡、鸳鸯池、南营河等150余座。这些星罗棋布的水利设施，为经济发展和社会进步发挥了积极作用。

甘肃省水利建设创造了一个又一个的"全国第一"。

党的十三届四中全会以来的13年间，党的第三代领导集体高度重视水利事业。在近年来的西部大开发中，党和国家再次把水利等基础设施建设和生态环境建设作为工作重点。据初步统计，13年以来，全省的水利投入高达117.5亿元，是1989年以前40年间的2.7倍。甘肃省各级政府和广大干部群众坚持把水利建设作为国民经济和社会发展的大事来抓，几代人矢志不渝，顽强拼搏，在水

利建设方面创造了一个又一个"全国第一":

第一座扬程为600米以上的大型灌区;

第一次在数十万平方公里土地上进行的雨水集流工程;

第一个梯田化模范县;

第一个全国节水型社会试点市

……

竣工于1994年的景电二期工程,是国务院三西扶贫开发的重点项目。经过建设者们历时十载的艰苦努力,终于在腾格里沙漠南缘建起了一座高扬程、大流量、多梯级的电力提水灌溉工程,连同20世纪80年代建成的景电一期工程,共同形成了一片近百万亩的绿洲,从根本上改变了景泰、古浪两县的生存发展条件。自80年代以来,陆续安置30多万移民,绝大多数农户当年耕种,当年受益,当年解决温饱。如今这里渠路成网、绿树成荫、瓜果飘香,昔日荒无人烟、风沙肆虐的景泰川已成为中部地区最大的商品粮基地。

两下三上的引大入秦工程的胜利建成,更是向世人展示了陇原儿女在与干旱作斗争中不屈不挠的精神风貌。在这项举世罕见的工程建设中,中外建设者们经过18年的艰苦拼搏,终于从天堂寺"牵"来长龙,1994年总干渠建成通水,经过8年来的灌溉和运行检验,分干渠以上主体工程运行稳定,输水可靠。目前已建成支渠及分支渠640公里,完成田间配套面积55万亩。随着农业生产条件的改善,灌区面貌发生着深刻的变化,40万农民积极调整种植结构,大力发展蔬菜、药材、花卉等高效农业,兴办加工企业,已开始大踏步由温饱向小康迈进。

1996年5月,一项跨世纪水利工程——疏勒河农业综合开发项目又首开大批量利用外资的先河。这项利用世行贷款12.6亿元、国内配套资金14.13亿元的农业重点工程,由昌马水库等25项水利综合项目构成。截至2002年6月底,昌马水库主体工程已按期建成,2001年12月通过蓄水前阶段验收,已下闸蓄水试运行,2002年蓄水3000万立方米,有效地缓解了三大灌区农业灌溉用水的紧张状况。

除此之外,近年来相继建设和完工的还有景电二期延伸向民勤调水、盐环定扬黄、引硫济金、东乡南阳渠等一大批水利工程,它们的建成和投入使用,在缓解干旱地区群众用水紧张局面、促进区域经济的可持续发展等方面都将发挥积极作用。

在进行大规模水利建设的同时,省委、省政府清醒地认识到,在甘肃这样一个自然条件严酷、水资源匮乏的省份,要实现经济的可持续发展,必须把节水放在更加重要的位置。从某种意义上说,节流比开源更重要,节水更符合甘肃的省情。

节约用水的重要性比以往任何时候都深入人心。记者在古浪县黄灌区的马场滩村看到，以往村民们都是采用大水漫灌的方式灌溉农田，在获取当年农作物收成的同时，也造成了水资源的浪费和土地的沙化、盐碱化。近年来，在科研人员帮助下，当地农民在日光温室内建造地下水池、铺设滴灌设施，大力发展精细蔬菜种植和高效养殖，从而使农业用水大幅度降低，经济效益大幅度提高。据统计，与过去种麦子相比，亩均耗水量减少了70%，而经济效益却提高了整整40倍！各级水利行政主管部门首先承担起《水法》赋予的统一管理水资源的职责，加强了水政水资源管理机构的建设，省、市、县三级均实现了水利部门对城乡地表水与地下水的统一管理。目前，由各级水利行政主管部门审核许可的水量已占全省总用水量的95%以上。

分流域、区域制定的取水许可总量控制方案，使黄河流域8个市、州、地落实了年度分配及干流水量调度方案，对所有取水单位大力推行计划用水和节约用水措施，有效控制了黄河用水的过快增长，使甘肃省耗用的黄河水量始终控制在国家分配的指标之内。

在用水量占全省80%的农业领域，通过工程、政策、价格等措施，大力推行常规节水和高科技节水，现已取得阶段性的成果。据统计，到2002年6月底，全省节水灌溉面积已达1047万亩。张掖市自从被列为全国第一个节水型社会试点后，迅速编制全市试点方案和黑河中游水资源配置方案，并注意用政策和经济杠杆调动全社会节水积极性：新建水利和农林项目不配套节水措施的，政府部门不立项，不投资，不发取水许可证和土地使用证；集体、个体投资发展节水农业，开展水土保持和生态建设项目，谁投资谁受益，3年免征农林特产税，政府部门还在资金技术上予以扶持。

为缓解黄河流域水资源短缺的紧张局面，中日两国政府紧密合作，投入资金6452万元，对景电一期灌区的泵站实施自动监控和灌区的水管理自动化，从而有望在5年内使全灌区1176个斗口全部实现自动观测，同时大力推行先进的节水技术和方法。

在一些偏远的乡村，农民们也对节水表现出极大的热情。

1998年5月25日，金昌市双湾乡旧沟村干旱缺水的麦田边，水利部门的科研人员帮助设计的喷灌安装就绪，随着工作人员按动闸门，8个喷头瞬间喷出了晶莹清凉的道道水珠，给饱受干渴的麦苗送去了甘霖……兴奋的农民们当场就燃放了两挂鞭炮，以庆贺农业灌溉史上的这次革命！

"121"，这一水利建设史上的创举，解决了甘肃省上百万人的饮水困难

这里是通渭县一个普通的干旱山村——景木岔。仔细观察，房前屋后、道路两侧、场院四周都修了很多集雨水窖，这成为农民们抵御干旱的"秘密武器"。每逢下雨，涓涓细流都顺着集流场淌向水窖，不经意间蓄上了充足的雨水。如今，这里的群众吃水不愁，而且种起了辣椒、茄子、西红柿等蔬菜，还搞起了畜禽养殖……说来难以置信但却千真万确，水窖在帮助农民早日脱贫上发挥了巨大的作用。

甘肃省是一个资源性缺水的省份，在正常年景，每年都有上百万人发生饮水困难；若遇大旱，则有更多的群众为吃水而愁眉不展。水，长期以来成为制约干旱地区经济发展和人民生活改善的最大"瓶颈"。如何打开这个"瓶颈"，一直是历届省委、省政府关心的大事。

1995年的大旱，在对农业和人畜饮水造成严重困难的同时，也从反面强化了全社会的水患意识。省委、省政府在适时总结各地集雨经验的基础上，决定在全省干旱地区广泛发动群众，每户利用场院抹砌100平方米左右的水泥集流场，挖2眼水窖，发展1亩左右的庭院经济，以解决群众的吃水问题。这就是后来在国内外产生了重大影响的"121"雨水集流工程。

在当时财政不宽裕、群众未脱贫的情况下，解决25万户、125万人的吃水问题，需要2亿元的投入，这对一个穷省确实不是一件容易的事。初步匡算，除动员群众自筹1亿元外，还缺1亿元。省上在财政十分困难的情况下，多方筹措了7000万元，仍有3000万元的缺口。面对这种情况，省委、省政府领导带头解囊，并号召全省共产党员和职工群众，迅速开展捐助活动。仅仅用了不到一个月时间，5684.94万元现金就像涓涓细流一样，汇集到工程指挥部。从1995年秋到次年7月，甘肃省中东部27个县的干部群众连续苦干，建成集流场2050万平方米，水窖31.6万眼，超额10.4%完成了任务，除解决了115.7万农户的饮水困难外，还发展庭院经济15.5万亩。

"121"雨水集流工程的大面积推广，使甘肃省农民在解决了人畜饮水的同时，还找到了一条尊重科学、顺应自然的旱作农业之路。全省各级干部和广大人民群众开展各种形式的雨水集流活动，截至2002年6月，共建成集雨水窖151.5万眼，塘坝66座，涝池654座，蓄水容积5303.8万立方米，发展集雨节灌面积

354.6万亩。水窖不仅可以基本满足人畜饮水，还可以用多余的水发展节水灌溉；不仅用于农牧业生产，而且促进了生态建设。

1995年12月，江泽民总书记在实地观看了定西的集雨水窖后高兴地说："'121'工程被称为爱民工程，这个事做得好，是深得民心的。你们动员各方面的力量，在干旱山区帮助30万贫困户搞了储水窖，是一件大实事，确实了不起……"近年来，先后有10多个省、市、自治区的干部群众及美国、以色列、佛得角等国的专家前来甘肃省参观学习。

走出一条综合治理的兴水之路

甘肃省群山连绵，地域辽阔，山旱地占总耕地面积的75%以上。由于历史的和自然的种种原因，到20世纪后叶，全省土壤侵蚀面积38.9万平方公里，占土地总面积的86%，每年输入江河的泥沙6.44亿吨。严重的水土流失导致土地贫瘠沙化，自然灾害频繁。

十多年来，全省上下始终坚持"预防为主，全面规划，综合防治，因地制宜，加强管理，注重效益"的水土保持工作方针，以梯田建设为重点，以小流域为单元，依托专项工程，强化监督执法力度，探索和总结了一套行之有效的治理模式，形成了有甘肃特色的水土保持生态建设格局。截至2002年10月，全省累计治理水土流失面积6.88万平方公里，其中兴修梯田2661.8万亩，营造水土保持林4182.4万亩，建设拦蓄工程16.4万座（处），开展小流域水土保持综合治理1100多条，治理面积2.1万平方公里，水蚀区域年均治理程度达到了53.4%。

地处六盘山西麓的庄浪县，是一个典型的黄土高原干旱县。静卧在这里的座座大山和条条沟壑，在长年累月的干旱和暴雨夹击下，已经到了千疮百孔、支离破碎的境地。严酷的自然条件，不仅年复一年地对农村经济造成重创，也对群众的生存构成极大的威胁，发生在30年前的暴洪灾害，一次就夺去了667人的生命！

再也不能让悲剧重复上演了。从20世纪60年代中期开始，尊重科学、崇尚实干的庄浪人就开始了改土造田、再造山河的接力赛。40年间，全县干涸的山梁峁沟全部变成了平展展的梯田，同时建成了碧波荡漾的竹林寺水库和众多的塘坝、水窖，以一流的水土保持工程为全县经济的可持续发展奠定了坚实的基础。

以干旱闻名天下的定西人在实践中更真切地感受到水土保持的极端重要性。

自1983年这里被列为全国水保重点治理区后,当地干部群众就发扬"三苦"精神,投入大量财力和人力,将水土保持和田、林、草、路、坝、库联系起来进行综合治理,使全县46条小流域面貌得到初步改善。从1989年以来的13年间,他们又对全县众多小流域进行了大规模的治理和开发。

位于定西县(今安定区)鲁家沟乡西北部的花岔小流域,从前是人见人愁的烂泥沟。经过多年的治理,如今这里面貌迥异,昔日的沟道里种上了大片的乔木和灌木,裸露的山坡渐披绿装,蜿蜒延伸的沟底,15道土坝层层设防,留住了一汪汪的清水,也把定西人对美好家园的希冀定格在蓝天白云下。

在312国道南侧的九华沟,经过"梯田+水窖+科技+植树造林"式的综合治理,农业生产条件和生态环境发生了惊人的变化。当地群众用朴实的语言描述水保工作带来的可喜变化:"乔灌草山戴绿帽,水窖塘坝迎面笑,梯田果树绕山腰,节水灌溉真可靠,良田坝地产量高,村兴民富展新貌。"

昔日干旱缺水的土地上,一座座气势恢宏的水库,一条条纵横交错的灌渠,一层层景色如画的梯田……共同织就了一张水利建设的宏伟蓝图,为全省国民经济和社会发展奠定着坚实的基础。

流金溢彩疏勒河

胥廷辉　牛庆国

2004年6月，疏勒河流域，烈日炎炎。

记者踏着夏日滚滚热浪，来到了这片热土，真切感受疏勒河流域治理这场轰轰烈烈的世纪工程。在采访的每一天，记者一直被一处处宏大的工程、一件件动人的故事深深地打动着……

在一张从卫星上拍摄的巨型疏勒河流域遥感照片前，一位长年奋战在一线的建设者自豪地对我们说："这是昌马水库，这是西干渠，这是水电站，这是移民点——扎花村、向阳村、西峡村、毕家滩、七道沟、七墩滩、双塔镇……在4万平方公里的项目区，到处都有我们的脚印，到处都有我们的汗水。昔日的大漠荒原，如今已是人声鼎沸、麦浪滚滚。看到这一切，我们自己的心灵都会受到强烈的震撼。"

肩负这个项目重担的甘肃省疏勒河建设管理局局长谢信良也动容地说："对这片土地我们已经有了很深的感情。从开始的亩产几十斤，到现在的亩产800多斤，我们不知花费了多少心血。"他接着说："这个项目能够顺利实施并初见成效，是当地政府密切配合，各参建单位和数万名移民齐心协力、艰苦奋斗的结果。"

然而，这一切的实现是那样的艰辛，那样的不易。从建设者们黝黑的脸庞和粗糙的双手上，无不体会到他们曾经经历的风雨和艰难……

昌马水库，是龙头工程。然而，昌马峡地处地震带，地质结构非常复杂，工程难度可想而知——

6月14日，我们从玉门镇向南，沿着新修的柏油公路驱车70多公里，进入祁连峡谷，欣然来到了昌马水库。

眼前，一座高达54.8米、坝顶长366米、总库容达1.94亿立方米的大型水库巍然矗立在昌马峡谷。汹涌的疏勒河被拦截成了一座方圆15平方公里的人工湖泊。宽阔、清澈的湖泊静静地躺在祁连大山中,如那美丽娇柔的睡美人。而在湖光波影中倒映的祁连雪峰,又如同一幅油画。水库的工作人员介绍说,现在经常可以看到成群的野羚羊来这里饮水,还有大批的候鸟来这里栖息。

站在雄伟的大坝上,我们不由得为建设者们的智慧和勇气而惊叹,也为人类改造自然的神奇力量所折服。

成功的滋味是甜美的,但走向成功的过程却常常是苦涩的。面对如此关乎全局的工程,每一位疏勒河的建设者都捏着一把汗。他们永远都不会忘记大会战时的情景:

1996年5月,昌马水库的建设拉开了序幕。开工之际,首要的问题是要解决"三通"(通路、通电、通讯)。其中,穿峡公路是最大的难题。建设者们最初是骑着骆驼进入峡谷的,然而很快,一条14.3公里的穿峡公路奇迹般地在悬崖绝壁上开通了。不久,43公里35千伏输电线路和4座微波通讯站也相继建成,为水库建设如期开工打下了坚实的基础。昌马水利枢纽工程由水电五局承建。实力雄厚的建设队伍立下豪言壮语:"跋六千里征途挥汗建河西大坝平湖,灌八十万沃土丰收乐陇原子孙后代。"

1997年9月30日,各路大军轰轰烈烈地开进了库区。昌马峡谷打响了疏勒河项目建设的第一炮。一时间,大型挖掘机的马达声与疏勒河水的滔滔声,汇奏成了一曲雄壮的交响乐,沉寂了多年的荒凉峡谷一下子沸腾了起来。

承担大坝监理任务的西北水电勘测设计院数十名监理工程师,坚守一线,随时监测坝基开挖、防渗墙、导流明渠等工程的进度、质量。承担水库设计任务的省水电勘测设计院设计代表,也驻守工地,按设计要求指导工程建设。

当时,这里没有遮风挡雨的地方,大部分职工住在临时搭建的工棚里。为了抢时间、赶工期,工程队一边营造办公、生活基地,一边全面展开坝基、围堰的开挖工程。面对零下30多度的严冬和刺骨的寒风,施工人员艰苦奋战,展开了一场人与自然的搏斗。

然而,由于库区周围地貌复杂,施工非常艰难。1998年11月16日,水库咽喉工程排砂洞开挖贯通后,洞内发生了85米长的冒顶塌方。面对塌方,省疏管局党委一班人带领工程技术人员进驻工地,现场指挥,昼夜抢险。与监理、设计、施工单位通力合作,背水作战,历时14个月,2000年3月17日,排砂洞终于又一次全线贯通。前世界银行驻北京疏勒河项目经理郑兰生在一次督导后,高度评价了建设者们抢险成功的业绩。他说,是建设者们不畏艰险才保住了大坝。为了千年大计,不留隐患,建设者们还对水库右岸山体进行了纵横深度达2.2万米的固结灌浆加固，终使困绕大坝安全的难题得以顺利解决。

2000年9月17日，昌马峡谷车水马龙，欢歌笑语。近千名建设者及各族群众聚集这里，庆贺大坝龙口首次截流。随着一声令下，大坝排砂泄洪洞闸门隆隆开启，40多台大吨位装载车辆直奔截流龙口，大坝一次截流成功，疏勒河水从排砂洞奔腾涌泻……此时此刻，机声、欢呼声响成一片，震荡峡谷。国家水利部、世行先后发来贺电，许多建设者都流下了激动的泪水……5个春秋的奋战，终使高峡现出平湖。2001年12月17日，这项关键工程建成蓄水，并开始向下游的双塔水库、跨流域的石油河赤金峡水库调水，同时，发挥拦洪调蓄、工业供水、农业灌溉、生态用水、13座梯级电站发电的综合效益。疏勒河水沿730公里长新建的输水干支渠，源源不断地浇灌近百万亩良田，润泽数百万亩绿洲。

一片片良田绿浪滚滚，一排排移民新居拔地而起。移民区小学第一次升起了五星红旗，千里荒原展现出新的生机和活力——

按照项目进度，各移民点的建设也是如火如荼。戈壁滩上机器隆隆，人欢马叫，一边平田整地，修渠修路，一边建起宽敞的街道，整齐的房屋，高耸的水塔，明亮的学校，还有村委会、卫生院。

与此同时，贫困山区的移民也开始打点行装，告别故乡，满怀信心来这里开创自己新的家园……

和移民打了多年交道、具体分管移民工作的省疏管局副局长杨成有介绍说："移民们非常不易，千里迁徙，故土难离。所以我们的一切工作就是围绕移民，最终的效益也要体现在移民身上，让他们一天天富起来，我们的心也就踏实了。"

6月15日，经过1个半小时的颠簸，我们首先来到了七道沟移民点。

刚一下车，我们就被眼前的景象惊呆了。刚才路上还是戈壁沟壑，飞沙走石，怎么一下子就呈现出了郁郁葱葱、流水潺潺的"海市蜃楼"？再走进街道平展、绿树掩映、炊烟袅绕的移民村，100多座院落整齐划一，移民们的脚步匆匆忙忙，有的在打土坯，有的在修水渠，有的在剪树枝……

在1号村，我们见到了已迁来3年的村党支部书记赵克林。他原来是临潭县陈旗乡陈家庄村的党支部书记。已经当了32年村官的他说，为了摆脱贫困，他在老家带领大伙儿干了不少事、吃了不少苦，但那边的自然条件实在太差了，泥石流一来，什么都没有了。他一直想把大家带到一个环境比较好的地方。他笑着说，当时有些群众心有疑虑，说河西哪有老赵说的那么好？要是真好，为什么干部们不先去？一听这话，赵克林就率先出来了。现在从陈家庄已迁来了

70多户。没迁来的人到这里一看,庄稼长得这么好,不要说吃饱肚子没问题,还能富起来,于是都想来,可现在好多移民点名额都满了。

赵克林在他家宽阔的院子里,已经盖起了5间带门廊、双层玻璃的大房子,电视机、VCD、液化气灶一应俱全。院里还停着小四轮、摩托车。他又说:"在老家出门就是山,有个车还没地方跑。"疏管局为了奖励移民致富带头人,曾给赵克林奖了一只小尾寒羊羔,年底他再返还一只羊羔。现在他家已发展了12只小尾寒羊。2003年,上级还奖给他300元现金。他说,这是他几十年来第一次拿到这么多的奖金。

住在3号村的王守义是临潭城关人,原来从未种过庄稼。而在这里,今年他家的麦田和树苗是全村长得最好的。他兴奋地说:"政策好、地方好,人还要努力。等这些树都长起来,风肯定就小了。"

3号村还有一对藏族兄弟拉木加、柴旺扎西。他们原是牧民,看到这块地方有发展前途,就放弃原来的生活方式来这里了。拉木加说,他的父亲在搬家的路上是插着氧气坚持到这里的,来的第四天就去世了。父亲是安心而去的,他觉得能让儿子在这里安家,也就放心了。心细的拉木加还带来了草原上用过的分奶机、太阳能蓄电器等。看到记者好奇,他便把那些藏族生活用品一一拿出来给我们演示。他说,现在先要学习耕种地,等种好了粮食,将来准备养些牛,给移民们提供鲜奶喝。

从拉木加家出来,我们来到了临潭县七道沟移民基地九年制学校。校园里鲜红的国旗在风中哗哗作响,教室里朗朗的读书声打破了荒原的沉寂。我们走进正在上课的初一年级教室,语文老师正在讲《愚公移山》。

虽说这是巧合,但不由得让我们陷入了深思……

站在身边的七道沟分场党委书记说,七道沟已迁来1550户、8000多人。刚来时,他们最担心孩子的上学问题。农垦指挥部的张海跑前跑后,多方努力。现在小学、中学已正常开课,今年"六一"时,学校在这里组织了隆重的文艺演出,节目个个都很精彩。他看着看着就忍不住流下了热泪。他想:这些从贫困地区来的孩子,有这样的精神状态,他们将来一定会过上好日子……

下午,我们又来到了已成规模的双塔镇移民点。这里原是一片重盐碱地。现在,放眼望去,移民的麦田丰收在望,防护林带纵横交错。移民们再建家园的热情更足了,有的盖新房,有的种果园。每天骑辆摩托车为移民到处奔忙的何占军指挥介绍说,双塔镇按副县级建制,他们现在要打好基础,将要安置2万名移民,开发8万亩农田。

接着，我们来到已经开发了7年的扎花乡。这里原本没有地名，是疏勒河移民迁住后，取"扎根开花"之意而得名的。东乡县扎花乡移民工作站的马希奎由衷地说："我们全乡458户、2520人，除了耕种麦子、棉花、红花，还养羊、劳务输出。从当时的白手起家到现在的小麦亩产900斤，人均口粮700斤，人均收入770元，全乡各项总收入达到263万元。这比过去老家不知翻了多少倍。现在所有的农户生活都有了保障。好多移民感慨道，在老家扶贫了一二十年都没有富起来，要是早出来，我们早就富了。"

今天，疏勒河项目已在昌马、双塔和花海三大灌区建成了6个移民乡、农垦分场、46个村社，安置移民3.6万人。

如此大规模的开发和移民，在农业史上实属罕见。工程建设没有现成的经验，他们只有连破难题，连闯难关——

今年51岁的马德海总工程师，先后参与了景电、兴电、引大等大型水利工程。应该说他对甘肃的水利项目了如指掌。他说，疏勒河水土光热资源是最好的，盐碱地改良是成功的，项目实施中环保、生态恢复措施是得力的，工程的建设管理是先进的，综合效益发挥也是最好的。他认为，疏勒河项目可以作为爱国主义教育基地，让青少年来看看移民生活的变化，看看我们改造自然的决心和能力。

他说，扎花乡的移民3年就致富了，这是他们以前想都想不到的。这里有个东乡族青年马维东，原来在云南跑茶叶生意，搬到这里第一年就有了变化，第二年盖起了房子，第三年就有了拖拉机，生活和老灌区的人没多大区别了。七墩滩乡以前亩产只有几十斤，通过土壤改良后每亩达到了300公斤。七道沟乡有户移民，家里有5亩地，1年打下的粮食比老家5年的产量还要多。

看着移民生活发生翻天覆地的变化，建设者和移民们心里都高兴。然而，这几年，水库地质结构、渠道防冻涨、防护林带营造、盐碱地改良等一系列技术难题，也让他们费尽了心血。

显然，疏管局不仅从事水电建设，而且还兼有农业开发、盐碱地改良、移民安置、生态建设的职能。当然，令人惊喜的是，这些难题无一例外地被他们攻克了。

2002年，灌区开发全面开始，但这里土壤中的盐碱成分高，既种不成树，也种不成粮。这时，他们提出了"要种田，先洗盐"的工作方针，集中精力进行盐碱地改良的科研和试验。

刚开始时，难度很大。他们一块地一块地调查土壤情况，又在双塔镇选了

200亩盐碱地搞试验，不论酷暑和严寒，技术人员把帐篷扎到田间地头，蹲在那里昼夜试验，终于攻破难题，在取得大量第一手资料的基础上，制定了洗盐排碱技术规范。他们编印了5000册《盐碱地改良手册》分发给移民和干部，然后分片包干，责任到人，进行大面积改良。

在七道沟3号村，我们见到了分场项目办的主任董振琦。几年来，他一直坚守在移民点上，手把手地教农民种田。为了盐碱地的改良，戈壁烈日下，他从这块地头奔向那块地头，从这个农户走向那个农户，每天工作十几个小时。我们看着他晒黑的脸庞开玩笑说，你比移民还黑。这时随行的疏管局的同志说，这话可说对了。2003年，省上一位领导同志来这里视察工作，拍着董振琦的肩膀问："你是哪一年移来的？"董振琦不好意思地说："我是这里的工作人员。"为了改良土地，像董振琦这样的技术人员，在疏勒河工程上还有好多好多。难怪有人感慨地说，这里的技术人员，每一个都是劳模。

经过努力，项目区2003年改良土壤达3万亩。一位盐碱地改良的老专家一看这阵势，激动地说，20世纪50年代他就参与过盐碱地改良，那时只搞了几千亩就觉得不得了了，可现在一搞就是几万亩，真了不起。

当然，要让地里长好庄稼，除了治碱还要防风治沙。

在七墩滩，我们看到这里的移民庄园到处都是沙堆，形似鸣沙山，沙丘比院墙还高。这里的移民是在与沙斗。一位移民坚定地说："只要我们每天拉走一车沙，总有一天会人进沙退的……"负责七墩滩治沙工作的酒泉市疏勒河项目建委主任李耀满怀信心地说："我们不仅要治沙，还要实现沙产业一体化，形成链条、多种经营。"

6月16日，我们到玉门市毕家滩乡了解防护林带的建设。车窗外的大漠戈壁上显现出了海市蜃楼的美景，然而，我们更被疏管局的同志讲述的一个故事所吸引。毕家滩有个项目指挥刘吉才，也是一心扑在事业上的人。他忙起来几个月都顾不上理发，乱蓬蓬的长发一直披到肩上。2003年春天，疏管局局长谢信良来这里检查工作，正赶上刘吉才和移民在一起种树。树苗是从苗圃里带着湿土拉来的，为了保证成活率，必须当天栽完。老刘在风沙中跑来跑去，嘴唇上结了一层血痂，谢信良动情地握着刘吉才的手说，你们太辛苦了，年终一定要给你们重奖。其实，最辛苦的场面还是在冬天。春天栽下的树，到了冬天就被野兔子啃得光溜溜的。为了保护好这些小树，刘吉才带着大家蹲在地边，用草绳一棵一棵地缠，从早缠到晚，手被冻裂了，血染红了草绳……用刘吉才的话说，种活一棵树，比养活一个孩子还难。

真就这么难，每一棵树都能讲述一个疏勒河人的故事。毕家滩的林带是全灌区最茂盛的，而在整个项目区，疏勒河人已经造林31680亩、972万株，成活率达85%以上。

调整开发规模，增加生态用水，扩大植被面积，实现开发与保护、人与自然的和谐发展——疏勒河项目建设8年来，同时也随着经济社会的发展需求而逐步调整和完善，从当初的以解决中部20万移民的扶贫开发，逐步转变为农业经济开发与生态保护齐头并进，实现全流域经济、社会、生态的可持续发展。

当然，世界银行也在一直关注着项目移民和生态环境保护与建设，并不失时机地对项目开发规模、水资源配置、移民规模、农林牧开发进行了调整。新增灌溉面积由147.3万亩调减为106.22万亩，移民由20万人调减为7.5万人，新灌区的林木覆盖率由11%提高到15%，水资源总量利用率由91.7%调降为65.7%，总投资由26.73亿元调减为19.7亿元。

如今，生态保护已成为项目建设的重要环节。因为生态，地方部分人大代表曾提出议案；为了保护生态，世行督导团环保专家先后16次来项目区督导检查。目前，疏勒河中下游的安西县正在申报《疏勒河中下游省级自然保护区》，敦煌市西湖自然保护区已于2003年6月升为国家级自然保护区。

记者正好有机会跟随省水利专家、八十高龄的前省水电设计研究院教授级高工王国栋，在疏勒河流域进行了实地考察，所闻所见，令人振奋。

发源于祁连冰川的疏勒河全长662公里，年径流量10.3亿立方米，经玉门、安西、敦煌注入哈拉湖。历史上，这里曾是水草丰美、牛羊肥壮的地方。疏勒河流域许多像布隆吉一样的地名，都是蒙古族"水草丰茂"的译音。

从20世纪50年代初就从事疏勒河流域水利规划设计和水资源研究的王国栋，对流域生态最具发言权。他说，水利开发，不能说对自然生态没有影响。评价项目，看利大于弊，还是弊大于利。如果协调好，解决好工程效益与生态效益，那么项目就是成功的。

疏勒河流域要实现可持续发展，就要解决人与自然和谐发展的问题。首先，全流域水资源要统一管理，合理配置。昌马水库蓄水运行，总量控制，可以解决地表水的合理分配。其次，控制关停乱开采地下水的问题，特别是地方的无计划和农民无序打井，导致了部分水位下降，植被枯萎。最后，一定要建立节水型社会，调整种植结构，改变灌溉方式，调整水价，把地表水、地下水纳入流域水资源统一管理。

在项目中期调整方案中，取消昌马渠首上移工程，增加新旧渠首之间河道渗漏损失水量4200万立方米地表水,由安西至西湖数十公里的衬砌干渠输水改为原河道输水,以保护下游河道两岸胡杨林及天然植被,并向双塔水库以下调水6000万立方米,以保护西湖自然保护区。

记者看到,在玉门关以西的敦煌西湖自然保护区,草长莺飞,候鸟相逐,在西湖最低处海拔820米的湾腰墩一带,胡杨、芦苇、沙生柽柳等保护植物生长茂密,野骆驼、黄羊随时出没其间。在安西以西40公里的疏勒河主河道望杆子一带,既可看到自然死亡的胡杨古树,也可看到大量新生的胡杨幼苗种群。在安西西南的踏实、桥子自然保护区,季节性湿地星罗棋布,天然草场用围栏整片保护。沿途随处可见国家级、省级动植物自然保护区的牌子,并成立了专门的机构和派专职人员管护。

在疏勒河流域,林业建设、生态保护已成为地方干部群众和项目建设者的共同话题和共同行动。

建设8年的跨世纪移民工程,科学的管理和决策保证了世行项目的顺利实施——

疏勒河工程是世行项目,这注定了它的管理体制必须要完全按照世界银行一整套先进的采购指南运行,引入优胜劣汰的竞争机制。比如,引人注目的投资4.45亿元的昌马水库项目,当时经过数十家施工单位公开竞争,经省招标委员会综合评定,报世界银行总部确认,这项工程最后由国家水电部五局中标。对这一评标结果,省内建设单位曾颇感意外。然而,在世行确定、审核的采购标准下,已完成的6组国际标、68组国内标、365组询价采购都是低价中标,任何关系、任何感情都不起作用。

事实证明,省疏管局在项目实施中严格执行了《世行采购指南》。省政府签署的《项目实施协议》,按国家基本建设程序运作,并对项目建设实行"业主负责制、工程监理制、招标投标制、合同管理制"四位一体的管理体系,有效控制了投资、进度和质量。

在项目的实施中,局党委一班人以身作则,民主决策,已连续4年被省委组织部评定为好班子。谢信良深有感触地说:"这个项目是历届省委、省政府领导共同的心血,是来之不易的成果。直到今天,当我亲眼看到庄稼长势这么好、移民心情这么好时,我才敢稍稍舒一口气。"在"两西"、景电、省水电工程局工作多年的他接着说,疏勒河项目既是农业综合项目,也是一项社会系统工程。项目最大的难度在移民,项目的成败也在移民。移民安居乐业,一步步走向富裕,这个项目就算成功了。

建设工期为10年的甘肃河西走廊农业灌溉暨安置综合开发项目，自1996年建设以来，水利工程、农经开发、移民安置、生态恢复已见成效，一股股涓流开始浇灌万顷良田，一片片生态绿洲焕发着勃勃生机，一张张移民的笑脸充满欢乐……

这里是一片大开发的热土，只要洒下辛勤的汗水，这里必将长出绿色的希望，结出丰硕的果实。

水权革命化解水荒之痛

冯 诚 马维坤 连振祥

高台县农民刘兴文将自己用不完的水票，通过水市场卖了。这些水票相当于刘兴文节约下来的水资源。

如今，让刘兴文多浇水他都不干，因为他有自己的水权，他知道节约的水就是收入，对水的挥霍实际上就是对自己财富的挥霍。

2002年初，水利部选择甘肃省张掖市展开为期3年的全国第一个节水型社会建设试点。和刘兴文一样，甘肃省张掖市的农民如今用水观念发生了巨大变化。他们在4.2万平方公里的风沙线上，以前听未有的热情投入到这项用水变革探索中，初步形成了"总量控制，定额管理，以水定地，配水到户，公众参与，水量交易，水票运转，城乡一体"的一整套节水型社会运行机制。走出了一条以可持续发展为主要内涵的节水型社会之路。

水权制　引领节水型社会

张掖市地处我国第二大内陆河黑河流域中游、巴丹吉林沙漠和腾格里沙漠南部边缘，全市人口126万，长期受水资源短缺之困，人均水资源量和亩均水资源量只有全国平均水平的79%和29%。从2000年起，为了挽救生态日益恶化的黑河流域，国务院作出了黑河中游每年向下游分水9.5亿立方米的决定，张掖市水资源短缺进一步加剧。对于长期受缺水困扰而又用水粗放的张掖来说，如何立足有限的水资源图谋发展，已成为新世纪的头等大事。

2002年初，水利部决定结合黑河分水，在张掖展开全国第一个节水型社会试点，为张掖带来新的发展契机。经过多方论证，张掖市决定在节水型社会试点中，率先在水权制度改革方面寻求突破。张掖市市长田宝忠说，水权包括水的所有权、使用权、经营权、转让权等。我国《水法》明确规定水的所有权属于国家。对各地区和用水单位来说，得到的水权只是国家赋予的使用权、经营权和转让权。

记者在调查中看到，现在张掖每个农户都有一本"水权证"，每本水权证都明明白白地标明每户农民每年可使用多少水资源。田宝忠兴奋地说，水权制的实施给农民无限制用水的陋习套上了"紧箍咒"，牵住了节水型社会建设的"牛鼻子"。

张掖市在水权制度改革中，采用了两套指标体系作为支撑。

一套指标体系为水资源的宏观控制体系，即在现有水资源总量26亿多立方米的基础上，削减5.8亿立方米的黑河引水量，保证正常年份黑河向下游输水9.5亿立方米。其余水量，作为张掖市总的可用水量，也就是全市的水权总量，由政府进行总量控制，不得超标使用。

另一套指标体系为定额管理体系。即依据张掖全市的水权总量，核定单位工业产品、人口、灌溉面积和生态用水定额。对农户来说，在人畜用水以及每亩地的用水定额确定后，便可根据每户人畜量和承包地面积分到水权。

记者通过调查发现，这两套指标体系的科学性在于前者明确了各地区、各行业、各部门乃至各企业、各灌区各自可以使用的水资源量，后者则明确了社会的每一项产品或工作的具体用水量要求。在这两套指标的约束下，全社会各部门都明确了自己的用水和节水指标，这样就可以层层落实节水责任，从而把经济社会发展的每一步都落实到水资源承载能力之内。

调结构　打造节水型经济

通过调整经济结构，打造节水型经济，是张掖基于现有水资源承载能力的发展新选择，同时也成为节水型社会顺利推进的最重要支撑。

长期以来，张掖都是中国西部重要的粮食生产基地。近十多年来，张掖更是以甘肃省5%的耕地，提供了全省35%的商品粮，成为全国重要的商品粮基地。但这种"荣耀"却是建立在高额度耗费西部最珍贵的水资源基础上的。据测算，张掖市种一亩粮食过去要用去至少700立方米以上的水，远远高于全国平均水平。

时任张掖市委书记的李希说，节水型社会从本质上来讲就是对水资源进行科学配置。因此，对张掖这样的农业大市来说，围绕节水调结构，是建立节水型社会的一项基础性工作。

2002年春，张掖市委、市政府提出，加快经济结构调整，打造全新的节水型经济模式，在全市范围内禁止新开荒地、禁止移民、禁种新上高耗水作物；压缩高耗水作物，扩大林草面积、扩大经济作物面积、扩大低耗水作物面积。

同时，用水少、效益高的草畜、果蔬、制种、轻工原料等四大主导产业，在政府的扶持下迅猛发展。通过调整，张掖不仅使农村经济结构趋向合理，还节约了大量的水资源。据统计，仅2003年一年，张掖市就少引黑河水3亿多立方米，试点灌区每亩平均节水达45.8立方米。

李希介绍说，2000年张掖市粮经比例是52∶48，经过2年的调整，张掖的粮经草比例已达到35∶57∶8。按照张掖市的近期调整规划，到2005年，张掖市将形成100万亩优质牧草、100万亩农作物制种、100万亩经济作物和100万亩粮食生产的基地规模。到那时，张掖市将基本形成以"生态农业"为理念的新经济模式，张掖农业经济也将以综合、高效和可持续发展的特色步入节水型社会。

水交易　激活节水型社会

水权制的实施使张掖农民有了经营水资源的权利，而通过结构调整节余出部分水资源又使水权交易成为现实。记者在调查中发现，通过水权交易，有效激活了节水型社会的多方面要素。

在张掖，农民分配到水权后便可按照水权证标明的水量去水务部门购买水票。水票作为水权的载体，农民用水时，要先交水票后浇水，水过账清，公开透明。对用不完的水票，农民可通过水市场进行出卖，而这种交易的实质内涵便是水权交易。

张掖市民乐县洪水河灌区是张掖在节水型社会试点展开后，水权交易最为活跃的地区。彭庄村农民用水者协会会长赵怀普介绍说，有了水权交易，大家都千方百计节水卖钱，这不但使全村所有地都有水可浇，实现了总量平衡，而且一年下来全村与以前相比整整减少用水10万立方米。

张掖市水务局副局长刘国强分析认为，活跃的水权交易将给节水型社会建立带来全方位的刺激。首先，通过水权交易，激发农民树立起了水资源商品观念；其次，水权交易也刺激了农村经济结构调整的迅速开展和农民的农田管理意识。经过一年多的实践，现在张掖农民都清楚，通过结构调整进行节水是最快、最有效的途径，通过大田改小、行灌等工程手段节水成为最便捷的方式。

另外,通过水权交易,有效平衡了农村用水。以前,在张掖农村长期存在"三多三少"现象,即处在农渠上游的农田浇水多,处在下游的浇水少;村里势力大的农户浇水多,势力小的农户浇水少;大水漫灌浪费现象多,节约用水按需浇水的少。而现在通过水权交易,使农民能够在用水季节及时买到要用的水,从而改变了以前农村缺水与浪费并存的现象。

在张掖市轰轰烈烈展开的节水型社会试点,被称为是中国用水方式的历史性革命。记者在调查中发现,如同引水灌溉需要修建配套渠系工程一样,张掖在节水型社会建设中,通过更新干部群众观念、制定完善的规章制度、确定科学的措施目标,构建起了一整套水资源管理渠系,并开始"流淌"出巨大的社会效益和经济效益。许多水利专家考察后认为,张掖的经验,为我国全面推行节水型社会建设带来了有益启示。

新观念是"源"

从"水从门前过,不用就是错",到"省下一瓢水,换得弱水(黑河)流",张掖的干部群众以全新的水资源观念、大局观念和可持续发展观念,把自己对水的认识提高到了新的境界。

在采访中,记者切切实实感受到了观念变化给张掖节水型社会建设带来的强大推动力。在农家、在地头、在机关,记者随机采访的每个人都能说出一本全流域水资源账;谈起水权改革、水商品、调结构、水资源配置,张掖的干部群众都如数家珍。

张掖市市委书记李希把新观念的树立看作是节水型社会体系建设的源头。而这个源头却是张掖市委、市政府以"铁腕"措施打开的。黑河连续4年分水,实现了下游生态的迅速好转,而张掖市却累计240多万亩农田受旱减产,农民蒙受直接经济损失高达4亿元,以前很少为用水犯愁的干部群众真切感受到了缺水的煎熬。但张掖市委、市政府坚持分水的决心不动摇,他们通过各种媒体的宣传,使黑河下游水枯沙起、林草衰败的景象一幕幕展观在人们的眼前,张掖的干部群众陡然发现,当他们在无节制地使用黑河水的同时,沙漠正在向张掖的绿洲进逼。

缺水与沙化日益加剧的残酷现实,让张掖干部群众的心思逐渐聚拢到了一个问题上:失去充足的水源保证,"金张掖"还有发展的出路吗?正是在这种背景下,当水利部提出在张掖进行我国第一个节水型社会建设试点时,张掖干部群众的眼睛亮了,他们将此视为张掖实现跨越式发展的契机,发自内心地拥护,并以罕见的热情投入到这项变革中。

李希说,近年来我国许多内陆河流域的下游都出现了生态恶化的情况,但其根源却是上、中游地区"错把缺水当丰水"而导致的不合理用水方式。黑河流域社会经济、生态今天能够处于共进态势,根源就在于黑河中游的张掖率先走出了认识的误区,树立起了从大局和可持续发展出发的全新水资源观念。

硬制度是"根"

"如果把深入人心的用水新观念视为节水型社会的'软约束',那么完善的水资源管理制度就是节水型社会的'硬约束',这是建设节水型社会的思想保证和制度保证,缺一不可。"张掖市市长田宝忠说,在节水型社会建设这项涉及全社会各层面的综合性系统工程中,唯有建立起完善的运行机制、管理机制和激励机制,才能使节水成为用水户有章可循、自觉自发的长效行为,而不是靠行政推动的权宜之计。

因此,张掖市将硬制度的建设作为节水型社会的根本性工作,突出水资源管理体制的改革和节水运行机制的形成,制定出了完善的节水型社会制度体系。张掖市对全市的水资源状况以及可利用水资源总量,全市国民经济现状用水和未来发展预期用水进行摸底式的科学调查,以此为依据,张掖市先后制定出台了《水资源总量配置方案》、《水资源管理办法》、《水费计收使用管理办法》、《水票管理办法》、《水权交易管理规则》、《水事协商规约》、《农民用水者协会章程》、《张掖市经济调整规划》等十多项规章制度,形成了节水型社会管理体系。

张掖市同时开展水资源管理体制改革,成立了城乡水务一体管理的水务局,在各灌区成立水务管理处,在各用水乡村成立农民用水者协会,形成了水资源管理的完备体系。在运行中,张掖市按照制定的各项制度,通过明晰水权,实行总量控制、定额管理,对水的使用权进行层层分配,并允许有限、有偿流转,形成了"总量控制,定额管理,以水定地,配水到户,公众参与,水量交易,水票运转,城乡一体"的一整套运行机制。

张掖节水型社会试点取得了巨大成效,但国家为试点投入的资金只有9000万元,这令许多人感到吃惊。田宝忠说,以前许多水利建设大家都是盯着大投入拼命争项目,但在建设中恰恰忽视了管理这项根本性工作。而张掖从一开始就把制度建设作为根本，变"重建轻管"为"重管带建"，从而以较小的成本换来了最大的成果。

承载力是"筋"

通过节水型社会建设，张掖市取得了年减少引黑河水3亿多立方米的佳绩，我国第二大内陆河黑河重新实现了波涛滚滚，干涸多年的黑河尾闾湖泊东、西居延海重泛碧波。而张掖市的经济也保持了高速增长，国内生产总值和地方财政收入增长速度保持在9%以上，农民年人均纯收入增加100元—150元，实现了社会、经济、生态的共同、快速发展。

田宝忠说，在这"减"与"增"之间，是提高水资源承载力这一法宝创造出了奇效。田宝忠把水资源承载力视为节水型社会的"筋"，包含着两层含义：一层含义是"筋络"。他认为，张掖节水型社会是基于缺水的形势而建，而其内涵却是在有限的水资源条件下实现经济、社会、生态的协调发展，也就是说让水资源不再是全社会良性发展的制约因素，那么终归的目标、途径只有一个，就是提高水资源承载力。因此，如何提高水资源承载力就是贯穿节水型社会建设各个层面工作的一条"筋络"。而另一层含义是"皮筋"。田宝忠说，水资源承载力具有相当大的弹性。当人们无节制用水、浪费水时，承载力低；而当人们科学用水、精打细算时，承载力就会提高。

基于这两个方面的认识，张掖市找到了两条提高水资源承载力的办法，一是提高用水效率，二是提高用水效益。前者衡量水资源的利用水平和浪费状况，后者衡量水资源的产出水平。张掖市通过工程建设，减少水资源的渗露、蒸发，用定额管理的措施，限定亩用水量，从而使以前随意浪费水资源的现象绝迹，用水效率显著提高。在试点地区，张掖市取得每亩年节水近50立方米的佳绩。

提高用水效益则是一项复杂的工程。节水型社会建设之初，张掖市曾算过一笔水账，全市90%的水资源用于农业，但创造的GDP仅为42%；而用于工业的水资源只有3%，创造的GDP却达到了29%。围绕提高用水效益，张掖市引入水资源配置观，在全市掀起农业结构调整，将水资源引向用水少、产出大的经济作物，打造全新的节水型经济模式。他们在全市范围内禁止新开荒地，禁止移民，禁种新的高耗水作物，压缩已有的高耗水作物；同时扩大林草面积，扩大经济作物面积，扩大低耗水作物面积，大力扶持特色龙头企业发展，将更多的水资源向工业领域配置，实现了经济结构调整与水资源优化配置的双向促进，从而将水资源承载力提高到一个新的水平。

2006年9月，水利部对张掖节水型社会建设试点进行验收。专家组评估认为，张掖市较为圆满地完成了试点阶段建设任务，水资源利用效率明显提高，实现了节水与增效的双赢，生态与环境效益明显。验收组一致同意试点通过验收。

张掖市节水型社会建设试点，产生了显著的效益。自2000年实施黑河分水以来，张掖向下游额济纳成功组织实施了32次黑河水量统一调度，实现了国家防总确定的送水到达东居延海的调度目标。截至2007年底，已累计向下游下泄水量76.23亿立方米，占来水总量134.49亿立方米的56.7％，先后16次送水到东居延海，自2004年以来东居延海已经实现连续1320多天不干涸。

美不胜收景泰川

张生贵　周丹波

"好一个景泰川，好一个景泰川／提来了黄河水灌良田／荒滩变绿洲呀／风吹呀麦浪翻……"今天的景泰川，黄河水浇灌出的近百万亩土地生机勃勃，来自6县的30多万移民，用这样美妙的歌曲深情赞美着他们的幸福生活。

曾经的景泰川，"有河水不流，山是和尚头，十年九不收，风沙不断头"。是什么唤醒了这片沉睡千年的古老荒滩？在景泰川采访时，记者发现，正是观念、科技、管理的不断创新，才为景泰川催生出朝气和活力，并将继续赋予她全新的生命和更美好的前景。

创新，永恒的动力

景泰川电力提灌管理局调度中心机房内，副总工程师郭志杰娴熟地操作着电脑。鼠标点处，景电的用水计划、用水统计、水费管理、灌溉进度等各项指标、参数、图表逐一显现。

记者凝神观看，在足足占据一面墙的"计算机喷涂大型显示屏"上，全长100公里的景电二期工程总干渠沿线各泵站和分水口的运行情况一目了然。屏幕上，沿线灯光闪闪，每个泵站下方都有一设备图框，随时显示电压、电流、流量等数据，如有问题，图框即刻变为红色；一排排小图框内则显示着支渠的运行情况。

这里距位于黄河边的总干渠第一级泵站足有24公里，而最后一级泵站更是远在70多公里外，但计算机仿佛长着千里眼，将它们尽收眼底。从这里即可完成机组的开停、闸门的启闭。操作控制电脑，使人顿生运筹帷幄，决胜千里的豪情。

屈指算来，这套先进的泵站计算机监控和灌区水管理自动化系统已经投运5

年多，它的意义业已凸现：原来30人—40人的一个泵站，如今只需20人，仅此项共精简450人；以往泵站机组开启全凭人工现场操作，开启一个机组需20分钟，现在调度中心随时操纵，仅3秒即可完成，并且减少了弃水，水的利用率大大提高；实现了机组优化运行，开停次数减少，装置效率提高6%，降低能源单耗5%。在全国同行业处于领先的这一系统，已受到省内外同行的广泛关注，纷纷前来学习取经。一向要求甚严的水利部部长汪恕诚给打了"高分"。

景电工程30年的历程，正是一部以科技创新推动灌区事业发展的历史。

参加过一期工程建设、现任景电管理局党委副书记的高太阳还记得，当年一期工程建设时，需要直径1.4米的压力管道，如全用钢管需3000多吨，当时物资匮乏无法解决，国内也没有生产过这种大口径管道。在技术不完善的情况下，景电人自力更生，开动脑筋，自制设备，现场办起预制管厂，试制出直径1.4米的"预应力钢筋混凝土管"，并安装铺设了8.7公里。

这项创新为我国高扬程灌区大流量提水开了先河。老一代景电人用他们的智慧和双手，节约宝贵投资200多万元，钢材2000多吨，保证了工程按时上水，并受到全国科技大会表彰。当年的设施至今还在发挥着作用，并造福于景电工程。

泵站的叶轮，原先采用国家统一的铸铁材料，但由于黄河水泥沙大，往往达不到设计寿命就已老化。他们大胆创新，实验研制钢制叶轮，取得成功，使叶轮寿命由原运行2000小时提高到4000小时。现在景电不仅有了自己的叶轮加工厂，还生产加工这种叶轮供应市场。

如果说往昔的创新还仅限于小规模的技术改造的话，那么今天新一代景电人更高层次的创新已使全灌区的管理实现了质的飞跃。在总干渠一泵站，4台超声波流量计，实时监测提水量。隆冬时节，从这里顺着渠道行进，在支渠口不时可以看到一个个水位变送器，自动监测流量、记录水量；从支渠伸向农民田地的斗渠口上标刻着醒目的红色水位线，一旁装置着水位自动记录仪。为这些设施仪器提供电能的则是先进的太阳能设备。

在灌区景泰县漫水滩乡杨柳村的斗渠口，村委会主任汪德才高兴地说，以往人工目测水位，两小时采一个量，很难计量准确。加之水管员和农户关系亲疏不一，不可避免地掺杂人为因素，测量中漏洞不少。现在这种自计式水位仪，每隔10分钟将水位值自动计入，通过ＩＣ卡读取数据进行统计，计量由厘米精确到了毫米，真正是精确、公正计量，还提高了水利用率。

同行的景电管理局年轻的副局长周瑾成介绍说，现在景电全灌区的38个支口已全部安装上自动计量装置，二期工程也有63个斗口都安装上了这种仪器。正在与日本合作的"一期灌区泵站的自动监控和灌区的水管理自动化"项目，有望在5年内使全灌区1176个斗口全部实现自动观测，使景电工程更富生命力。其实，由日本在我国投资的这一项目，起初并未选在景电，恰好日本专家来此参观时，看到景电已先期搞起并发挥效益，因此看中了景电。正是景电人的超前意识和主动创新，为自己赢来了新的发展机遇。

科技创新有力地拓展着景电人的发展思路。为了使灌区的水资源得到科学、高效地使用，一种"以购定供"的新办法应运而生。用水单位或农户先到水管理所购买水票，按自己所需水量由水管人员配水，而供水部门则可根据灌区农户实际购水量最终确定供水计划。供水方法更为灵活，为适应作物夏、冬两季普遍需水和泡田，实行"自上而下"，由供水单位根据灌区灌面、定额、种植比例等编制用水计划供水；而春灌和秋灌则采取"自下而上"，由收益单位、农户根据自身需求购买水票用水。今天，在景电灌区，随意、无节制地取水用水已成历史，千百年奔腾流淌的黄河水自此有了自己的身价。

管好水，用好水，景电人又将创新延伸到节水上。他们挤出资金，对干、支渠翻新衬砌，提高渠道完好率，减少水的损失，并发展更为省水、节能的管道输水灌溉。在农户中则大力推行节水灌溉，改大块灌溉为小块，推广膜上灌溉等高新技术。

目前灌区大块改小块面积65万亩，占全部灌溉面积的86%，年总节水1950万立方米；今年发展膜上灌溉20万亩，和小块灌溉相比较，年总节水1300万立方米。

其实，从单纯的功利角度来看，作为供水者，自然希望水用得越多越好。可景电人的节水思路，似乎是个悖论，让人费解。对此，景电管理局副局长康国玺认为，当前全国水资源十分紧缺，应从黄河全流域的大局着眼，牢固树立节水意识，让有限的水灌溉更多的土地。他说，在景泰川这样一个高扬程灌区，将黄河水提到400米—500米，最高达600米，一年还要耗费巨大的电能，节约一方水、一度电，就是可持续发展，就是造福子孙。

有这样一组数字——近年来灌区耕地面积不断扩大，用水量反倒逐年减少：1998年，3.3亿立方米；1999年，3.1亿立方米；2000年，2.96亿立方米；2001年，2.94亿立方米。年平均节水量3600万立方米，增加灌溉面积45万亩次。省下的水又被富有责任心的景电人用来灌溉灌区内的生态林网。

汗水浇出新天地

　　一辆破旧的北京吉普车在干旱的景泰川急驰，车轮扬起的黄土不时将车身掩盖。车在人欢马叫的水利工程施工现场停下，从车里钻出一位像土猴一样的老人，他身着粗布褂子、脚穿土布鞋。农民们都认得他："李老汉来啦！"。

　　这个"李老汉"就是景电工程的开拓者李培福。20世纪60年代后期，他任景泰川电力提灌工程总指挥。当时资金、物资短缺，每人每月14公斤定粮，仅能填饱肚皮。李培福和群众住"地窝子"，顶风沙、冒寒暑，并肩艰苦奋斗，仅用6600多万元就建起提水10立方米/秒、灌溉30万亩耕地的景电一期提灌工程……

　　人们不会忘记，当年28岁的陈可言携妻带子，在漫天黄风中坐着大卡车来到景泰县芦阳镇，拾了些柴火，就在农民家开始了新生活。在工程建设中，他精打细算，严格按计划开支，从不乱花一分钱，用4.88亿元建成提水18立方米/秒、灌溉50万亩的景电二期工程，是全国唯一没有突破概算的大型水利工程。后来老伴调回兰州，陈可言索性就上了大灶，一直坚持到退休，他将大半生献给了景电工程,满头的黑发熬成了白发……

　　岁月匆匆流失，但带不走人们对好干部、好作风的美好回忆。一桩桩美好的往事，一幅幅感人的画面印刻在景泰川里，印刻在干部群众的心中。多年来，这种艰苦奋斗、密切联系群众的好作风在一代又一代景电人身上延续着。

　　在景电管理局，我们了解到了可喜的点点滴滴：局领导一律没有专车；财务计划研究确定后，哪一个局长都无权擅自更改；在分房等敏感问题上，局领导和职工实行一个标准；招工用工，局领导的子女一律不参与；奖金分配一线职工高于机关人员，上水高峰期供应的大米、清油，更是一线职工所专享。

　　在灌区景泰县漫水滩乡杨柳村，村民们争先拿出一张印制精美的《用水明白卡》给记者看，上面有水深、水量、时间3种参数，只要对照表一查，自己所用水量即一清二楚。景电管理局副局长周瑾成告诉我们，在景电灌区，每家每户都有这样一张《用水明白卡》，总共6万张，做到了水量、水费、时间的"三公开"，让群众用上了"明白水"。而印制这些《用水明白卡》的3万多元钱，没有让群众掏一分。

　　见到四个山水管所所长董江善来了，村党支部书记周文参亲热得像一家人一样。他说："原来我们排队要水，有些地方甚至吵架要水，现在水管人员主动上门供水。水管部门早计划，早安排，供水及时，热情服务，使村上避免了好多损失。现在我们真正是'鱼水关系'！"董江善说："灌区群众的种植计划就是我们的配水计划，让灌区群众过上好日子是我们最大的心愿。"

为了这个心愿，今年景电灌区做出决定，对集中连片耕地的困难移民，前3年实行优惠水价，帮助群众发展生产。今年共有400多户困难农民享受了这一优惠政策，灌区管理部门由此让利16万多元。

杨柳村的一条斗渠口上，一道道醒目的红线标记着水位。渠旁边水井一样的设施里，安装着自计式水位仪，打开上面的盖子，可随时观测到水位的计量情况，实现了"公正、公开、准确"。耐人寻味的是，偌大的灌区上百个水位自计式水位仪，有不少安装在离村较远的田野里，但至今没有一个被偷盗、破坏，灌区水费回收率达96％，高居全国榜首。

与高科技手段相配套的是好作风。供水和用水，本身就是一对矛盾。以往因为目测计量随意性大、不准确而发生的问题、纠纷屡见不鲜。如今引入现代化的科技，实行用水自动计量，最大程度地消除了各种人为因素，杜绝了"吃、拿、卡、要"等行业不正之风。局里还专门从灌区群众中聘请47名行风监督员，对水管人员进行监督，与地方各级政府协调解决灌溉管理中存在的问题，真正把群众满意作为最根本的工作标准。

王建仁是西干所西七支渠一名普通的配水员，但他在群众心目中的地位却很高。他经常带着干粮，夹着铁锹，沿着渠道仔细查看，随时抢修，风雨无阻。除了积极给群众配好水外，他还主动深入田间地头帮助群众修定配水计划，介绍大块改小块、结构调整经验。哪块地该浇水了，什么时候施肥、喷农药，他心里装着明细账，并常常主动去找农户配水。前两年，王建仁的两个儿子接连遭遇不幸，但他始终坚守岗位，为群众热情服务。由于出色的工作，王建仁被评为"省级劳动模范"。

奔涌不息的黄河水吟唱着景电人和灌区群众浓浓的鱼水深情。灌区的群众送来写着"鱼水一家"、"秉公配水，为民服务"等内容的牌匾和锦旗。现在配水员不在村上和群众家里吃饭，他们在配水点上安起锅灶，自己做饭吃。许多乡村干部和群众看到水管人员烟熏火燎做饭吃的情景，心里过意不去地说："不要太严了嘛，一顿家常饭吃不穷老百姓，碰上谁家的饭熟了，就吃一点吧。"

群众永远惦记着那些一心为民的好干部。1994年，景泰川的农民群众自发捐款，在景电管理局大院内为工程开拓者、实干家李培福塑起了一座戴着帽子的半身铜塑像。每年春节耍狮子闹社火，群众们都首先要来到铜塑像前，把他们充满丰收喜悦的社火耍给李老汉"看";每年清明时节,学生们总要来这儿祭奠、怀念这位好爷爷……

矗立在景泰川的李培福雕像,若有所待地默默远望着。令他欣慰的不仅仅是一代代景电人让近百万亩荒滩变良田的成就,更是源于创业之初的好传统和"景电精神"在这片土地上发扬光大。"甘肃省文明单位"、"甘肃省爱国主义教育基地"、"全省水利一等灌区"、"全省八五建设先进单位"、"全省水利系统精神文明建设先进单位"、"全省水利工程建设管理先进单位"……这一项项崇高荣誉,正是对景电人进取精神和优良作风的褒奖。

为了长久的绿色

2001年,入冬以来第一场大雪纷纷扬扬洒落在景泰川。漫天雪花中,景电灌区的古浪县海子滩镇农民陈祯饲养的母猪产仔了,12头活泼可爱的小猪在温暖如春的温棚里撒着欢儿,陈祯一家人喜上眉梢——种植业和饲养业结合起来,才使他一家人过上了好日子。像陈祯一样,景电灌区的农民终于越过垦荒种粮、广种薄收的坎坷,走上了人与自然和谐相处、经济效益和生态效益并重的坦途。

在新盖起的暖和的封闭式的八檩结构的屋里,景泰县喜泉乡南滩村村民陈仕贤一脸喜色。陈仕贤是个种菜能手,过去在山区他的技术施展不开。迁到灌区后,他得以大显身手,在灌区倡导下,又将田地全部改为小块灌溉。这两年他又搞起地膜种菜、种瓜和温棚种菜,不断降低农业成本。陈仕贤算了一笔细账,大块改小块亩年节水30立方米,每亩省6元钱;而膜上灌溉和小块灌溉相比,每亩地每年可节水65立方米,每亩省13块钱。现在陈仕贤每年农业收入1万多元。

像陈仕贤家这样的地膜种植,到2001年底,全灌区已达20万亩,有地膜洋芋、小麦、玉米、药材等。灌区还推行低压管道灌溉,灌溉面积达3350亩,和常规灌溉相比,每年节水70立方米。实现了经济效益好、管理好、投资少。原先一亩地平均需灌水150立方米－160立方米,现在则只需灌水100多立方米。灌区发展一亩水浇地只需投资800元－1000元,是全省大型灌区同比投资最少的。

"老百姓不富,就没有灌区的兴旺!"这是常挂在景电人嘴边的话。为了景泰川水长流、树长绿,景电人主动承担起了营造绿色家园的重任,他们与灌区群众结成了息息相关的利益共同体,诠释着新的发展观。

如何让珍贵的黄河水真正凸现出应有的价值,让农民投入少而产出高?景电人以水价为杠杆,促进灌区的结构调整。以往灌区夏、秋作物种植比例为8:2和9:1,致使夏灌需水矛盾突出,秋灌工程设备闲置。为此,景电管理局配合当地政府,在灌区大力调整种植结构,实行季节水价,夏灌水价每立方米上涨5厘钱,而秋灌水价每立方米降低1分钱,"压夏扩秋",鼓励群众调整种植结构。现在灌区夏、秋作物种植比例趋于合理,分别为5:5和6:4,水费开支减少,农民收入增加。农民的节水意识也随之提高,通过扩大间、套、带、复种面积来节水增收。他们心里清楚,每复种1亩油菜,套种1亩黄豆,就可挣出1亩地的水费来。

群众的利益被景电人视作最大的利益。多年前,管理局的一位领导就说过,什么时候灌区老百姓的畜牧业发展起来了,景电灌区的长远发展才会有可靠的保证。为了实现这个愿望,1999年,管理局组织景泰、古浪两县乡镇干部和农民代表远赴河北省参观学习畜牧业发展经验,利用灌区大量的农作物秸秆作饲料发展养牛业;农民群众缺少启动资金,管理局从并不宽裕的家底中拿出20万元,买了100头良种牛投放给灌区100户农民喂养,这些牛生下小牛犊后,即可归农户所有,而牛犊则继续转给下一家农户,用滚雪球的办法扶持农民把养殖业尽快搞了上来。

如今,两年过去了,灌区饲养业发展起来了,几乎所有的农户家都养有猪、牛、羊,20%的农户达到了规模养殖的水平。2000年,景泰县农民人均纯收入达到1819元,古浪县农民人均纯收入达到1130元。

获得温饱的农民更加珍惜黄河水,珍惜绿色家乡的明天,他们用真情养育和回报着这片土地。畜牧业的发展促进了草产业,灌区农户逐年增加种草面积,既发展生产,也绿化家园。富裕起来的景泰县芦阳镇农民芦昌军主动承包荒山,用滴灌方法在山坡上发展起一片枣园,种上枣树、杏树、杨树等,进行小流域综合治理,以改善生态环境。

走进灌区古浪县海子镇,更能感受到向往美好生活的农民群众饱含热情在土地上的创新,触摸到景泰川生态农业的发展方向。从长岭山迁来的农民刚刚驱走了贫困,便开始向高效生态农业进军。马场村古山组农民张克军的大棚温室满目生机:靠近温室口的猪圈里喂养着一头头活蹦乱跳、滚瓜溜圆的良种猪,猪圈下面建有化粪池,猪的粪便发酵后,变成上好的有机肥料,被直接施到蔬菜地里;而另一头种植的反季节茄子,有的开着紫花,有的已结出拳头大的茄子。茄子的枝杆、叶子又是猪饲料。同时,猪呼出的二氧化碳被植物所吸入,植物产生的氧气又被猪利用了。这"一呼一吸"相得益彰,产生了最佳经济效益。张克军说，这个占地仅7分地的大棚纯收益相当于40亩地的收入呢。据了解，这样的棚全村已有50多个，整个海子滩有150多个。记者看到，此时棚外雪花飘飘，而棚内温度则高达12摄氏度，省畜牧推广总站的科研人员在进行现场指导，村民们一个个喜形于色。

海子滩以北，就是连绵的腾格里沙漠。多少年来，灌区的职工们始终有一个愿望：保护和建设这片绿洲，不仅仅是当地群众的事，更是灌区管理局的神圣职责。从第一代景电人开始，他们就以高度的责任感营造绿色家园。在造林的同时，管理局还提供树种，由农民栽种，免费供应林网灌溉用水，现在每年都有300多万立方米的水无偿用于灌溉2400亩的生态林。在工程建设资金十分紧张的情况下，景电管理局又挤出资金，给灌区有病虫害的老树种"治病"，先后嫁接毛白杨100万株。灌区树种也由原来单一的白杨增加到榆树、松柏等多种常绿树和各种果树。灌区内3500万株树木织成了纵横交错的林网，形成1000多平方公里的绿色屏障，有效阻止了腾格里沙漠南移。

意义更为深远的是，灌区内的小气候也正在悄然改善。据工程上水前后42年的气象资料对比显示，年平均降水量增加了16.6毫米，平均风速由3.5米/秒降低到2.4米/秒，相对湿度由46%增加到48%，8级以上大风天数由29天减为14天，年蒸发量由3390毫米降低到2433毫米。

海子滩又有地下水了。古浪县海子滩原有1360多眼机井，当年这里泉水淙淙，一片绿洲，后来由于生态环境恶化，地下水位下降，正常运行的井不足百眼。在黄河水到来10个年头后，海子滩又重焕生机，地下水位大幅回升，近几年群众又新打100多眼机井用于灌溉农田和人畜饮水。

即使是隆冬时节穿行在景泰川，依然能感受到这里的勃勃生机和活力：渠旁林木排成整齐的队列，伸向远方；田野上树木成行，与农田交织着，构成一幅欣欣向荣的画面。

引来幸福长流水

苟保平

对于深受缺水之苦的26万东乡人来说，2004年绝对是一个值得永远铭记的一年。

6月份，省列"九五"计划重点建设项目——甘肃省南阳渠灌溉项目主体工程建成，总干渠全线试通水成功。这标志着经过9年艰苦卓绝的奋战，我国唯一的东乡族自治县盼来了幸福的长流水，圆了他们半个世纪的引水梦和富裕梦。

清流漫过东乡县的山山洼洼，也漫过每一个东乡人的心灵深处。有人即兴做诗，对这一跨世纪的宏伟工程发出由衷的赞叹：苦战九载不寻常，放歌乡野谱华章。引来幸福长流水，万亩山川腾绿浪。

副总理感叹东乡苦，郑锦霞哭诉人代会

资料显示，东乡境内千沟万壑，山高坡陡，干旱少雨，植被稀少，属国家级贫困县。建国以来，党和政府对这个县的发展给予了高度重视，但终因干旱缺水，贫穷就像一片永远散不开的阴云，笼罩着这里的山山水水。

水是东乡人心中永远的渴望，也是制约当地经济发展的最大瓶颈。

因此，东乡人一直勾画着改山引水的美好蓝图。早在20世纪50年代，东乡县先后两次出动8万多劳动力，劈山凿岭，人工开渠80多公里。

然而，由于工程区域地质条件极为复杂，通水过半时，渠堤坍塌，山体滑坡，工程被迫中途下马。此后，省上有关部门和临夏州政府多次组织专家对该工程进行勘察、设计和论证，均因当时经济技术等原因未能上马。

1992年，国务院副总理田纪云到甘肃视察工作，亲眼目睹了东乡人民的生活。在东乡县所在地锁南坝镇俯视眼前的荒山秃岭后，感慨万千。

他动情地说，为了尽快让少数民族同胞脱贫致富，给东乡人民每人发展一

亩水地，各级政府都应积极支持。

田纪云的嘱托使得南阳渠工程再一次被提上议事日程。

1993年至1994年，经省政府上报国家计委、水利部同意，批准立项建设南阳渠。在此期间，生于斯长于斯的全国人大代表郑锦霞，在1994年12月份参加全国人代会时，向参加甘肃代表团审议的李鹏哭诉了父老乡亲希望尽快落实南阳渠建设资金的请求。

1995年7月，李鹏来甘肃视察工作，专门听取了省委、省政府关于南阳渠工程的有关情况汇报，并就建设资金等问题作了安排。有了中央领导的关心和支持，省委、省政府乘势而上，将南阳渠开工建设列为全省当年要办的十二件实事之一。省上领导多次到现场办公，要求年内开工，并以水利厅为主，组建甘肃省南阳渠工程建设管理局。作为具体落实建设资金和建设管理的项目法人，省南阳渠工程建设管理局刚一成立，就严格按照国家基本建设程序，通过招投标，择优选择省内外数十家专业队伍开赴现场，开始了紧张的施工建设准备工作。省水电工程局、省水利工程地质公司、铁道部第一工程局等单位的近千名建设者开进南阳山，安营扎寨，开始了劈石凿山的大会战。

在李鹏的亲切关怀和省委、省政府的艰苦努力下，1995年11月18日，东乡族人民终于盼来了日思夜想的好消息。

这一天，尽管漫天大雪，但在太子山下，却是红旗招展，锣鼓喧天，省委、省政府在这里隆重举行工程开工典礼。东乡族人民群众自发从四面八方赶来，燃起鞭炮，载歌载舞，共同欢庆这盼望已久的时刻。

至此，南阳渠工程正式拉开了建设序幕。

绘宏图心潮逐浪高，遇困难干群齐努力

东乡南阳渠灌溉工程是一项跨流域的以自流引水为主的中型工程，水源位于和政县南部的太子山下。工程包括一座总库容为1920万立方米的牙塘水库和300多公里的总干渠、干渠、支渠以及相应的田间配套设施。其中，总干渠全长56公里，最大设计流量每秒4立方米，主要包括隧道、渡槽、陡坡、暗渠、明渠、倒虹吸及泵站等。工程总投资2.06亿元，计划工期4年。

按照设计要求，建一座长330多米，高56米的大坝，将广通河上游的支流——牙塘河水经水库蓄积后，沿东北方向跨南阳山流入东乡境内，然后经关卜、百和直到东乡县城所在地——锁南坝镇。工程建成后，可以在东乡县北部

最干旱的地区发展灌溉面积12万亩，解决20多万人畜饮水困难。更为重要的是，这一工程的建成，还将对改善和政县、临夏县和东乡县的生态环境起到至为关键的作用。可以说，这既是东乡人民群众盼望已久的扶贫致富工程，也是建设一个山林翳野、云蒸霞蔚的生态家园的最好选择。

当时，站在牙塘河的岸边，看着两岸青山叠嶂，南阳渠工程的建设者们脑海里浮现出的是这样一幅画面：徜徉在拦河坝上，波光粼粼的湖面上，轻舟荡漾，鱼翔浅底；一股清流通过泄洪闸，喷珠溅玉，唱着欢快的歌谣一路向前，顺着主干渠奔向东乡县的村村社社……

美好的蓝图点燃了东乡县广大干部群众的无限希望，也唤起了蕴藏在每一个建设者心底深处的万丈豪情。他们把这股火样的热情化作无穷的动力，披荆斩棘、战天斗地，在南阳山和太子山上开始了一次前无古人的凿山引水运动。

在数千名建设者在潮湿、阴冷、坡陡沟深的山梁洼地开始南阳渠主体工程大会战的同时，省南阳渠工程建管局也由兰州搬到了和政县城。一批年轻的专业人员和技术骨干也随之离开兰州，肩负起历史赋予的重任，为工程的顺利进行出谋划策、保驾护航。

然而，当真正踏上建设之路时，他们才发现，南阳渠工程远比设想的要困难得多。

由于前期工作精度不够，没有进行必要的地质勘探，对工程地质的复杂性缺乏足够的认识，初设没有达到应有的深度，编制概算时，许多费用指标偏低，不少项目未列、少列或漏列，造成概算投资缺口很大，拼盘资金又不能足额及时到位。在这种情况下，南阳渠工程在正值高峰施工期的1997年6月份被迫停工待建。

面对困难，所有的人都没有退缩。作为南阳渠灌溉工程的项目法人——省南阳渠工程建设管理局更是迎难而上，积极组织设计单位进行大量的地质勘探、优化设计方案，重新编制工程概算。

这项省属重点工程的停工，引起了省委、省政府的高度重视，省上领导多次深入现场，调查研究。鉴于省财政困难，向中央申请补助，力争早日复工。自此，水利厅、临夏州的主要领导、建管局的主要负责人多次到国家计委、水利部、国家民委等部门如实反映情况，请示汇报给予支持。

新世纪的第一个春天，水利部在兰州对南阳渠工程可研报告重新审查，并派员莅临指导。

2001年3月，受国家计委委托，中国国际工程咨询公司的专家在兰州对南阳渠工程进行了评估。

2001年7月,《国家计委关于甘肃省东乡南阳渠灌溉工程可行性研究报告的批复》下发甘肃省计划委员会,核定工程总投资5.56亿元,其中国家新补助2亿元。

2001年12月,国家计委批准该工程重新开工建设。其间,南阳渠工程停工缓建历时3年之久。

经历了阵痛和磨难,每一个建设者心里更加清楚,这是一场耗精力、耗体力、拼智慧、拼毅力的苦战,更是一场争时间、抢速度、夺季节、赶工期的苦战。他们下定决心,不管遇到多大的困难,一定要把这项工程建设成甘肃水利史上的样板工程,给党和人民交上一份满意的答卷!

大会战岂能辱使命,九春秋锻造幸福渠

哲人说,开发人类智力的矿藏少不了需要由患难来促成,这正如需要火药爆炸就需要压力一样。省南阳渠工程建管局的同志们对此有着更为切身的感受。

现实告诉他们,要想让南阳渠真正成为一项质量过硬的世纪工程,就必须变压力为动力,迎难而上。

南阳渠工程地质条件极为复杂,在甘肃水利建设史上可以说绝无仅有。渠道沿线,冲沟发育,滑坡密布,杂色土遇水软化,塑变特性突出。针对这一特点,省南阳渠工程建管局多次组织水利专家,在现场论证、咨询,大胆引进新技术、新材料,实施新工艺、新方法,优化设计方案。遇到自己解决不了的技术难题,就请来省内知名专家,一同研究解决;省内解决不了,就跑省外,多方引进南方地区成熟的施工技术。就这样,9年时间里,他们攻克了一个又一个难关,迎来了一个又一个胜利。

2003年夏秋季节,和政县遇到了近30年罕见的强降雨,工程区域道路泥泞,有些工程区积水深达1米多,给施工带来了极大的困难。各参建单位不为困难所吓倒,全力以赴,艰难施工,超额完成了当年计划任务。

记者在采访中了解到,为了保证2004年6月底主体工程全线建成通水,各参建单位放弃了节假日,加班加点,心往一处想,劲往一处使,确保目标按期实现。

为了加强工程建设管理,省南阳渠工程建设管理局全面落实招标投标制、监理制、项目法人负责制和合同管理制为主的"四项制度",实行业主、承包

商、监理单位三位一体分层负责的质量保证体系，坚持不懈地做到对发生的质量问题"不查清原因不放过，责任不清不放过，补救措施不到位不放过"的三不放过原则。在资金管理上，严格执行财经纪律，管好用好每一分钱，切实做到了"一支笔、三不付"，即财务支付"一支笔"审批，结算单没有监理审定的支付坚决不付，没有合同或认证的项目坚决不付，不符合开支范围和开支标准的坚决不付。业主、设计、监理、施工四方单位，认真履行职责；当地政府通力合作，科学规范管理，精心设计施工，创造性地开展工作，创造了一个又一个奇迹，实现了一个又一个目标。

省南阳渠工程建设管理局局长王文进在接受记者采访时，意味深长却也不失自豪地说："我们克服了许多意想不到的困难，也创造了至少10项在省内外水利史上占有举足轻重地位的先进技术。"其中，牙塘水库大坝设计为沥青心墙坝，具有抗震、受外界因素影响小、寿命长、防渗效果好等性能，这项技术在甘肃省首次使用；为解决水库泄洪输水洞出口高压水头的消能，设计采用直径达3.8米的锥形阀结合消能箱的消能方式，锥形阀直径属当年国内第一；为解决山区渠道的稳定问题，大量采用隧洞引水方案，单洞最长8公里，净断面尺寸1.7米×1.9米，如此小断面长距离隧洞实属少有；南阳山渡槽跨越兰郎公路，设计采用双肋拱支承，最大跨度37米，肋拱上设钢筋砼排架，渡槽采用预制的400#水泥砂浆钢丝网薄壳U型槽身，结构安全，造型美观；总干渠12号隧洞围岩为粉质壤土，洞身位于地下水位以下，围岩处于饱和状态，开挖不能自稳，易发生塑性挤出，按常规方法，难以成洞，设计采用顶管法，开创了甘肃水利工程顶管法施工的先例；牙塘水库泻洪输水洞集泻洪、灌溉引水及发电引水功能于一身，并与施工导流相结合，节省了投资，方便了施工等等。

岁月伴随着艰难和困苦走过，一个新的希望正在东乡县冉冉升起。

忆往昔峥嵘岁月稠，喜今朝前景美如画

主体工程竣工前夕，记者随省南阳渠工程建设管理局办公室主任刘生杰沿着主渠道走了一遍。所到之处，看到的是繁忙，听到的是激动，感到的是喜悦。

在总干渠的8号隧洞洞口，我们遇到了一支特殊的施工队伍——东乡县建筑工程公司施工队。这个工程队由清一色的穆斯林组成，他们以善打硬仗而闻名。

南阳渠工程地质条件的复杂性，在8号隧洞表现得淋漓尽致。为了保证工程按时通水，省南阳渠建设工程管理局下了命令：必须8个月全部完工！

东乡县建筑工程公司施工队临危受命，接过了这个"烫手的山芋"。工程队负责人周伍德到了现场，发现洞内塌方异常严重，出口已经冒顶，形成了一个直径12米，深20多米的大坑，外溢的泥浆流得到处都是，情况糟糕透顶，但他没有退缩。经过反复试验，他们采用管棚法，半尺半尺地往前移。最困难的时候，掌子面拱架因受两侧围岩挤压大，焊接钢管断裂，棚管斜移，巨大的崩裂声使人不寒而栗。两个电焊工顾不上戴护镜就冲上去，哪儿断裂就焊哪儿，哪儿移动就加固哪儿。凭着一股不怕苦、不怕累的大无畏精神，他们按期保质保量地完成了任务。

像8号洞这样的隧洞，整个主体工程就有13座，建设人员付出的艰辛，由此可见一斑。

然而，这一切都永远地成为了过去，历史在2004年翻开了新的一页。

展望前景，省水利厅副厅长金涛介绍说："南阳渠工程建成后，每年可以向东乡县供水3900多万立方米，将从根本上改变东乡县缺水状况，解决工农业生产和生活用水，为改善当地生态环境，提高人民生活水平，保持经济社会的可持续发展奠定了坚实的基础。"东乡县县委书记赵维国也认为，南阳渠的水是生命之水，致富之水，幸福之水。我们相信，随着水利产业的调整和改革，南阳渠工程必将创造出更加显著的生态效益、经济效益和社会效益。

在南阳山上，记者遇到了一位70多岁的东乡族老大爷，他说："我们这里吃水难得很，以前都是靠毛驴驮着哩，要走十多里山路。渠修好了，我们吃水就不用发愁了。我想着等水通了，在山上种些果树，再搞几亩水浇田，日子差不了！"说这些话的时候，他满脸都是幸福的表情。

夕阳西下，站在山上望去，南阳渠总干渠如一条巨龙，穿山越岭，一会儿盘绕山间，一会儿没入云中。山坡上梯田如带，树隐其间，绿浪翻涌，如诗如画。可以想见，随着南阳渠的投入使用，过不了多久，这一片土地必将焕发出新的生机！

 **主编点评**

水，意味着绿色；水，就是生命。

然而，甘肃省缺少的正是水。

水的问题已成为新时期具有基础性、全面性和战略性的重大问题。缺水，不但影响了工农业生产，还威胁着人们的生存，缺水，正越来越成为经济社会发展的瓶颈。

破解水源资源短缺的难题，也就成为一代又一代甘肃人民的渴望与梦想。在历届省委、省政府的领导下，无数水利人的心血和汗水默默地洒向通往梦想的路上，他们的泪水、汗水和血水也都化作慰藉陇原人民的深情之水。

从20世纪的景泰川电力提灌工程、引大入秦工程，到新世纪的引洮工程，甘肃省水利事业突飞猛进，使整个陇原大地发生了翻天覆地的变化。一座座"长虹"凌空飞跃，一条条"巨龙"逶迤向前，一片片绿洲奇迹般地诞生，一幕幕丰收的场景定格在陇原大地。

正因如此，我们完成了前人无法想象的伟业：让陇原干旱地区的百姓大旱之年看到了水。毫无疑问，甘肃省水利事业，是写就在祖国西部改造山河的壮丽诗篇和雄奇华章。

但是，我们必须清醒地认识到，长期以来，我们注重经济社会发展，却忽略了水资源的承载能力，注重水资源开发利用，却没有同等重视节约和保护。竭水而用，超量排污，过度开发，人地争水等等，如果不转变这些粗放的用水方式，最终不仅要付出巨大的治理成本，经济发展也将难以为继。

我们还应该清醒地看到，有资料表明，我国的水资源，仅为世界平均水平的1/4。同时，我国又是水资源浪费最严重的国家之一，生产同样的粮食，我们比欧美国家要多用1倍的水。农业用水真正被有效利用的，只占农业灌溉用水总量的1/3左右。工业上，我国万元产值的耗水量是225立方米，发达国家却仅有100多立方米。专家认为，按照目前的利用水平，到21世纪中叶，全国用水需求将占我国可利用水资源总量的28%。

我们肩上的担子依然很重。我们要坚持科学发展观，统筹考虑水资源与经济社会发展，突出加强水资源的节约、保护和优化配置，实现水资源可持续利用；大力推进节水型社会建设，提高水资源承载力和水环境承载力；加强水资源统一管理，完善取水许可和水资源有偿使用制度，实行用水总量控制与定额管理相结合的制度，健全流域管理与区域管理相结合的水资源管理体制，建立国家初始水权分配制度和水权转让制度。

同时，我们要坚持人与自然和谐相处的理念，统筹考虑生活、生产、生态用水，既优先保证生活用水，又要合理安排生产用水和生态用水；充分依靠大自然的自我修复能力，加快治理水土流失；充分发挥水利工程的生态功能，维护河流健康，实现水资源可持续利用。

水资源这篇文章要靠大家作。这个大家,包括你、我、他,包括领导和群众,是全体,不是局部。让我们行动起来,科学合理地开发水资源,持续有效地改善水环境,努力实现水资源与经济、社会的协调发展。

聆听大地的呼唤

欽定大清會典

3393瞭望哨

尚德琪

从文县县城逆白水江及其支流中路河而上,"沙漠王子"跑了三个半小时,走了70公里路,到了白水江林业局博峪林场。

从博峪林场骑骡子上山,拐来拐去走了两个小时,到了一个叫"安房"的地方,骡子就再也上不去了。

从那个叫"安房"的地方开始,在没有路的路上,又歪歪扭扭走了一个半小时,才到了一个"两人世界"——3393瞭望哨。

冬日体验:上到半山有些后悔,到了山顶则觉得有点不简单

2001年11月7日,这一天正好立冬。早上起来一看天,阴沉沉的,但还不至于要下雪。所有的人都说,上3393,这算是最好的天气。

在博峪林场吃"上山饭"时,我老想着要吃得扎实一些。给我们领路的是白水江林业局防火办的郭朝龙。吃完饭,出了门,他才说,上山其实不能吃得太饱,太饱了累。但吃饭的时候他没说,他说不好意思说。

我们都穿上了高腰钉子底的黄胶鞋。

山上冷,也没有多少吃的东西。博峪林场专门为我们准备了一床被子,一件军大衣;一只活鸡,一袋烤饼,几盒方便面,一些鲜羊肉和四瓶小糊涂神酒。

还雇了两个骡子,一个驮东西,一个我们轮换着骑。又叫了四个身强力壮的藏族小伙,两个拉骡子,两个等骡子上不去时背东西。

为便于联系,还带了一部"全局通"无线电对讲机。

下午两点,我们才开始上山。和我一起上山的四个人,都是3393值班人员的上级或者上级的上级。

开始的时候,骡子空走着,几个人都不好意思骑。毕竟都是大男人,叫骡

子驮着上山，不说别的，对骡子也心里过不去。

第一次休息的时候，明显感到有些累了，但据说才走了十分之一的路程。

重新上路时，我第一个跨上了骡子。坡很陡，骡子很吃力，不一会儿就气喘吁吁、汗流浃背，要么走两步停一步，要么拐弯抹角、绕来绕去，螺旋式前进。拉骡子的心疼自家的骡子，不想强拉着让它走，干脆放开来让骡子自己掌握节奏。骡子走几步，就掉过头来往下看。骑在骡子背上，我真怕它掉过头朝下跑。

五个人中，除郭朝龙上过好几次3393外，其他人都是第一次上山。听说后面的路更难走，而且连骡子也上不去了，大家都有些怯。

两个小时后，到了一个小平台上。小平台上有一个牧民们搭的小窝棚，叫做"安房"，于是上山的人都叫这地方为"安房"。这是个"里程碑"——骡子上不去了。

坐在湿地上休息的时候，大家小结了一下，两个小时内，我骑了三次骡子，有两个人骑了两次，一个人骑了一次，郭朝龙没有骑。

他们说，至少还有三分之一的路程。这个时候，我确实有些后悔了。从几个人的脸上，也看不出不后悔的表情。一路上，通过对讲机，我们和山上已经联系了好多次，山下和我们也联系了好多次，同时我们也知道山下和山上也联系了好多次。不为别的，就为我们上山以后喝什么，吃什么，注意些什么。

到"安房"的时候，山下再一次来电，说上山以后，要多喝些稀饭，加点盐。与山上联系时，他们说稀饭已经烧上半个小时了。

山上值班的两个人是34岁的王育良和26岁的姜伟。上面的路已经不是路了，而且有些泥泞。山坡上全是棱角分明的石头，有时要找一个把脚放平的地方都很困难。我们只能看着脚底，只能顾到"眼前利益"，只能埋头走路。

又过了一个小时，我们向山上通报了我们的位置。王育良说，姜伟已经下山接我们来了。

不久就进入了雪线，进入一片枇杷林。林子完全是一个童话世界。所有树枝都被雪裹着，我的脖子里也不时有雪钻进去。

雪滑一些，但脚底下绵软多了。我走在最前面。

一个很精神的小伙子下来了，我知道他就是姜伟。姜伟一身警服，见面"啪"一个立正，向我敬礼。我没有想到会如此隆重，情急之中，也举手还之以礼。

上到山顶的时候，已经下午五点半了。从茂密的天然森林里刚过来，山上给人的感觉有些秃，没有高大的树木，也没有雪，只有一种叫做小叶杜鹃的小灌木，一簇一簇的，郁郁葱葱、健健康康地成长着。

据说周围的很多山都比3393高，但站在3393顶，却是"一览众山小"。

3393那个造型很特别的木屋子，让人马上想到欧洲式的别墅，那种建在郊外的园林式的别墅。

天空比上山时更加阴沉，暮色像一个巨大的灰毯子盖了下来。

王育良挽着袖子，早早站在外面，把我们迎进了屋子。屋子里炉火正旺，烧了近两个小时的稀饭等着我们。3393只有两只碗，我们拆开碗装的方便面，腾出一次性的发泡碗，一人一大碗喝了起来。虽然不怎么粘糊，又加了盐，不怎么爽口，但感觉很不错。

王育良还专门烧了一个菜，炒土豆片。除了咸，就是辣。姜伟说，王育良炒土豆片是最拿手的。

和我一起上来的人说，要不是因为我到山上采访，他们可能一辈子都不会上3393。

姜伟则说，他两次上山，两个月里，这是他第一次见到有人上3393来。

这个时候，所有的人才感觉到自己真的有点不简单。

另类生活：有水时他们背水吃，没水时他们背雪吃

1991年，白水江林业局决定要设一个瞭望哨。经过几次踏勘，最终选定了一个无名高地，那里海拔高度是3393米，他们无以名之，便命之为"3393瞭望哨"。在白水江林区内，人们都管它叫"3393"。

3393是专门为观察林区火情而设的。关于防火，白水江林业局局长蒲志录说，最好的办法就4个字：死盯，盯死。白水江林区所辖林地9万多公顷，从地图上看，整个林区像一片巨大的树叶，3393正好处在叶子的中间。因为地势高，位置好，据说可以监控到林区内80%左右的林地，因而被白水江人当作他们最明亮、最敏锐、最警惕的眼睛。

对天然森林的观念变了，对3393的态度也变了。以前，在3393值班的都是临时雇佣的民工。去年前季，局里决定，从2001年起，停止雇人，由局经警大队一中队岔路沟护林检查站接管，15名经济民警，2人一组，轮流值守。

3393已经9年了，一间木房子，风吹雨打，早已破旧不堪。2000年8月份，局里开始改建3393。当时正值雨季，但除了工棚经常是湿的、人经常是湿的以

外，施工用的水都是从半山腰背上来的。经过4个月的建设，从半山腰背上来的石头变成了结实的房基，一片一片的木板组装成了一个别具一格的木屋，通信设备到位，生活设施全部配齐。

2000年12月22日，桑培玉和焦文平两个人作为第一班，到达3393上岗。

王育良和姜伟已是第二轮的第三班了。

这次是王育良组的阁。王育良是武都人，爱吃面。上山前，他找到姜伟："面吃得惯吗？"

姜伟是四川绥宁人，答得干脆："吃得惯。"

王育良："愿意和我上3393吗？"

没容姜伟想想，王育良说："同意就点个头，不同意就摇个脑壳。"

姜伟点了一下头。

他俩是2001年9月20日上山的。王育良曾是采伐工段的段长，股级干部；姜伟是另一个采伐工段的副段长，副股级干部。局里的人说，他们都曾经是管过百十号人的"领导"。

他们准备了一个月的生活用品：一壶清油，2.5公斤；三个猪小腿，6公斤；两吊肥肉，6公斤；一袋面粉，15公斤；一袋大米，15公斤；一些白菜、包包白、胡萝卜、葱和蒜苗……

上山后，见半山腰农民挖洋芋，10块钱又买了大约10公斤洋芋，大如带皮的核桃，小如不带皮的核桃。

王育良带了七八本杂志，都是大型刊物，《今古传奇》、《中国故事》、《章回小说》……

姜伟正在上电大法律专业，他带的四五本书，都与"法"字有关。

姜伟还带了一台小录音机。他说："王育良最爱听。"他们也是雇了骡子把东西驮上山的。

山上没有水，取水要到半山腰去背。目前，他们一共发现了两个水源，都是石头缝里流出来的，筷子粗的一股水。每次取水时，背两个能装10公斤水的塑料壶，然后拿一根小木棍插在石缝里，把水引进壶里。灌两壶水，大概需要40多分钟；路上走一个来回，差不多又得40多分钟。

不过这是前10天的情形。进入11月，山上气温已经很低了，水源冻断了，他们就开始吃雪水。

雪也得往回背。背雪不用塑料壶，用的是蛇皮袋子。能装50斤面粉的袋子，填得再瓷实，也只能装十几斤雪。姜伟个子小，有时一次背3袋，后面吊2袋，前面吊1袋，像个拾烂棉花的。

姜伟第一次上山是2001年3月20日至4月20日。3月20日下过一场雪以后，整个4月份，都没有下过雪。临交班的一周，周围一点雪都没有了，他们只好到半山腰的林子里去背。那里的雪是多年积雪，一层一层的，最厚的地方有两米多，最结实处站在上面跳都不会下去。但里面夹杂着很多枯枝败叶、兽毛鸟粪，他们砍出一个截面，然后在较干净的一层上取雪，一袋一袋往回背。交班时，他们给下一班攒了两塑料桶水，但里面的泥渣子就有一寸厚。

11月7日晚上，下了一场雪。第二天早上，大雪封山，大雾弥漫，3393像空中楼阁一样。

早上起来，姜伟就端着盆子提着壶，到门外挖雪。冬天里，能有这样的机会，对于他们来说，也是一次机遇。王育良则坐在炉子前，一点一点化雪为水。化好一壶，灌进塑料桶；灌满这个桶，再灌另一个桶。平时2个人，一天的用水化雪得2个小时。一下子上来5个人，他们整整化了一早上雪。

谁都想不到山上还有电。电是立在门外的4块太阳能光电板提供的。电是无线电通信台专用的，电台是全局通信网的中继台，不能一刻无电。王育良和姜伟能沾上光的，仅仅限于那根6瓦的小电棒。要是通信台用电吃紧，他们就得点蜡。山上做饭取暖，一切都得靠柴。局里规定，取柴必须是枇杷木等低矮的灌木，或者枯枝和风倒木。而且规定，砍柴时要注意间作，不能一片一片"剃光头"。有了这些限制，砍柴也得下到半山腰，或者得到较远的地方。

木房子里，有一处是专门堆放柴火的。在那面墙上，有一条线，线上写了一行字：柴要堆到这里，否则不接班。而要砍这么多柴，得好几个下午的工夫。

王育良和姜伟在工段时，都吃大灶，上3393以后，才学会自己做饭。

由于海拔高，水的沸点低，按妻子交待的做法，差不多都失败了。煮稀饭往往水干了，米不烂，稀饭做成了炒干饭；要不就水是水，米是米，稀饭像是掺了水的米饭。现在，他们已总结出了煮稀饭"四秘诀"：水开了下米；火越旺越好；边加水边煮；多费些时辰。

11月7日迎接我们的那锅稀饭，就烧了两个多小时。就是煮面条，也得比山下多煮10分钟。而煮出来的面条，就像泡出来的一样，看起来都成糊糊了，还白生生的，像没熟一样。

本来蒸馒头什么条件都没有，他们却能蒸出很不错的馒头。他们的方法是：锅里扣个碗，碗上放个大碟子，碟子里放上揉好的发面。一碟子刚好蒸4个馒头，蒸一次2个人刚好吃一顿。这办法2个人可以，应付7个人就困难了，我们没有吃上他们蒸的馒头。

11月7日晚上8点,王育良和姜伟开始收拾我们提上来的那只鸡。杀鸡倒是非常麻利,但煮鸡好像比较费劲。大家都有点饿了,煮鸡肉的时候,姜伟提出来烧洋芋吃,大家一致同意。洋芋是"袖珍"的,不一会儿就吃上了,大家说,这么大的洋芋烧着吃刚好。

第二天早上做早饭时,王育良拿着很大的刀给很小的洋芋削皮。我才意识到,昨天晚上已经把大洋芋烧着吃了。11点的时候,鸡肉还不太烂,我们就开始吃了。没有什么调料,但所有的人都说吃得香。王育良和姜伟说,在山上,他们是第一次和这么多人一块吃饭;我们也觉得,这一生中,也许都不可能再来这里吃鸡了。

然后喝酒。3瓶酒,光相互之间敬酒,就喝干了2瓶。王育良和姜伟上山两次了,从来没有带过酒;在山下,也都很少喝酒。那天晚上,所有的人都说喝得香。王育良和姜伟说,在山上,他们是第一次和这么多人一块喝酒;我们也觉得,这一生中,也许都不可能再来这里喝酒了。

12点多的时候,拉灯休息。平时,值班的两个人同睡在一张稍大一点的单人床上。因为我们上山,他们又顺着墙支了一张稍小的单人床。那张大一点的单人床上两正两倒睡了4个人,那张小一点的单人床上一倒两正睡了3个人。非常拥挤,有的人靠墙坐了一晚上,有的人甚至一夜没翻过身,但所有的人都说睡得香。王育良和姜伟说,在山上,他们是第一次和这么多人一块睡觉;我们也觉得,这一生中,也许都不可能再来这里睡觉了。

天亮了,姜伟出门,用"鲜雪"洗脸。"鲜雪"是姜伟的说法,他说能保护皮肤;然后,在雪地里连续做俯卧撑,说高山锻炼最能强筋壮骨。王育良不信这些,仍然喜欢热水来热水去,仍然喜欢平里进平里出。

离11月20日交班还有12天。记者盘点了一下他们的生活用品。调料只剩下辣椒面和盐两种了;清油只剩下不到一斤,他们说,平时炒菜,都是肥肉代油。

洋芋连烧带烩已所剩无几,白菜也只有一两个了。小木屋顶上是观察间,也是他们的天然冰箱,里面架着一根木杆子,上面挂着一吊五花肉,一条猪小腿,一把乱七八糟的海带。

晚上一场雪,早上大雾弥漫,周围什么也看不清。但雪地上印满了动物的踪迹。他们说是黄鼠狼来过了。而姜伟在上一次值班时,一头野猪在雪夜里围着房子转了好长时间,拱得屋子"咯巴、咯巴"响,差一点从门里撞进来。

早上快10点的时候,雾开始抱团,露出一些远处的山。王育良拿着望远镜,姜伟跟着，在好几个点上，前后左右四下里看了一遍。

要说工作，11月8日一上午，他们就干了这一点。如果这样的天气持续到黑，下午最多也这样重复一次。其他时间，就是坐在房子里，听林区内其他瞭望哨之间每整时互传的信息。信息极简单，一方呼出另一方：

"有事吗？"

"没有。"

"再会。"

"雨天雪天，出现火情的可能性最小，但也马虎不得。"他们说，局内共有3个瞭望哨，都有自己的监控责任区，东南西北到哪里十分清楚，出了火情，不但要一眼看清在什么山什么沟，还要知道那里长的什么林子，哪里有水，哪里有路。

2001年3月10日，王育良和唐浩值班。中午1点左右出门观测时，在西南方向发现一颜色异常的烟团，而且很不稳定。他们立即通知一中队和岔路沟护林检查站。山下立即组织巡护人员赶赴3393锁定的地点。果然不出所料，一团移动速度极快的山火已进入灌木丛，并向林缘逼近。

2001年3月30日，姜伟和张海军值班。早上刚起来，他们就无意中发现磨沟附近一直冒烟，因为相距很远，他们又通知大中梁瞭望台协助观测，最终确定有火灾隐患。一中队接到3393的报告后，立即指派12名队员进沟，经实地观测，系民用火未彻底打灭而引发的野火，并向四处扩散，已对附近的林木造成重大威胁。

"打早，打小，打了"是森林防火的六字真言。一起起山火扑灭了，一场场可能引发的森林大火避免了。王育良和姜伟说："要是迟发现半小时，就不得了。"

每班都是两个大男人，该说的话用不了两天就说完了，没有电视，没有报纸，无事可干时，就拿着望远镜出去东张西望。天晴的时候，王育良和姜伟就兴致勃勃地站到山边上，看他们曾经住过的工段以及曾经去过的山头，搜寻他们过去留下的伐桩和伐桩周围正在成长的新绿。

天天看烟看火，屋子里却经常烟熏火燎。火炉子是汽油桶改装的，烟囱在屋子里拐了个弯，向南出烟，大概一是想避北风，二是想多利用热量。但山上常常吹南风，也吹没有方向的风，房子里经常乌烟瘴气，火苗也时常从炉子里窜出来。2001年11月5日，王育良和姜伟下了决心，用了一天时间，终于把烟囱改成了直的，直接捅出了屋顶。

屋子里清新得多了,他们为完成这一改造工程而自豪。因为除此而外,在山上的生活,没有任何事是可以自我发挥的。

2001年11月8日下山时,姜伟给我们每人准备了一根木棍,并执意送了我们一程。

上来的路已经被大雪埋住了。

很多地方,其实不是走在路上。但我们知道,往下走没有错。

情感接力:交班的人要到山腰接接班的人,接了班的人要把交了班的人送到山边

每月20日,是换班的日子。

这一天,下过雨,下过雪,但从来没有影响过交接班。

2001年2月20日,那天是星期二,王育良第一次上山接班,同伴是唐浩。他们雇了3匹骡子,从另一条平缓一点但远好多的山坡上,一直把他们送上3393。早上8点出发,下午3点多到达。在当月工作日志的第一页,他们写道:"山上已准备好了饭菜和能用一星期左右的烧柴和水。"柴摞在屋子里,水其实更多的是雪,一袋一袋摞在外面。

2001年3月20日,那天还是星期二,王育良要交班了。在工作日志的最后一页,他们写道:"终于要下山了,我们准备了水和饭菜。老天有眼,下山能天晴是一件很好的事。"上山接班的是姜伟和张海军。他们雇了3个民工,也是早上8点就出发了。下山的人盼天晴,上山的人盼天阴。那一天是晴天,中午时分,大太阳一照,人就想躲到凉处睡觉。上山时,他们每人带了一瓶饮料,休息时拿出来喝的时候,觉得不对劲,一看出厂日期是1998年的。他们干吃了一点卤肉,进入雪线以后,才吃了一点雪。下午1点多的时候,他们到了山上。姜伟个儿不高,一米六八。他说,他的第一个感觉是"在山我为王"。王育良和唐浩为他们准备好了饭菜,并备好了能用七八天的水和柴火。

2001年4月20日,姜伟和张海军就要下山了。一早上,天就下着,一会儿雪一会儿雨,一阵儿大一阵儿小。"今天是交接班的日子,但不巧,可能人上不来了。"从姜伟写在工作日志上的话中,能感觉到一种淡淡的无奈。但吃过午饭以后,山下来电,说接班的人已经冒雨上山了。

姜伟和张海军十分感动,他们马上动手烧汤做饭,做好了以后温在锅里,又冒雨下山去接人。在那一天的工作日志上写道:"我们都被下成了落汤鸡,

但我们都高兴。我们是同志，是兄弟。"

3点多的时候，4个人在半山腰接上了头。2个多小时以后，上山的人和下山的人一起上到了山上。接班的是廖兴怀和徐强，在他们的工作日志上写道："到3393时，已是下午5点20分，张海军和姜伟已把米饭做好了，开水也烧好了。"

吃过喝过，交接过手续后，已是5点半了。姜伟和张海军又一次进入雨中下山了。山下也派人来接他们了，接上头的时候，天已经很黑了。

每一次交接班都是这样，交班的人都得给刚上山接班的人准备好几天的柴和水。交接班当天，交班的人要做好饭菜烧好水，到山腰去接应接班的人。交班的人下山时，刚刚接上班的人要把他们送到山边。

诗意哨所：不是世外桃源，却是云雾山庄

到3393一次确实不容易。高建忠是白水江林业局党委副书记，也是领导班子中年纪最小、身体最好的一个。他是作为局里的代表和记者一起上山的。

晚上8点钟，他以局党、政、工的名义慰问了3393，又通过无线电通信台，向其他各瞭望哨、护林站进行了慰问。通信台之间是互通的，只有大中梁瞭望哨几次呼叫未果。

不料，刚过了一会儿，大中梁就急呼3393，说："领导对所有的基层单位都慰问了，为什么不慰问大中梁？"

高建忠再一次拿起对讲机，送去了局党、政、工的问候和祝愿。大中梁瞭望哨接到慰问，一次次表示感谢，并立即传来一首诗：

　　三三九三瞭望哨，
　　领导记者都来到。
　　风里雪里太辛苦，
　　住上两天你再走。

作诗的人是大中梁值班员瞿世清。

黄华梨和大熊猫的故事

王宇兴

在甘肃省东南部的岷山东端北麓，有一个被人们称为"绿色宝库"的地方，这就是举世闻名的白水江自然保护区。近年来，白水江自然保护区以大熊猫的稳步增长和生物多样性的不断增加，越来越受到国内外自然保护组织和专家的瞩目。

2000年，白水江自然保护区被联合国教科文组织生物圈保护区列为网络成员之一。2006年10月25日，为了表彰甘肃省政府和四川省政府在保护岷山大熊猫栖息地和生物多样性方面所做出的突出贡献，世界自然基金会(WWF)专门在北京人民大会堂隆重举行"岷山——献给地球的礼物"表彰大会。世界自然基金会(WWF)全球总干事詹姆士·利蒲分别向甘肃省政府和四川省政府授予了"献给地球的礼物"证书。

根据第三次全国大熊猫及其生物多样性调查，目前，岷山山系拥有中国最大的野生大熊猫种群，其野生大熊猫数量占全国野生大熊猫的44.4%。其中，白水江保护区面积最大，大熊猫分布数量最多，约占岷山山系大熊猫分布数量的20%。其它如金丝猴、羚牛、云豹、猕猴、小熊猫、林麝、毛冠鹿、金雕、绿尾虹雉等国家一、二级保护动物多达51种，其种群、数量都有大幅度增长。各种鸟类达275种，成为我国鸟类资源最丰富的地区之一。

但遗憾的是，由于种种原因，岷山山系大熊猫及其栖息地的珍贵动物，却很少被外人所知。为了抢救保护大熊猫等一批珍贵的野生动物，为了护住这片苍茫的林海，在白水江自然保护区成立以来的28年间，一批又一批林业工作者冒着生命危险，深入林区腹地，对大熊猫进行了卓有成效的保护抢救，涌现了一大批"林海英雄"，现任甘肃白水江国家级自然保护区管理局副局长、正高级工程师的黄华梨就是其中的一位。

闯林海普查大熊猫

1983年7月，20岁的黄华梨从甘肃林校一毕业，就被分配到白水江自然保护区工作。那年，白水江自然保护区成立才刚刚4年。由于经费缺乏，地域偏僻，各方面条件都极为艰苦：保护区工作人员大都没有办公地点，没有固定的吃住场所，成天在林子里"打游击"。黄华梨到自然保护局报到后，就暂时借宿在县武装部一个朋友的家里。他刚刚安排好住宿，还没有对周围的环境完全熟悉，组织上就通知他参加大熊猫灾情调查队。

由于岷山山地气候变化影响，箭竹大面积开花枯死，使赖以依靠箭竹生存的岷山大熊猫遇到了前所未有的生存危机。

大熊猫的生存现状引起了全国人民的关注，也引起了林业部门的高度重视。为了尽快摸清大熊猫的受灾情况和分布情况，以及箭竹开花的面积，以便制定出抢救大熊猫的行动方案，国家林业部特指令组建不久的白水江自然保护区，抽调优秀的林业科技工作者组成大熊猫灾情调查队，对大熊猫进行系统的有组织的调查摸底。作为大熊猫灾情调查队中最年轻的一名成员，从此，黄华梨就把自己的命运和大熊猫的命运紧紧联系在了一起。

黄华梨参加的大熊猫野外调查队，是在极为艰苦的条件下进行的。由于当时条件有限，没有交通工具，也没有通信设备，工作人员又少。根据组织决定，黄华梨和丹堡河保护站的杨继全，还有一名临时聘请的民工，组成了一个三人大熊猫灾情调查小组。他们3人负责的调查范围，主要集中在自然保护区丹堡河流域邵家梁一带，那一带方圆有上百公里，海拔大都在1800至3400米之间，山势陡峭，荒无人烟。

当年10月31日，白水江自然保护区已是大雪封山，但大熊猫灾情调查的工作仍然没有结束。为了加快工作，一天，黄华梨和其他两名同事，顶着寒风、冒着雪花，又向着最后一个目标黑嘴山奔去。黑嘴山海拔3400米，要爬上黑嘴山，首先要翻越一道深达1800米的大峡谷。当黄华梨和其他两名同事好不容易下到峡谷底时，不料河谷底一条湍急的河水挡住了去路。面对齐腰深刺骨的河水，他们3人合力砍掉河边的一棵树木当小桥。然后，黄华梨自告奋勇踩着小树过河，不料快到河中心时，他掉进了河中，险些被冰冷的河水吞没。经过一番奋力拼搏，他终于爬上了岸，与后来过河的同事杨继全一道，穿着浑身湿透的衣服，艰难跋涉到达目的地。经过5个多小时的历险，他们终于圆满完成了任务，回到宿营地时，已是半夜了。

像这样的遇险，在黄华梨和同事们的林海生涯中，已是家常便饭。1988年5月，黄华梨被分配到自然保护区的碧口、红铜河辖区开展大熊猫和森林资源调查工作。5月9日晚，当黄华梨带着其他3名同志到达一个叫望阳包的山头时，天突然下起了带冰粒的大雨。由于无法辨认四周方向，也无法找到投宿的崖窝，他们4人只好挤在一顶帆布帐篷下，冒着哗哗不停的大雨，在山上整整熬了一夜。第二天，"老天爷"仍然在哗哗地不停下雨，由于周围大雾弥漫，能见度低，使他们进退不得，被困在山上整整7天。由于出发时带的食物已吃完，这时他们是又冻又饿。第七天，待天稍一放停，他们就沿泥泞的山路往回返。由于几天没有吃东西，再加上高强度的体力消耗，黄华梨在经过一处50多米高的悬崖时，不小心一脚踩空，连人带行李一起掉了下去，落到半空中被树木挂住，他才幸免于难。

1997年8月25日，黄华梨对大熊猫进行调查时再次遇险。那一天，他带领甘肃农业大学教授孙学刚和本单位的5名职工，在保护区竹园沟药坪子查看大熊猫活动痕迹时，突然被草丛中跃起的一条剧毒蛇——菜花烙铁头咬伤右手食指。菜花烙铁头是生活在岷山中的一种非常凶猛的两栖爬行动物，很多人被咬伤后，由于抢救不及时而丧命。

为了抢救黄华梨，大家决定先爬到海拔2400多米高的药坪子山顶，再寻找下山的路线。当时已是下午5时，待大家爬到药坪子山顶时，天色已晚。就在这短短的几个小时内，黄华梨的右手食指已像气球一样不断肿大，毒素从手掌逐渐向手臂蔓延，情况十分危急。为了抢时间，大家决定扔掉全部行李，连夜寻路下山。由于下山没有路，好几次，他们差点掉下悬崖。经过10多个小时的艰难行程，他们终于于凌晨4时找到一家农户。在农户的帮助下，他们又经过7个多小时的辗转，才将黄华梨送到文县碧口卫生院。这时蛇毒已扩散到黄华梨的全身，黄华梨的手臂肿胀得比腿还粗，生命危在旦夕。第二天，碧口卫生院的工作人员又连忙将黄华梨转到条件较好的文县人民医院。在文县人民医院，医护人员采用中西医结合的疗法全力抢救，在医院整整昏迷了一个星期的黄华梨，才从死亡线上挣扎过来。

谈起这些往事，黄华梨淡淡地说：面对这些困难和绝境，有好几次，自己也曾抱怨过、绝望过，但想到保护区的同志常年生活在深山老林，无怨无悔，为保护和抢救大熊猫尽职尽责，自己受到的这些磨难也就不算什么了。

抢救大熊猫预案

在对大熊猫灾情的调查过程中，黄华梨多次远距离地看到大熊猫憨态可掬的身影。1983年11月1日，他和同事杨继全在保护区邵家梁搞普查时，一日内竟见到了保护区内的"三大明星"——大熊猫、羚牛、金丝猴。那天早晨10时，他和杨继全在海拔2100米的邵家梁背湾处观察时，突然在距离七八十米的地方出现了一只成体大熊猫。只见那只大熊猫悠然自得，正在林中慢慢走动，突然，当它从远处听到异常的声响后，立刻健步穿林，杳无踪影了。接着，他们又在海拔2350米和海拔2700米的邵家梁山顶，分别发现了3只羚牛和50多只金丝猴在他们面前不停地晃来晃去。大熊猫的憨态、金丝猴的华丽高贵、羚牛的强健凶猛，给他留下了深刻的印象。面对自然界这些可爱的"精灵"，黄华梨的内心深处再一次激发了保护这些"精灵"的强烈意识。

通过调查，黄华梨深深感觉到：大熊猫和其他野生动物之所以"生存艰难"，关键是人类无休止的掠夺和破坏。长期以来，由于人类过度开荒，森林竹丛大量被砍伐，人为的乱捕滥猎，加上地理环境的改变，使得大熊猫的生存环境越来越窄。据1997年甘肃省第二次对大熊猫栖息地的调查，仅在大熊猫分布的文县境内，大熊猫栖息地的总面积就缩小到了113100公顷。由于栖息地不断减少，使大熊猫的生存受到了严重的威胁。据林业部门统计，20世纪七八十年代，在短短的10年时间内，文县境内的大熊猫数量由295只锐减到155只。

面对这些痛心的现实，黄华梨和同事决心以更加勤奋的工作，来改善大熊猫的生存现状。通过3次对大熊猫拉网式的普查，以及掌握到的大量数据，黄华梨和同事在较短的时间内，就制定出了一套保护和抢救大熊猫的预案。从20世纪80年代开始，在白水江自然保护区范围内，展开了一场声势浩大的持久保护大熊猫的行动。

根据抢救预案，从1984年以来，白水江自然保护区先后在大熊猫活动频繁的邵家梁、刁楼、石门沟、入贡山、胡顺沟、庙石沟等6个地方建立了大熊猫活动观察点，保护区随时派人在大熊猫出没的地方进行巡护、投食；另外，在竹子开花枯死的地方，重新试验移植了上千亩竹子。并从四川卧龙大熊猫保护区成功引进了拐棍竹、冷箭竹和峨嵋玉山竹进行移栽，有效丰富了白水江自然保护区大熊猫的食源。

在此基础上，1984年，保护区在经费十分困难的情况下，首先在文县铁楼乡改建了一座可养8只大熊猫的简易治疗室。后在国家的支持下，保护区在邱家坝又建立了我国第二座大熊猫驯养繁殖场。多年来，在保护区职工的共同努力下，先后成功抢救了15只遇困的大熊猫。经过精心饲养，这15只大熊猫基本都恢复了健康，纷纷露出了活泼可爱的神态。特别值得一提的是，从1985年至1995年的10年间，白水江自然保护区先后将抢救活的大熊猫"林南"、"桃桃"、"平平"、"昌昌"、"丹丹"等分次送到四川，与四川卧龙大熊猫繁殖研究中心、成都动物园，合作进行了人工繁殖大熊猫攻关研究，并取得了可喜的成果。白水江自然保护区提供的雄性大熊猫"林南"，1993年9月与成都动物园一雌性大熊猫联姻后，产下一胎双仔，且双仔都非常健康，为我国人工饲养条件下繁殖大熊猫积累了大量有价值的第一手资料。白水江自然保护区提供的另一只雄性大熊猫"丹丹"在与卧龙大熊猫繁殖研究中心合作中，进行了放归野外试验，使其成为邛崃山系大熊猫家族中的一员，实现了岷山山系大熊猫和四川邛崃山系大熊猫的联姻和基因交流。这些卓有成效的工作，为生活在岷山山系中的大熊猫度过难关奠定了良好的基础，受到原林业部领导和专家的充分肯定。

经过多年的实践，黄华梨深知：大熊猫的保护绝不是一朝一夕的事，它是一门综合性的学科。为了更科学地提出白水江地区大熊猫及其栖息地保护、发展对策和措施，从1985年至今，黄华梨根据多年的调查和科学研究，已先后在国家和省级刊物上发表论文40多篇；由他任主编或参与撰写的《甘肃白水江大熊猫》、《甘肃白水江国家级自然保护区综合科学考察报告》、《中国大熊猫及其栖息地综合考察报告》等5部专著，达150多万字；主持或参与野外调查、研究项目20多项，多次获得甘肃省科学技术进步奖项。这些论文和研究报告，很多成果达到了国内领先水平，为白水江自然保护区更好地保护大熊猫或其他珍贵的野生动植物资源提供了科学依据，同时也翻开了白水江自然保护区用科学的手段保护生物多样性全新的一页。

营造野生动物的乐园

1998年，国家在全国相继实施了天然林保护工程和退耕还林工程，这给进一步加强大熊猫保护工作带来了新的契机。为此，黄华梨在他的《大熊猫及栖息地可持续发展》论文中，论述了大熊猫及栖息地可持续发展的主要内容，深刻分析了大熊猫及栖息地可持续发展的宏观对策，探寻社区生产生活活动对大熊猫及栖息地的影响，同时提出了未来社区社会经济发展的主要途径，制定了白水江大熊猫及栖息地可持续发展的战略措施。

根据黄华梨的建议，近年来，自然保护区将白水江自然保护区内的271.5万亩森林资源的管护，分成了7个保护站和16个管护责任区，以保护大熊猫为主线，以生物多样性保护为目标，相继开展了一系列保护森林资源的活动。林区广大职工纷纷进入到林缘区的村社，大张旗鼓地开展《森林法》、《野生动物保护法》、《甘肃白水江国家级自然保护区管理条例》等法律法规的宣传教育活动，提高了林区群众保护森林资源的自觉性和积极性。

经过对林区的大量考察和走访林缘区群众，黄华梨在实践中深深认识到，要给生活在森林中的大熊猫及其他珍贵野生动物创造一个安宁、幸福的环境，首先要做到在林区尽量减少人类活动和掠夺，努力创造人类与自然和谐相处的良好环境，这是保护好大熊猫的最有效途径。对此，近20年来，黄华梨和他的同事在对大熊猫活动的核心区加强巡逻和保护的同时，还从1998年开始，结合天然林保护工程的实施，在林缘区周边的36个村社实施了能源保护示范、减轻野生动物危害示范及种养殖项目的示范推广。

黄华梨和他的同事们的工作，得到了一些国际自然保护组织的大力支持。自2002年以来，白水江自然保护区先后获得了全球环境基金(GEF)、世界自然基金会(WWF)、香港乐施会、保护国际等国际组织的资助，资助金近千万元。2002年，世界银行专家考克斯考察白水江自然保护区后，站在刘家坪保护站辖区的大岭梁上称赞道："这才是真正的保护区。"

为了用好这些项目资金，近4年来，作为自然保护区负责人之一的黄华梨，不辞辛苦和保护区技术人员一起跑遍了林缘区周边的村村寨寨，在文县铁楼藏族乡阳尕山村、文县碧口镇李子坝村、文县马家山村等地，示范推广节能灶、沼气池和经济作物种植。目前，保护区已帮助周边农户，共建成节能灶和节能炉近2000个，修建沼气池100多座，种植核桃、天麻、香菇等经济作物1000多亩，发展养羊、养牛、养猪、养蜂农户60多户。通过这些措施，使很多农户都走上了可持续发展的道路。

通过帮助林缘区群众实施这些可持续发展项目，有效增加了林缘区群众的收入，使部分农户的生活条件得到极大改善，大部分群众的法制意识和自然保护意识逐渐增强，人们在保护区内从事采伐、开垦、放牧、狩猎及采集等活动明显减少。由于森林资源得到了有效保护，林线逐年下移，植被逐渐恢复，水土流失减少，使白水江自然保护区生物种群数量稳中有升。特别是大熊猫栖息地扩大后，其数量得到明显增长。

经过多年的努力，黄华梨和同事们基本摸清了白水江自然保护区生物种群的家底。截至2007年7月，白水江自然保护区共生活着各类脊椎动物485种，占到全省脊椎动物总数的43.3%。除大熊猫已恢复到100多只外，其他珍贵野生动物，像金丝猴、羚牛、云豹、猕猴、小熊猫、林麝、毛冠鹿等国家一、二级保护动物的种群数量都达到了上千只以上，保护区已成为各种野生动物的乐园。

林中十姐妹

尚德琪　陈天竺

有些事，男人们束手无策，女人们一出面就迎刃而解。

有些事，干一天两天不难，坚持下来就特别不容易。

有些事，看起来没意思，与生存和生活联系起来，就挺神圣。

刚刚还阳光灿烂，一会儿就大雨如注，这就是甘南林区的天气。2001年9月2日，记者到洮河林区采访时，大雨突降，陪我们采访的主人立即把我们领进一个叫达子多的小护林站避雨。

那是一个很小的"单位"。院子大概有一个篮球场那么大，全是草。两栋房子，土木结构。一栋两间，每间10平方米左右。大门和房子很破旧，破旧得让人觉得划不来维修。主人略有不安地说："建新的，局里没有钱。"

流水账、女人和绿

单位只有10个人，清一色的女子。

这几年林业上很困难。仅洮河林业局，就有1200多名下岗职工盼着上岗；而在整个白龙江林业管理局，7000多名下岗职工3年来一直等着安置。

有个单位，她们已经很知足了。从沟口往里，我给4间房子依次编了号。1号是值班室；2号住高晓梅、荔晓芸、颜占红；3号住李红玲、丁惠梅、王金彩。4号住高晓玲、孙玉芸、王玉艳、张春玲。

房子里外，看起来都像是民工住的地方。4间房子里，最时尚的东西是高晓梅床头贴的一张"风影"洗发露的广告张贴画。

主人介绍说，中央电视台也到这里采访过。然后，她们从床底下拿出中央电视台记者拍过的一样东西。

那是她们的值班日志，完全是一本流水账。2001年9月2日当天，她们的记录是：下雨出沟一辆，四轮，10:10；进沟一辆（甘P—03089），卖菜，12:15。

2001年9月3日下午，天晴了，我们再一次到达子多，她们的记录是：

出沟一辆，四轮，9:30。

下午4时30分，沟里出来一辆四轮拖拉机。值班五姐妹一拥而上，挺威风的。

"拉啥的？"

"牛肉。"

"哪里的？"

"沟里的。"

经过仔细检查，拖拉机走了。我想，9月3日的值班日志上可能会增加这样的内容：

出沟一辆，四轮，拉牛肉，4:30。

没有想到，我们偶然到的这个单位，就是白龙江林区有名的"女子经警队"。

但是，她们的生活，和值班日志上写的一样，也这样简单。

都是女的，也都自己做饭。住人的地方，就是做饭的地方；值班室里，也支上了锅灶。

高晓玲、高晓梅是亲姐妹，她俩的灶房在值班室。达子多通了电，但用电限量，一间房子一只45瓦的灯炮。做饭都用木柴，每个房子的旁边，都堆着好多劈得均均匀匀、摞得整整齐齐的柴火，是男经警们帮她们劈的。做饭自然是烟熏火燎。值班室墙上，腊月进站后贴的《护林员工作标准》、《护林站站长工作标准》，已经熏得像十几年前的东西了。

荔晓芸33岁，是十姐妹中最大的。颜占红21岁，是十姐妹中最小的。她俩在2号做饭。荔晓芸不太吃肉，和颜占红同灶不同饭，你先做罢我登场。

李红玲的丈夫在卡车林场二工段，王金彩的姐姐也在二工段，二工段距护林站不远，吃饭时，她俩相约而去。3号就只有丁惠梅一个人做饭了。

4号住4个人，地方紧张，做饭摆不开。王玉艳、孙玉芸、张春玲或投亲，或靠友，吃饭都在不远处的达子多苗圃，也是自己做。

达子多没有井，沟里有的是水。但没有蔬菜。她们总盼菜贩子来。菜贩子一般四五天来一次，她们买菜最少也得买够四五天的，买得最多的是那些能放住的。9月3日，菜贩子已经两三天没来了，高晓玲、高晓梅两姐妹只剩下几个大蒜和几个辣椒了，装在黑色塑料袋里。颜占红的床头有两个黑塑料袋，一个装1个小小的包包白，一个装4个土豆。

我提起塑料袋看里面的东西时，她们都很不好意思，颜占红则有些局促不安。

4间房子里，没有一个案板。她们要么吃米饭，要么就吃揪面片或拉面，要吃面条，就得把面端到苗圃里去擀。

达子多护林站在卓尼县境内，距县城40公里，全是土路。

护林站设在一小片空阔的地方。但站前站后都是树，房前屋后都是草。绿色似乎密不透风。

门口有个草棚，草棚下面栽了个木桩，像个狗棚。记者问："这是拴狗的地方？"

那一天，5个人值班，她们都笑了："是我们乘凉的。"

记者一怔。

"木墩是男经警们原来栽的。过去男经警们在这里下象棋，我们不下象棋下跳棋。"

"不想喂一条狗吗？"

"那要局里批。"

"不害怕吗？"

高晓梅说，刚来的40天时间里，她们睡觉都没脱过衣服。

局里让她们来，是有特殊任务的。

十姐妹是2001年1月17日进驻达子多的，这一天正好是腊月二十三。年前7天，年味已经很浓了。

这是新岗位上的第一个年。她们共同相约："这个年，一定要在咱们新单位过。"

女子经警队在洮河林区只有一个，在整个甘南林区也只有一个。最贴近她们的上级单位是卡车林场。年三十，林场派人送来了一只羊，两只鸡，还有饮料、瓜籽。

达子多苗圃的男经警们说，年得过得有点响声。于是，她们建议男经警给她们买了一串1000响的鞭炮。

这一天，本来是高晓玲、荔晓芸、孙玉芸、颜占红、张春玲5个人值班，但其他5个人谁也没有离开过岗位。值班室里有一台很旧的电视机，18英寸，什么牌子都磨得看不清了，只能收一个台，转什么看什么。晚上，10个人挤在值班室里，看中央台的春节联欢晚会。

快到零点的时候，她们和春节联欢晚会现场的人一块倒计时，然后跑出大门，把1000响的鞭炮搭在她们日夜守护的"杠子"上，响了个地动山摇。

10个人一起欢呼。在寂静的山沟里，鞭炮声、欢呼声，还有鞭炮声和欢呼声的回响，一切都属于她们10个人。

正月初三，洮河林业局领导踏雪到达子多沟慰问。她们每人得到50元慰问金。然后，10个人一字排开，挨个喝领导敬的酒。辣酒，每人3杯。滴酒不沾的，也一滴不留。

那几天，差不多天天吃的是团圆饭，也差不多天天值的是团圆班。

年就这样轰轰烈烈地过了，剩下的就是平平淡淡的工作。

护林、挡车或者"开杠子"

组建"女子经警队"，是洮河林业局局长何录德的点子。

以前，这里全部由男经警守护。天然林资源保护工程实施后，由于加强了管护力度，毁林盗运手段也发生了显著变化。何录德在一份报告中列举了五种表现形式：一、原来强取硬夺，现在我进他退；二、原来车拉机载，现在人背马驮；三、原来日出而作，现在昼伏夜出；四、原来以男为主，现在女人当先；五、原来暗语报信，现在手机联络。

第四种情况大致是这样的：夫妻双双上山盗伐，男人运到山下，到过检查站时，将女人推到前面，男人绕过检查站，到前面接应。男经警队们在对付这样的女人时，往往无可奈何。他们说，打可以不还手，骂可以不还口，但女人使招，他们就无招可使：她硬往你身上贴，然后胡搂乱抱，胡抓乱挖，又胡喊乱叫，文的没法对付，武的更不行。

何录德组建女子经警队主要就是针对第四种情况，他的想法是"以女还女，以柔克柔"。

经过严格挑选，再经过队列、步伐、擒拿等训练，十姐妹终于走进大山深处。

从组建的那一天起，局里局外，人们私下都叫她们"女子特警队"。

4间房子里，没有一张桌子。一截一截的木头墩子到处都是，那就是凳子。

她们的工作，用两个字说叫"护林"，具体一点叫"挡车"，用三个字说，就是"开杠子"。

"开杠子"是她们自己的说法。

达子多沟仅主沟就有几十公里深，较大的支沟也有好几条。支沟口有男经警们把守。女子经警队把守的是最后一道防线。

这道防线很单纯，就是守好那根"杠子"。"杠子"是横在这条路上的一根桶粗的圆木。圆木架在路两边的两个大木桩上，离地1米左右，太高了架子车可以钻过去。"杠子"的两头有铁丝设的"机关"，一头算是"合页"，另一头算是"锁子"。

所谓的"开杠子"，就是打开锁子，抱着那根横木，转90度，将审查过的车辆放进去或放出去。

那是一根很结实的木头，虽然经过配重，但"开杠子"仍然得两个人才行。

她们没有"锁杠子"一说。但车过去以后，她们必须得抱着那根木头，朝相反的方向再转90度，然后锁住。我说那就是"锁杠子"吧。她们一笑，可能是觉得有道理，但听起来别扭。

她们说，就是两辆车走在一块，也得开了关住，再开了再关住，就像公路上的收费站。但她们不收钱。

她们还说，就是一辆车没有，也得守在那里，眼巴巴地看着那根杠子。她们不希望有人偷木头，但有时也希望多来几辆车，有点事干。

原来，她们大多数都是苗圃里的拔草工，实行的是"计件工资"，各人有各人的承包地，草多草少，抓阄决定，一年一换，按亩论钱。野草最盛的季节，她们往往一天在地里蹲12个钟头，早拔完早休息。当了护林员以后，实行的是"计时工资"，一直得守着那个摊。

天晴的时候，值班的抱个大木墩坐在大门口，不值班的抱个大木墩坐在草棚下；下雨的时候，值班的还是坐在大门口看杠子，不值班的坐在房檐下看看杠子的人。

如果早上进去一辆卡车，晚上还不出来，整个一天她们都得等着；如果晚上进去一辆卡车，早上还不出来，整个一晚上她们也得等着。

每一天，大家都这样"傻傻等待"。没有双休日，"五一"、"十一"也不放长假。日子就在这样的等待中，一天天过去。

她们还年轻，所以常常心急。

高晓梅家在县城，我们去采访的那两天，好像什么机会被她抓住了一样，两次跟着我们的车出沟。她的同伴们也因此为她自豪。

十姐妹上岗，在整个白龙江林区算是一个新闻。在她们管的那个山沟里，是一个大新闻。

从上岗的那一天起,局里局外,人们私下都叫她们"女子特警队"。她们也做好了准备,要让那些曾经让男同事们"哭过鼻子、丢过人"的女人们知道,还有另一些女人正等着和她们较量。但此后,不知为什么,那些难缠的女人和难缠的事,或者没有露面,或者不再难缠。局里领导分析说,大概男的觉得缠不过了,女的觉得缠也没意思了。

与她们第一次发生冲突的,不是女人,也不是毁林的,而是几个没事找事的男人。一天晚上10时多,8个醉醺醺的男青年,骑着4辆摩托车要进沟。摩托车捎不动木头,她们打开杠子放了进去。但刚进去,他们又要出来;刚出来,他们又要进去。两个钟头内,出来进去十几回。本来杠子旁边有一条小道,摩托车可以过去的,但他们就是要她们"开杠子"。林区的天气,看起来总是比外面阴沉一些。高晓梅说,我们都有些害怕了,但面子上若无其事。

后来,他们塞上了锁子眼,然后一阵紧似一阵地叫"开杠子"。这一次,她们真的有些怕了。她们赶紧通过对讲机向林场汇报。林场领导说,他们让开你就开,要过就让过,躲着点他们,不要惹。

她们先拿来铁丝掏锁子眼,掏不开,又拿来斧子砸了锁子。然后,她们灰心丧气地休息了。她们没有哭,但很压抑。现在,在4号房子的窗台上,已经收藏了4个砸坏了的大锁子。那些变了形的锁子,一直提醒着她们,钥匙并不能解决一切问题。

2月9日,洮河林业局集中全部警力和大部分护林人员拉开了声势浩大的"刹风"行动,成员全部是男的。3月10日,行动进入第十天。晚上出发时,领导担心,行动中"可能有女的上来"。凌晨4时,达子多十姐妹被突然调集到卓尼县城待命。大部队走了,十姐妹各想各的招。有害怕的,也有不害怕的。但有一点,10个人是一条心:如果有情况出现,她们一定要露好这第一手。

从凌晨等到中午,从中午一直等到下午4时,行动组通知她们,行动与女人无关。她们又被送回达子多。说起这一次行动,她们多少都有些失落。同事们则说:"战争,让女人走开。"

但她们得坚守岗位。

她们日常所使用的工具,还有两个,都是铁的,自制的。

一是立在门口的"探杆",两米长,尖头拐把。遇见拉牛粪、拉麦草、拉粮食的车,她们都会拿着它四周里戳一戳,试试里面有没有埋木头。

二是挂在墙上的"掏子"。这个名字我是第一次听到。自行车辐条一般粗,尖头环把,像个蜕化的锥子。锁杠子的锁子眼常常被木片、口香糖塞住,她们就用这个"掏子"掏。她们说，如果没有这个掏子，就得换很多锁子。

除了"开杠子"，晚上，她们还要巡沟。40分钟左右一趟子，一晚上出动三四趟。开始的时候，请男经警们壮胆。后来胆子大了，就三五个人抱团去。发现林子里有人活动，就大声喊话："谁，干啥的?"

得到的回答往往是："我，牛丢了，找牛的。"

然后听动静。遇到复杂情况，几个人盘问，另几个人就拿着对讲机虚张声势："达子多有情况，请马上支援。"

领导对女子经警队特别重视，经常派人去视察。

2001年2月20日，卡车林场的领导在值班日志上批示："我和乔局长（洮河林业局副局长）到达子多检查工作，（乔局长）要求记录清楚进出的原因，加强值班制度，发挥女子经警的作用。"

2001年2月27日，卡车林场的另一名领导在值班日志上批示："值班记录要记事准确、详细、全面，对进山进沟的人要了解其基本情况，比如哪里人，干什么去。对所掌握的有关护林动态情况、资料、信息要及时进行汇报，严禁脱岗离岗。"

领导们的话她们很重视，但事情还是那些事情。下面的记录可能是女子经警队成立以来最重大和最有趣的事件：

2001年3月9日，下来马车一辆，拉烧柴，被挡进大院，卸下。
2001年6月26日凌晨2：30，从检查站的杠子前面发现6根木材，抬回大院。
2001年6月28日晚9：20，甘P—03960进沟拉死牛。
2001年8月20日，兰驼甘P—05590进沟，拉牛粪。
2001年8月27日，甘P—02332东风车1：30进沟，5：00出沟，拉板子18块，挡住拉大院。

达子多女子经警队的大门很小，院子也很小。拖拉机进不去，马车进不去。她们所说的大院，是指离它不远的达子多苗圃。

高晓梅辞职、迷彩服情结及其他

女子经警队10名成员中，有3名中专生，高晓梅、王金彩和颜占红。王和颜都是白龙江林管局碧口技校毕业的。高晓梅1997年从甘肃省警察学校毕业，十姐妹中，她是唯一一个到过省城的。毕业回家时，高晓梅总喜欢穿迷彩服。她想，不远的将来，她就会穿着这样的衣服，在林业公安局当一个警察。但她还没有上岗，局里就通知她下岗了。

在此后的3年时间里，她等工作也找工作。

1997年，她只身一人到白银，通过她同学到一家餐馆应聘当服务员，被人骗了60元介绍费，买了个教训，20天之后又回来了。她哥哥办了个蜂窝煤厂，此前，她拉架子车送煤；此后，生意好了，厂里买了拖拉机，她管开拖拉机的人。

3年之后，2000年6月，苗圃扩编，她被分配到达子多苗圃，和姐姐高晓玲同当拔草工。苗圃是承包制，半路去的没有承包地，她拔姐姐地里的草。警察学校里学的那一套，没有一点用处。

没有分配工作的时候，她没有哭，她对未来很乐观。工作分配了，不是穿上制服去当警察，而是蹲在地里拔乱草，她哭了。

她心不甘。洮河林区组建女子经警队，上过警校的高晓梅心花怒放。

因为上过警校，她被任命为女子经警队的首任队长。

麻雀虽小，五脏俱全。10个人的单位，也是什么事都有。当队长没有什么津贴，除了3天的准假权，没有别的什么权力。但责任重大，出了什么事，都得拿她试问。

高晓梅与姐姐同住一室，有好多天，姐姐白天支持妹妹"当官"，晚上睡到床上，就开始动员妹妹"辞职"。她们愿意公开的原因是：一、论年龄，她在十姐妹中排第八；二、论资格，好多人在林业上干了十几年。三、论关系，姐姐在她手下，没法管姐姐就没法管别人；四、论性格，高晓梅爱说爱笑，自己管不住自己。

在思考了一段时间之后，今年5月份，高晓梅正式提出辞职。说到这里，高晓梅低头不语了。我老觉得这其中还有什么"内幕"，但她俩谁都不想说什么。

5月17日，是高晓梅正式移交手续的日子。这一天，距她们正式入驻达子多刚好4个月。她整理好考勤表和值班日志，郑重其事地交给了荔晓芸。那一刻，她感觉到自己有点失败。

3个多月以后，谈起"队长风波"，姐妹俩有了另外的体会：一、"当官没有什么不好"；二、"多小的官都不好当"；三、"当过官后才知道不当官的轻松"。

她的体会，对她的下任会有启发吗？高晓梅说，一个人和一个人不一样。

荔晓芸已经是11岁孩子的妈妈了。高晓梅当队长的时候，大家很少叫她队长；荔晓芸当上队长，大家却队长队长不离口。记者在达子多采访时，荔晓芸刚刚被林场抽去训练打篮球去了，国庆节的时候，她要代表林场参加全林业局的运动会。9月3日，在她们的值班日志上，除了"一辆四轮出沟"外，还有这样的记载："队长打篮球去了。"

大家习惯叫她队长，是有道理的。高晓梅很佩服荔队长："人家就是大姐，自己做得好，说话有分量，大家都听。"她还说，"荔队长出去训练时，叮嘱我们值好班，我们就老老实实地值班。"

除了队长，其他9个人每月工资一样多，577元。荔晓芸因为工龄长，工资比她们高10元左右，她们就把高出来的这10元钱当做职务津贴对待。

高晓梅不当队长了，但她毕竟是当过队长的。提起队员的年龄，她怕虚岁周岁有误差，就说属相。对每一个人的性格，好像也有专门研究。她还写过一份《达子多女子护林队人员性格写真》：

荔晓芸：做事谨慎小心，追求完美，注重小节。

颜占红：多愁善感，具有神秘性。

李红玲：为人亲切，但不喜欢照他人的意思行事。

丁惠梅：做事易生厌烦，所在之处，快乐无限。

王金彩：坦率爱冲动，富有正义感，面对挑战，能全力以赴。

孙玉芸：敢做敢为，是我行我素的理想主义者。

王玉艳：温柔善良，活泼善交际。

张春玲：善于观察人心，不喜与人争执。

对姐姐高晓玲，她的描述是：

亲切平和，对工作认真负责，但却胆小怕事；善良有人缘，并值得信赖。性格中具有牛的稳重与镇静。

给自己下的结论是：

自信心强，定好目标即全力以赴，不喜欢拘束，有敏锐的审美观。

高晓梅住的房子里，有"警"字标志的东西仍放在最显眼的地方。上警校时用过的洗脸盆、水杯，一个放在门口的木墩子上，一个放在床头的木墩子上，"甘肃省人民警察"几个字夺目而出。上警校时穿过的迷彩服，一直挂在墙壁上，似乎要说明她的生活还与"警"字有关。她说，局里说我们是女子经警队，其实上面还没有正式批，我们没有服装，没有执法证，查车时总觉得心虚。

大家都不穿迷彩服，高晓梅有迷彩服，一个人也不好意思经常穿。10个人嘴上不说，但都有个小小的虚荣心，想穿一身统一配发的迷彩服去值班。

林场的领导心细，林场的意见反映上去，洮河林业局终于同意给她们统一配发服装。局里派人登记衣服号码的那一天，10个人高兴得心里直发酸。

记者打听到，局里已派专人到兰州订了货，一套96元。10月份，她们就能穿上这套能和森林融为一体的服装，去保护森林了。

去职后的高晓梅，已经有了自己的目标。上学时，她曾参加过大专法律专业的自学考试，待业那几年，断了线。6月份，她又一次到卓尼报了名，还是法律专业。10月27日，她要到合作去考试，一次考四门课程。她说："先考个大专文凭，有机会看能不能到林区公安局，穿上公安迷彩服，例行检查时，执法证拿出来，正儿八经的，自己心里就踏实了。"

她的想法，其他姐妹也有。但她们承认，想得都太高。现在她们想的是，干一天就要好好干一天，要做好干一辈子的准备。

最近，听说林业公安局要招人。高晓梅一直在悄悄打听消息，准备报考。

和高晓梅一样，颜占红上白龙江林管局碧口技校时也参加过高等教育自学考试，已经合格了一两门，但关系转不到甘南，没办法续考。她还在想办法转关系，"如果转不过来，我就重报。"她说她已经完全改变了原来的想法，"干什么工作都一样，在哪里都差不多。"她不是消极，而是和其他人一样，更务实了。

王玉艳9月底结婚了。对象是河南人，当过兵，会开车，也是护林员。

他们是到西安旅行结婚的，主意是王玉艳出的。王玉艳说："将来，如果我下岗了，也算出去了一回；如果两个都下岗了，就回河南去，他当司机，我当陪员。"看得出来，因为爱情，她才如此乐观。

加上王玉艳，现在，十姐妹有7个成了家，还有3个，也都到了恋爱的旺季。达子多女子经警队是个很小、很偏僻的单位，她们干的是很单调、很枯燥的工作，但有丰富的绿色相拥，有多彩的爱情相伴，她们也因此而满足。

相伴黑河

周丹波

一条横跨3省区6县市、造福上百万人的生命河。
一个位于祁连山深处的水文站。
一个矢志不渝投身水文事业的水文人。
一个长年工作在青海藏区的甘肃人。

走近札马什克

　　大河仿佛总是与高山有不解之缘，壮阔的波澜往往始于高的起点。被张掖人视作"母亲河"的黑河同样也不例外。虽然全程800余公里的她，最终穿越正义峡流入平坦的内蒙古额济纳旗草原，归宿于居延海，但溯流而上，其源头正是雄伟的祁连山。

　　作为张掖地区的最大河流、中国第二大内陆河，黑河是从远古一路风尘走来的。资料记载，汉时为羌谷水，晋时为卢水，后改称黑水。北魏郦道元《水经注》有"而黑水始附禹贡之迹"。其后也有"甘州河"、"金川"的美称。"无黑河就无张掖"、"黑河汪洋澎湃，曲折数州县皆成膏腴"，清人撰写的《甘州府志》中，此类记述比比皆是。黑河平时水清澈，遇洪水下泄，夹带大量泥沙，水流呈黑褐色，故名黑河。

　　造福了一代又一代河西儿女的黑河，在水资源日益紧缺的今天，她的乳汁对于"喊渴"的土地愈发重要。

　　在这条生命河上，有10个水文站日夜与之相伴，密切注视她的"一举一动"。居于最上游的是远在青海省祁连县境内的札马什克水文站。

　　2002年4月，沿宁张公路向青海行进，尽管已是阳春时节，但山中的牧草尚未返青，云低低垂下，仿佛伸手就可以摘上一片。顺走廊南上，经祁连县城再深入祁连山腹地,人烟渐没。山窝窝里才出现了札马什克水文站,这里距黑河发源地已不过70公里。除了河水声,还是河水声。

水文站用的是藏族地名——札马什克。水文站也不过就一个小院,一排新盖起的向阳的房子,共3间,一间宿舍兼办公室再兼厨房,一间仓库,一间放着单边带手摇式发报机。院内有一个小气象场,安置着蒸发器、人工雨量观测筒、自记雨量计、百叶箱、风速仪等,用于测温度、湿度、水汽压、降雨量、蒸发量、风速、土壤蒸发等,这些数值每天都要记录汇总,有些数值还要换算。2001年4月刚配备的太阳能供电系统,结束了这里几十年没有电的历史。

站长叫武永祉。说是站长,其实大多数时候也就他自己在这里坚守。在武永祉的办公室兼宿舍的正面墙上,贴着他用毛笔写的"人生在世,奉献乃上"8个大字。下面挂一面明镜和另一张纸片,纸片上还是一行行的座右铭,如"人生如电,奉献为最"、"有容乃大,无欲则刚"、"少欲知足,清净无染"、"财色不动,心静如水"等。屋内陈设十分简单,除床、书桌、炉子外,再无他物。

水文站对面不过百米处,就是奔腾不息的黑河。河中设有水尺,可观测水位。岸边矗立着2001年新修的观测房,从观测房中伸出几道结实的钢索,连接对岸。河水大时,武永祉就坐在吊箱上,手摇着吊箱沿钢索行进到河中央的高空,缓缓放下沉重的铅鱼,让铅鱼带着流速仪沉入河中,测出水流的流速。冬天则需要砸开坚冰观测,天寒冰滑,武永祉不止一次掉入河中,披着一身冰碴出来。

正是午后2时,武永祉从房中拿出记录本、水温表,来到河边观测、记录。武永祉说,每天8时、14时、20时都要到河边测水位、水温,早上8时30分准时通过手摇发报机向局里发报,雷打不动。进入汛期后,要根据来水大小随时加测,密度最大时每6分钟观测一次。同时还要实测悬移质含沙量、输沙率。

十多年来,武永祉天天重复着这些工作,从来没有误过一次。

札马什克海拔2800多米,山大沟深,阴冷潮湿,多年一直不通电也不通邮,最近的藏族村庄也在5公里外,是一个谁听谁怕、谁听谁躲的地方。1990年,从湖北长江水文职工中专学校进修毕业才1年的武永祉,听说远在祁连山深处的札马什克水文站条件艰苦,没人愿去,便主动找到张掖水文局的领导,要求到札马什克工作。武永祉的理由很实在:"呆在其他地方干不了很重要的事,在札马什克能发挥自己的作用","工资拿得心安理得一些。"

别看水文站居于一隅,不为人知,工作也不显山露水,但它的作用不可小视。1996年8月中下旬,黑河流域普降大到暴雨,8月22日黑河出山口莺落峡水文站最大洪峰流量达1310立方米/秒，黑河遭遇了60年一遇的特大洪水。武永祉冒着生命危险，顶风冒雨，忍饥挨饿，拎着手电筒，整夜守在河边，不间断地报告水情。武永祉和同事在吊箱上从河中央抢测洪峰时，漂浮的大树挂在铅鱼上，吊箱随时有被拉翻的危险，情况十分危急。脚下湍急的洪水越来越猛，武永祉以过人的胆量通过悬索踩在铅鱼上，在洪水的巨吼中竭尽全力清除了漂浮物，排除了险情。

在武永祉和同事们的并肩战斗下，洪峰在到达张掖市之前7小时，到达酒泉地区金塔县之前40小时，就得到了准确预报和通报。当地军民奋力抢险，减灾效益达2.5亿元，超过建国以来甘肃省水文事业的总投入。

当然，武永祉坚守在水文站工作的意义绝不只是凸现于防汛抗旱。面对黑河水量供需矛盾日益突出的现实，科学、公正、及时、准确地提供各种水文水资源数据，为实现国家制定的黑河水量调度、水资源配制至关重要。

从水文站的房中就能听见哗啦啦的河水声，每天夜里武永祉就枕着涛声入眠。以至于每次回到家中，竟不习惯于夜晚的静谧，耳边依然是回响不绝的河水声，常常辗转反侧，难以入睡——他离不开水，水需要他相伴。

1996年，张掖水文水资源勘测局准备将武永祉调换到条件稍好的另一个水文站。武永祉听说后，火急火燎地找到局领导，说啥也不愿离开札马什克。他的理由是："我已经熟悉这里的一切，别人来了还不一定安心。"

"共产党人就是要做难做的事"
"如果有更艰苦更重要的地方，我就去"

在不少人眼里，武永祉是个怪人。

就拿他的穿着来说，就显得不合时宜，长年那身老式中山装，加上总戴副近视眼镜，多少显得木讷。也许是一个人惯了，话也很少，不爱和人打交道，让人觉得不好接近。

再拿日常生活来说，武永祉十分清苦节俭，可以说对生活的需求已到了最低限度。他在札马什克一个月的生活，居然经常可以控制在10块钱左右，不吃荤，甚至经常一天只吃两顿饭。但他却常常自己掏钱为公家办事，也乐意资助别人，札马什克一带的藏族群众生活上有困难向他借钱买东西，他从不拒绝，至于还不还，他也从不过问。

札马什克水文站距离祁连县城还有30多公里，平常除偶有牧民来转转外，很难再见到人。不通班车，购买日常用品只能靠骑自行车。弯弯曲曲的山路，一个来回最少也得大半天。武永祉一次就买够一个星期甚至一个月的生活用品。每次出去，武永祉都捎带上气筒和修理工具，以防车子坏在半路上。尽管小心爱护，还是已经先后骑坏了3辆自行车。

盛夏的一天，武永祉从祁连县购买完测验物品正往回赶时，突降大雨，泥石流切断了公路，武永祉急着回去观测水情。他扛起自行车和物品便往回赶。跌跌撞撞赶回去，整个人早已成了"落汤鸡"。来站上探望他的妻子已做好了饭，等着他吃呢。武永祉却顾不上吃，搁下东西，拽着妻子就往河边跑。

水文站不通电，照明全靠煤油灯。冬天下午4时多天就黑了，做饭都看不见，武永祉索性就不做晚饭。等晚上20时例行观测完成后，就盖着厚被、皮衣，坐在被窝里取暖。冬天房屋的墙被冻透了，四周满是冰，人就如同睡在冰窟窿里。夏季屋内则到处漏水，盆盆罐罐全上阵接水。外面的天晴了，屋内还要继续"下雨"，细心的武永祉观察到，要整整滴8天才罢休。

3月上旬，山里的风还利得像刀子，土坯房的天花板全让老鼠打烂了，地上全是冰，房里像冰窖。倒风吹得煤烟在屋中散不出去，人不敢睡觉。没办法，武永祉就在院子里不停地跑、跳，借以取暖，作用当然不大，被冻感冒，半个身子都肿了起来，头不敢挨枕头，观测又不敢耽误。没办法去看病，武永祉就托人从县城买来止痛片对付。没几天，嘴肿得上下唇糊在了一起，筷子都塞不进去，只能把藏族老乡做的炒面搅上开水，放凉后，抬起头，用勺子慢慢往嘴里灌，一天就这样吃一碗糊糊，这样整整扛了半个月。回到张掖后，认识他的人都问："脸上怎么好像被人打了？"

武永祉是个节俭人，公家发给他烤火费买煤，为节省经费他却经常捡树枝和牛粪烧。站上的仪器、桌椅损坏了，他从不丢弃，修了再修。天天用来记水位的铅笔短得抓不住了，他舍不得扔，用硬纸卷起一个笔筒套在上面。连废旧锁子也被他摸索着配上钥匙，继续使用。电池用完了，他在上面钻开3个小眼，装上青盐加热，等放凉后再用。铁桶、铝锅破了，他也有办法，把塑料袋套进去，两头一烧，再用硬纸一压，就把漏洞堵得严严实实。煤油、蜡烛等物品，他更是经常自费购买。他去祁连县城买电池，也不开发票。别人不解，他说："公家一个月给八九百块钱，咱给公家买几节电池还要报销，太那个了吧？"

孤零零的水文站难免遭到个别坏人的侵袭，武永祉为防贼，特别做了一个铁丝头罩和防匕首的盾牌。他还有意识地在每年农历六月六当地举办的花儿会上表演他小时候学过的硬气功，让别人用板子往他清瘦的身上猛打，却毫发不损,这一招确实镇住了一些图谋不轨的人。加上武永祉和附近藏族群众关系密切,只要他在站上,保证平安无事。2002年春节前武永祉有事回家几天,留同事值班。盗贼乘他不在,居然把院子的围墙挖了个洞,将张掖行署慰问时赠送的一台摩托车偷走了。这使得武永祉更下定决心,再不离开札马什克。

"当时为什么要来这里?"

"主要考虑自身能耐差些,应当量才所用,呆到我合适的地方,能发挥我作用的地方。"武永祉说得很实在,"呆在城市里,我的人生价值体现不出来。"

"在这儿着急不着急?"

"刚来时也急。"武永祉十分坦诚,"物质条件艰苦,思想上苦恼,整夜整夜睡不着。"

武永祉认定"道德水准越高,排除精神杂念越大"、"共产党人就是要做难做的事",在几乎没有什么交流的环境里开始了对自我道德情操的执著培训。"现在和环境同化了,不对立了,自己是环境的一部分了。"他说。

武永祉告诉记者,来札马什克前,他也曾浮躁过,倒腾过小生意,如投资贩过皮子、卖过面、搞过小规模的种植养殖。"当时隐隐约约感到如果只是执迷于物质上的追求,自己不会有大出息,到头来焦头烂额。""光从物质上找幸福,永远也找不到。"

武永祉算了一笔细账:"人活70年,35年的时间就是睡觉、休息和退休,再算上其他各种事所占用的时间,工作还有几年?奉献太少,哪里还敢谈索取。""现在我物质上和地位上比别人觉得低下,但精神上是百万富翁,非常充足,没有匮乏,并且一天比一天富裕。"

"想没想过离开札马什克?"

"如果比这里更艰苦、更重要,我就去。"武永祉郑重地说。

"这样艰苦的工作环境,这种苦行僧式的生活,没有人会觉得有什么幸福可言,可你的名字'永祉'恰恰是求得福祉、追求幸福。"

武永祉告诉记者,自己原来叫武永德,上中学时自己改了名字。"祉"是那时从小说中看来的,当时心里想的正是一生能得到福。

"那么你认为自己现在找到了吗?"

武永祉沉默了,再没有答话。

远远的河水声又翻卷着传来了。从窗口望出去,天上的星星也闪闪着出现了,在没有污染的黑黢黢的大山中,星辰显得格外明亮耀眼。

细细算来,从20年前参加工作时在高崖水文站,再到双树寺、瓦房城、祁连水文站，直到现在扎根札马什克，武永祉始终和黑河相依相伴，未曾分离，从支流一直走到了干流的最上游。

在武永祉的内心深处，和黑河有着割舍不断的深情。在哗啦啦流淌的黑河边，武永祉忧心忡忡地告诉记者，很多事情看在眼里，急在心上。据当地老人讲，原先大山的阳面都长满了柏树和灌木，但由于森林盗伐严重，现在许多地方都是光秃秃的。祁连山涵养林的破坏，使得每年从9月到来年7月中旬，几乎没有雨水，而雨水多集中在七、八两月间，致使黑河来水量年内分配不均。

"我自己为此做不了多大的事，干着急。""要是每一个人尽自己最大所能，事情就好办了，生态平衡就好起来了。"这是武永祉的心里话。

每当附近的牧民群众来到站上，武永祉总要从侧面向他们作些宣传，让他们爱护森林。

武永祉会问："为啥年年牧草不行了，羊一批批死？害怕不？"答："害怕！"武永祉便说："就是因为树砍得厉害，你们问一问老人，以前树多，牧草长得可好了。树少了，养不住水，雨也没有了，草就长不活。"

武永祉给儿子起了一个独特的名字——武千森。下一代的这一名字中蕴含着武永祉的美好愿望。武永祉解释说，现在生态平衡破坏严重，许多河流来水量减少，不是大涝就是大旱。森林本身就是大片植物，植被覆盖大地，水量就可平衡。千片森林就更了不起，可以很好调节水量，改善生态环境。

相伴黑河无怨无悔

眼见都三十好几了，武永祉还没有说上对象。起初，武永祉总想找个有正式工作的，让日子稍稍宽裕些，但总是四处碰壁。武永祉只好把条件降了降，心想最起码也要找个带城市户口的，谁想城里姑娘一听他的工作环境，没有第二句话。

这前前后后见面的不下10个。武永祉再次降低了自己的条件，铁定心要找个农村的。可这也并非易事，农村姑娘订婚早，结婚早，相当年龄的大都有了人家。武永祉的心里着急，当年在武威一个水文站干了一辈子水文工作、因公残疾的老父亲心里更急。在兰州，武永祉的父亲碰上了来开会的张掖水文局的一位局长，老人见面先问："我大孩子在张掖工作表现怎样？"

这位局长含笑称许。

老人恳求地紧紧抓住这位局长的手说："孩子年龄大了，成不了家，帮帮忙吧！"一番话说得这位局长的眼眶湿湿的，他当即向老人立下了"军令状"。

人托人，人找人。通过水文系统职工的辗转相托，最终在山丹县农村找到了一个25岁的朴实的农村姑娘。

武永祉要结婚了。水文局的全体职工像欢庆自己的节日一样，穿着一新，悉数到来。天还没亮呢，局长就带着当时局里最好的6座丰田车，亲自赶往70多公里外的山丹县去接亲，新娘子刘桂芬好像凯旋的英雄。

蜜月还没过完，小两口就双双扎在深山，住在水文站，伴着涛声度过了人生最幸福的时光。

1992年10月，刘桂芬要分娩了。医院诊断是难产，大人有可能保不住。武永祉还远在240公里外的站上呢，水文局的人只好谎称是她的亲戚，冒着风险在手术单上签了字。

局里派人通过发报电台叫武永祉，竟没有叫下来；没办法，局领导亲自在电台上喊话，这才把武永祉给叫了下来。

从札马什克匆匆赶回的武永祉还惦记着站上的事哩。刚把妻子照顾了一个星期，就要起身了。临行前，他买了一架子车大白菜，推进了水文局家属院。别人问他买那么多大白菜干嘛，他真诚地说要让妻子"补补身子"。这件事至今仍被一些人当作笑话传说。

这一车大白菜吃得好艰难，直到出了月子，刘桂芬还没有将它吃完，有一小半眼见着就放坏了。到现在刘桂芬还不爱吃白菜。

来年刚开春，刘桂芬就抱着娃娃，裹着尿布，带着奶瓶赶到站上。站上没有电，煤油灯熏得娃娃咳嗽不止。他们就索性将煤油灯搁放在窗户外的窗台上，隔着窗玻璃照明。怕大风吹灭火光，就再用塑料布遮上。在朦胧的亮光中，夫妻俩守着儿子，数着星星，盼着天明。这一住就是3个月，小宝宝也一天天长大着。

几年没有见到儿子的父亲想儿子了。武永祉的父亲和老伴搭上班车，老两口相携着从景泰县一路颠簸赶到张掖市。从没来过张掖的老两口咋也找不到水文局，打电话问好地方后，就近叫了一辆简易三轮摩托车。不想由于车主开车速度太快，在转弯避车时将车撞在了水泥电杆上，怕事的车主慌忙逃逸。老人被撞得腿部骨折，原本有伤的身体雪上加霜。

水文站通过发报电台让武永祉火速赶回来，当时水文站上只有武永祉和一个临时工，武永祉咋也放心不下，硬是撑到了局里派的人赶到站上后，才匆匆赶回来看望父亲。等武永祉赶回时，父亲已经出院回家了。

见到儿子，父亲老泪纵横，问的第一句话却依旧是"先谈谈工作"。

武永祉多次被评为全省水文系统先进工作者。2002年春季，从省水文水资源勘测局又传来好消息：武永祉被评为全国水利系统水文先进工作者。张掖水文水资源勘测局领导赶到札马什克，把喜讯告诉武永祉，送去了用红纸袋封好的1000元奖金。武永祉没有撕开纸袋，又转手交给局领导，托他们捎回家中。

武永祉在张掖水文局的家看上去布置简单，但被能干的女主人收拾得十分干净。

被一些人视作"傻"、"有毛病"的武永祉，在妻子刘桂芬的心目中却格外高大，她全身心支持着丈夫的事业。她也曾试着干过临时工，但最终辞掉了工作，专心持家看孩子，守着清贫，守着幸福。武永祉经常回不了家，孩子一放假，她就带着孩子赶到站上，陪伴丈夫。

武永祉的儿子武千淼已上三年级了，在张掖市马神庙小学就读。孩子不仅品学兼优，而且懂事，夏天天热，问爸爸要冰棍吃，武永祉说："咱们回去喝凉开水。"武千淼不吵不闹，乖乖地跟着回家去。在学校里，见到别的同学拿饮料喝，他就从一旁悄悄走开。

在武千淼的作文中，有一篇就写到了他在札马什克的见闻，记者看到了这样深情的描述："春天小树抽出一把小扇子，小草破土而出，山上的雪化了，小鹿站在河边喝水，小鸟在枝头欢唱……"

是的，虽然山中积雪尚未消融，但春天毕竟来了，渐涨的河水传递着春天温暖的信息，也传递着对水文人来说更为重要的信息：汛期就要到了。远在祁连山深处的武永祉又忙活开了，购买物品，检修仪器，设好水尺，像迎接一场大战一样……

谢建平和阳关自然保护区

胡 杨

两千多年前，敦煌界的渥洼水，到底是一汪怎样的水，引发了汉武帝的诗意，那种磅礴的气势，一直吹拂着边塞的草木。

这汪渥洼水，不偏不离，就在大名鼎鼎的阳关脚下。"西出阳关无故人"，王维的诗句，绝对没有这汪渥洼水的温存。一个"无故人"就把万千凄凉和荒芜凝结为浓得化不开的阳关情节，触之怆然而涕下。的确，阳关向西，满目的戈壁和沙丘让人惊怵，戈壁和沙丘的巨大背景中，那汪碧绿的渥洼水很容易被人忽视，尽管有汉武帝的《天马》之歌，但凛冽的朔风，还是把它吹远了，吹到了人们的想象之外。

相对于戈壁和沙丘，绿洲的风雨飘摇是显而易见的。阳关，作为东方文化的一个标志性符号，它的陨落，其实就是绿洲的厄运。

汉帝国的边防哨所，那些曾经挺立于高岗之上的众多建筑，早已夷为平地。考古挖掘中，揭开厚厚的浮土，才见真切的夯层。通过宽大的夯层，我们想见那些建筑的雄伟，如今，它们都在狂暴的风沙中灰飞烟灭了。

这个无法避开的史实，让土生土长的敦煌人谢建平忧心忡忡。作为敦煌环保的"当家人"——敦煌市环保局局长，当他走遍了敦煌界内的每一寸土地，这样的忧虑更加浓重。

罗布泊就横在敦煌的西部。曾经的湖泊，在20世纪初赫文斯定的考察报告中还是水波荡漾，仅仅过了几十年，就已是地球的"空白区"了，极端的干旱和荒凉，没有丝毫生命的迹象。

历史文化名城敦煌会不会如此呢？

这不，敦煌严重缺水的局面已经摆在了当代敦煌人的面前。那么，干旱的魔手是怎样伸向敦煌的呢？这要从敦煌的地理说起。

敦煌南枕气势雄伟的祁连山，西接浩瀚无垠的塔克拉玛干大沙漠，北靠嶙峋蛇曲的北塞山，东峙峰岩突兀的三危山。面积3.12万平方公里，其中绿洲面积仅1400平方公里。平均气温9.3℃，属典型的干旱气候。年降雨量只有39.9毫米，而蒸发量却高达2400毫米。雨水的补给，显然不能维持绿洲的生存。

敦煌绿洲由党河滋补。发源于祁连山的党河，全长390公里，流域面积1.68万平方公里，年径流量3.28亿立方米，是敦煌重要的水利命脉。敦煌绿洲的地下水位从1976年到2001年共下降了10.77米，目前仍然以每年0.24米的速度下降。由于水位下降，导致绿洲区域内的一些湖泽逐渐消失，原有的1万余亩咸水湖和1000余亩淡水湖目前80%已不复存在，绿洲周边的荒漠戈壁上的植被逐渐枯死，绿色屏障逐渐退化。

据敦煌市林业部门统计，目前全市仅存天然林130多万亩、草场135万亩、湿地270万亩，分别比建国初期减少了40%、77%和28%。库姆塔格沙漠正在以每年3至4米的速度逼近敦煌绿洲，风沙每年"吃掉"绿洲2万亩。

这样的情形随着时间的推移，还在逐步恶化。

始建于1992年的敦煌西湖自然保护区，在2003年6月，由省级自然保护区升为国家级自然保护区。2005年，敦煌西湖国家级自然保护区管理局正式成立。敦煌西湖国家级自然保护区地处库姆塔格大沙漠东沿，与罗布泊相邻，面积66.34万公顷，占敦煌地域面积的20%，是一个典型的内陆湿地、荒漠生态系统和野生动植物类型自然保护区。

敦煌西湖国家级自然保护区内大面积荒漠森林与湿地植被，无疑是敦煌绿洲赖以生存和发展的绿色屏障。

尽管如此，阳关一带的生态保护却是一个空白，这是谢建平最放心不下的。历史上，就是阳关和玉门关一带的湿地上养育的众多植物，遮挡沙漠的东移。谢建平查阅了无数的典籍史料，对阳关一带的环境变化了如指掌：汉时，阳关周边的屯兵达到两万多人，那时这里肥沃的土地就被开垦，放牧的战马也有上万匹。可今天，阳关镇的居民仅有4500多人。千年之后，由于人为地过度开发，这里的绿洲萎缩了。

历史和现状，责任与使命，一次次把谢建平的目光引向阳关，引向那片逐渐消失的湿地。

那是一块多么珍贵的湿地，到处都是红柳、芦苇、梭梭柴。令人痛心的是从20世纪50年代开始，建农场、开荒地，大肆地砍伐，加之当地农民烧柴取暖都是就地取材，天然的绿色屏障被撕开了巨大的口子。这口子，是敦煌的伤疤，更是谢建平的心病。

通过谢建平的不断努力，在敦煌市委、市政府的大力支持和倡导下，1994年经省政府批准建立敦煌阳关省级自然保护区。由于缺少资金，保护区内的基础设施建设严重滞后。2003年，谢建平多次上北京、跑兰州，向国家和省上争取资金60多万元，并向市政府争取资金30万元，加大保护区的基础设施建设。

谢建平从健全保护区规章制度入手，先后制定、完善了保护区工作职责、管护人员巡护制度等16项规章制度，强化保护区日常监管力度，坚持对核心区每天巡查1次，缓冲区每周巡查1次，实验区每月巡查1次。与阳关镇政府联合，每年对保护区进行4次执法核查，依法查处在保护区内乱砍滥伐、乱猎偷牧等违禁行为，使保护区的保护监管工作逐步走向正规化。

在抓好保护区监管工作和基础设施建设的基础上，谢建平认识到，要想使保护区的保护与建设有所成就，取得成效，就必须走晋升国家级自然保护区的路子。为此，他先后邀请北京大学、复旦大学、兰州大学、中国环境科学院等多家高校和科研机构的专家，对保护区进行科学考察和研究，获得了大量珍贵资料，摸清了保护区自然资源和生态系统概况，为保护区申报国家级自然保护区提供了重要的科学依据。

如今，当我们再次把目光投向那片古老的渥洼水，回味那个滋味悠长的有关天马的故事时，我们的心情是宽慰的。从此处望过去，那片绿洲一眼望不到边，勃勃生机扑面而来。沙丘边缘，一丛丛芦苇迎风摇摆，吹响了向沙漠进军的"号角"。

在过去很长的一段时间，人们对敦煌阳关自然区保护还是很陌生的。这其实是一片自然地理中的"拗陷之地"，是一块聚集水源、聚集阳光、聚集动植物的小盆地。

保护区由东南向西北倾斜，包括低山地貌、山前倾斜平原过渡区、堆积区和沙漠戈壁。区内没有大的山体分布，位于境内的龙勒山，是由岩石积成的风蚀残貌，海拔1312米，总面积约0.5平方公里。这是一座在史书上常常提到的山脉。龙勒，是龙马的笼头，汉代名将霍去病曾过龙勒，驱逐匈奴数千里。汉时设龙勒县，管辖着今敦煌南湖镇及阳关自然保护区的大部分地区。因为保护区处党河冲积扇西沿，地势低而地下水位高，海拔相较于党河河口低100米，故党河中、下游渗入地下的水和南山沟系渗入地下的水以及冰川融水形成潜流，在阳关自然保护区内溢出，形成了大大小小的泉眼、水头或泉水群190多处。多处泉水汇集而成的泉水河流，其中最长的流经50多公里。此外有大小塘坝67座，湖泊面积164.84公顷，水量丰富时可达300公顷以上。

说到阳关自然保护区的泉水，谢建平一脸的兴奋。在盛夏的酷暑季节，他带着保护区的工作人员四处奔走，只要发现泉水或河流，他们就展开忙碌的测量，详细记录各种各样的数据。工作之余，他们还能痛痛快快地洗个泉水澡。

敦煌阳关自然保护区共有种子植物141种，分属34科、99属。种子植物以藜科、禾本科、菊科、豆科、蒺藜科、十字花科、蓼科、柽柳科种类最多，它们是保护区植物群落的优势种群。除荒漠地区的优势种类外，还有许多湿地植物，如眼子菜、水麦冬、海韭菜、芦苇、香蒲、沼生柳叶菜、苔草等。种子植物中，有国家重点保护珍稀濒危植物4种，即胡杨、梭梭、裸果木、膜果麻黄，其中裸果木为国家二级保护植物。

这样一个庞大的生物种群，散布在广阔的保护区内。谢建平和他的同事们，为了弄清植物的种群、分布和生长特征，几乎是用双脚丈量了保护区内的每一寸土地。他们采集标本，观察植物的生长期，每天都是一身土、一身泥、一身汗，尤其是湿地的蚊虫，咬一口，就鼓起一个大包，奇痒难忍。一说起这些，谢建平眼睛里就闪烁着泪花。他说，大家的工作虽然有些苦，但不管怎么说，阳关自然保护区的基础设施建起来了，保护管理、科学研究、宣传教育、执法监督等各项工作，都在紧锣密鼓地展开。

随着植物的恢复，水土保持的状态持续好转，保护区内已知鸟类已有87种，哺乳动物35种，鱼类7种，且多数为我国西北地区特有物种，林蛙和花背蟾蜍，为我国特有种，其中林蛙被列入《中国濒危动物红皮书》。保护区内记录的爬行动物有14种，已知的哺乳动物中，列入国家级重点保护动物名录的有岩羊、盘羊、黄羊、鹅喉羚、双峰驼、兔狲、猞猁等；列入《濒危野生动物国际贸易公约》的有盘羊、狼、猞猁3种；列入《中国濒危动物红皮书》的有盘羊、黄羊、鹅喉羚、双峰驼、狼、虎鼬6种。

大片的湿地为鸟类的栖息繁殖提供了良好的环境，也是众多候鸟迁徙途中的重要驿站。其中列入国家级重点保护动物名录的有黑鹳、白鹳、白琵鹭、大天鹅、鸢、猎隼、燕隼、红隼、纵纹腹小鸮、蓑羽鹤等12种；列入《濒危野生动物国际贸易公约》的有黑鹳、白琵鹭、猎隼、燕隼、红隼、鸢、纵纹腹小鸮、蓑羽鹤8种；列入《中国濒危动物红皮书》的有黑鹳、大天鹅、白琵鹭3种。

在渥洼湿地，鸟儿们在水面自由欢快地飞来飞去，从摇曳的草丛看过去，一切都是那么和谐，那么美妙，就像敦煌壁画中描绘的极乐世界。让人不由发问：这就是阳关吗？这就是阳关所在的荒芜吗？

与这些鸟儿们有着不解之缘的谢建平，每天天刚麻麻亮，就攀上简陋的观测塔，从观鸟镜中观察，看它们身体的每个部位，确定它们是哪一类鸟。为了建立鸟类的档案，还要拍摄下鸟的标准肖像。谢建平告诉我们，在阳关自然保护区拍摄鸟类的最佳季节是秋天，这时候迁徙过往的候鸟和保护区的鸟类济济一堂，但它们在这里休整的时间只有几天，必须抓住机会，错过了，就只能等到第二年。

如今，阳关自然保护区的湿地不仅成为敦煌市和莫高窟的第一道天然生态屏障，还成为我国西部荒漠区重要的候鸟栖息地之一，为大量候鸟栖息、繁衍提供了理想的自然环境。

说到保护区的发展前景，谢建平兴奋不已。他说，建立国家级自然保护区，这只是保护区建设迈出的一小步，关键是考虑可持续发展和保护的问题，要着重处理好保护与开发利用的关系。他说，他们将选择保护区的沙漠地带，开垦至少200亩以上的葡萄园。葡萄在阳关地区的种植已经有上千年的历史。事实证明，葡萄的引种对于改善保护区的沙漠环境发挥了重要作用：一方面可以变沙漠为绿洲；另一方面，能够涵养水源，增加经济收入，促进保护区的可持续发展。

阳关自然保护区自然景观和物种的多样性，使这里的沙漠与灵泉共存，金黄的芦苇、粉红的红柳，映衬悠远的天空，构成了庞大的荒漠中的植物园。"在这里开展旅游观光，前景广阔。"谢建平自信地说。

油橄榄的故事

苟保平　卢吉平

2003年12月，行走在陇南的土地上，不止一次地听人们谈起油橄榄。那时候，我们的脑海中浮现的是曾经红遍大江南北的一首流行歌——《橄榄树》："不要问我从哪里来，我的故乡在远方……"，悠远而有些哀怨的旋律把我们带到一个梦中的地方，好像那就是心中永远的故乡，宁静与梦幻交织，灵动与情谊生长，充满了和平与希望。

接下来的日子，我们查阅相关资料，走访有关人士，认识了真正的油橄榄，也认识了那些和油橄榄打交道的可爱可敬的人们。

"衔着橄榄枝的白鸽"

油橄榄是一种油用树种，被誉为"植物油的皇后"，传说最早起源于希腊。

希腊神话传说，雅典是雅典娜女神的领地。有一次，上帝想送雅典娜一件特殊的礼物，经过精心挑选，最后选中了橄榄枝，郑重其事地赐予雅典娜。那时候，海神波塞东一直想将雅典城占为己有，并通过阴谋窃取了雅典城的所有权。无奈，雅典娜只好拿出上帝的礼物——橄榄枝。于是，第一棵油橄榄从土中发芽，雅典娜也因此得到了雅典城，并以智慧女神的身份戴上了用橄榄枝编织的桂冠。

从此，橄榄树在雅典民众生活中成为重要的、被尊敬的树种。人们用橄榄枝作为婴儿诞生的贺礼，用橄榄油及橄榄枝花环作为青年竞技胜利的奖品，老年、长者参加竞技时要佩戴橄榄枝……橄榄树的功能渗入雅典人生活的方方面面。

而关于油橄榄的另一传说则更具感染力：当洪水淹没整个大地时，所有的动物与人类都成对地进入方舟之中躲避洪水。诺亚神从方舟窗户第二次放出鸽子。所有的人们和动物都在焦急地等着鸽子的回音。时间一分一秒地过去，一直到了晚上，鸽子回到了诺亚方舟，嘴里叼着一个新拧下的橄榄枝。诺亚神就此知道洪水已经退去，灾难已经过去。据此，橄榄枝在西方就成了和平、幸福、希望的象征。1942年，在巴黎召开的世界和平大会就选用了毕加索绘制的"衔着橄榄枝的白鸽"作为世界和平的象征。

尽管油橄榄作为一种珍贵树种，几乎在人类起源时就融入了人们的生活，然而在中国，直到9世纪时才有关于油橄榄的记载。由于自然条件所限，真正引种成功，也不过40多年的历史。这也是油橄榄至今还不为大多数中国人所熟知的原因。

寻访第一代油橄榄园

怀着无限的向往，我们找到了武都县油橄榄开发办公室副主任祁治林。听我们说明了来意，祁治林沉默了一会儿说："还是先到林子里看看吧！"

车出武都县城，在柏油路上行驶了不到20分钟，便来到一个名叫"汉王"的小镇。在几座颇具现代意味的楼房之间，夹杂着一片古朴的民居，透露出悠闲而散淡的气息。迎着淅淅沥沥的小雨，穿过几条幽长的小巷，踩着泥泞的乡间小路，我们去寻找陇南地区第一代油橄榄园。转过一垄绿意醉人的庄稼地，眼前突然一亮：一片泛着青碧色的树林如雾如梦，静静地立在雨中，枝头成串成串的碧绿色的小果子证明着春华秋实。

"那就是我们武都县的第一代油橄榄园！"祁治林有些激动地说。

在一棵硕果累累的树下，祁治林和我们一起回忆油橄榄在我国引种的历史。他说："解放前，一些外国传教士和在欧洲的留学生把油橄榄带到了中国，开始零星地在广西、重庆等地引种，至于大面积引种，一直到1964年，在周恩来总理的倡导下，才真正拉开了序幕。"这个说法在《中国油橄榄》一书中可以得到佐证："1963年底，周恩来总理到阿尔巴尼亚访问。访问途中，汽车几小时地穿行在绿色油橄榄林荫大道上，那种从远古神话中走来的具有浓郁地方特色的景观及其在经济上的重要地位，给周恩来总理留下了深刻的印象……总理详细了解了一些情况后，决定在我国引种油橄榄。阿尔巴尼亚总理谢胡得知这一消息，决定送给周恩来总理一万株油橄榄树种，并派一只专船"维罗娜"号和两名技术人员于1964年2月8日送到我国湛江港，随即空运分发到8个省、12个种植点试种……这是我国规模最大的，也可以说是引种史上最大规模的引种。"书中还记载，1964年3月3日，周总理在云南省昆明市海口林场亲手栽下了这批树苗中的第一株油橄榄树。

从此，中国的油橄榄浸透着周总理的关心和爱护。在我国农业科技人员的不懈努力下，这个原来只适合在地中海气候条件下生长的珍贵物种，历经40年风雨，如今已经在我国12个省、市、区扎根落户，繁衍生息。在发展的最高峰，油橄榄在我国曾达到1200万株，但由于其本身的"娇气"和对气候条件的过分敏感，加之一些人为因素的破坏，目前全国保存下来的第一、二代油橄榄，只有数十万株而已。

然而，令人欣喜的是，第三代油橄榄已经在我国找到了相应的适生区，大多数幼林已经果挂枝头，结实累累。1998年，由国际橄榄油理事会绘制的《世界油橄榄分布图》上，第一次标上了中国的名字，甘肃陇南地区也被划在分布区内。在我国油橄榄种植区中，甘肃省陇南地区以其独特的气候条件，被划分为一级适生区，在中国油橄榄发展史上，占据着重要的位置。这一地区油橄榄的产量，已经达到了地中海沿岸区的水平。

事实上，甘肃省一直到1979年，才在宋平的倡导下，开始引种油橄榄。20世纪70年代末期，宋平在甘肃工作。一次偶然的机会，他了解到陕西汉中引种油橄榄非常成功。在他的直接关怀下，第一批油橄榄苗木从汉中引入武都。20世纪80年代初，武都县的油橄榄技术人员向当时担任国家计委主任的宋平带去了一瓶在四川加工的橄榄油。宋平抚摸、打量着这瓶金黄色的橄榄油，十分高兴，连声称赞说："没想到发展这么快，油这么好！"

当时，尽管宋平离开了甘肃，但他的目光始终没有离开过甘肃这片热土，也始终关注着陇南油橄榄的发展。在他的关心和支持下，武都被国家计委和林业部列为全国油橄榄种植基地。

在陇南采访期间，记者有幸看到了宋平1995年写给甘肃省委书记阎海旺的一封信：

海旺同志：

你好。70年代我曾提倡在陇南河谷地带种植油橄榄，并从汉中地区引进一些种苗，后来听说引种是成功的。他们还带给我一瓶在四川加工的橄榄油。今见《北京晚报》载，专家徐玮英讲陇南适种面积达40多万亩，看来潜力不小。希望你予以重视。

　　致
敬礼

宋平

六月十日

从此，油橄榄开始在武都大面积引种，并产生了可观的经济、社会效益。

如今20多年过去了，占地12亩的甘肃省第一代油橄榄园——汉王镇林场油橄榄园，绿意葱茏，生机盎然，186株油橄榄诉说着岁月的沧桑，也演绎着关于油橄榄的故事。

罗永祥和他的186株油橄榄

罗永祥是陇南第一代油橄榄园的主人，今年已72岁了。他见证了油橄榄在陇南的种植历史，也体会到了其中的酸甜苦辣。说起油橄榄，老人原本笑意融融的脸上，透过一丝不易觉察的苦涩。

"当年引种的时候，没有几个人知道油橄榄是什么，也不知道种这个东西有啥意义，后来又有人说这种树要十几年才结果子，大家好像也没有多少积极性。树种下以后，正赶上包产到户，镇上本来打算把树分给大家，可没有几个人愿意要。镇上领导找到我，要我承包，当时我心里也没有底，这东西以前从没见过，万一搞砸了咋办？可费了那么大劲儿栽下的树总得有个人管吧？我想了几天几夜，最后还是答应看管园子。我想，得想办法先让树长起来。"

就这样，罗永祥的后半生和油橄榄紧紧地连在了一起。他把铺盖卷搬到了园子里，白天松土、拔草、浇水、施肥、修剪，晚上趴在油灯下查资料、做笔记、学习种植技术。日复一日，年复一年，这样的日子过了整整10年！

那些年，农村人的热情像发面一样地膨胀起来，日子几乎是一天一个样，可罗永祥的园子却像一头步履蹒跚的老牛，没见有什么大的起色。油橄榄过于缓慢的生长速度不但考验着他的耐心，而且磨练着他的韧性。他时常面对树林发出这样的疑问："我这样做到底有什么意义呢？"他甚至萌发过放弃园子，改种粮食的打算，但这个念头仅仅是一闪而过，他总觉得这片林子将来一定会带来什么。因为他知道，敬爱的周总理之所以能做出引种油橄榄的决定，绝不会是心血来潮，一定有着深远的意义。最终，他坚持了下来。

大约是在第七个年头的春天，橄榄花开过后，一些青色的果子悄悄地爬上了枝头。这让罗永祥高兴得像孩子一样手舞足蹈。他每天站在树下，看着这些果子一天天地长大，直至变成黑紫色。

又过了3年时间，罗永祥才迎来了第一次丰收。那一年，他摘下了1万多公斤油橄榄果。尽管这些果子没有给他带来想像中的经济收入，却引来了中国林业科学院的一批专家学者，他们经过实地考察，认为这个产量已经达到了地中海沿岸区的高产水平,并把武都县定为油橄榄试验基地。这让罗永祥吃了一颗定心丸,并和汉王镇政府正式签订了承包合同。

接下来的几年里,罗永祥用在油橄榄上的心思更多了,园子一年比一年好。油橄榄果的市场平均价达到了每公斤6元—7元,树苗也开始走俏。然而,正当罗永祥准备甩开膀子大干一场的时候,镇上的一位领导却在合同未到期的情况下,强行将园子转包给了另外一个人。

断断续续打了一年多官司,园子是要回来了,可由于承包人不会管理,园子几乎已经沦为一片荒地!回忆起那一幕,罗永祥这样描述了当时的心情:"我到地里一看,原来长得很旺的树好像得了病,有些枝条也死了,倒是草长得比树还旺!当时我心里那个疼呀,真是没法说!"老人说,那天晚上他一夜没合眼。

这还不是罗永祥遇上的最糟糕的事儿。那是1998年的春天,油橄榄苗的价格节节攀升,周围一些农民开始偷盗油橄榄枝条。罗永祥和儿子罗社德不敢离开园子半步,日夜守护着自己辛苦了近20年的186棵油橄榄。有一天晚上,附近村子里的60多个精壮劳力闯进橄榄园,对着看园子的罗社德一阵拳打脚踢。罗社德昏迷过去后,这些人拿出镰刀,把凡是能够育苗的枝条砍了个精光,然后装上车扬长而去。看着一片狼藉的园子,罗永祥哭出了声。他知道,园子要恢复起来最起码需要3年时间!他向公安机关报了案,虽然事情最后以李佐德赔偿5000元做了了结,但这件事却成了罗永祥心中永远的痛。

如今,罗永祥的油橄榄园已经扩大到了80亩,卖出去的树苗达到了20多万株,日子也过得一天比一天红火。他说:"我把命泼在油橄榄上,就是想给大家做个榜样。不说别的,如果我们这一带的农民把房前屋后的洋槐树都换成油橄榄,一棵树一年就是300元的纯收入,相当种一亩粮食哩!"

祁治林和第二代油橄榄园

从某种意义上说,祁治林可以算作是陇南地区引种油橄榄历史上最有分量的人物之一。

1989年,武都被中国林业科学院定为油橄榄试验基地。为了选一块最适合油橄榄生长的地区,祁治林翻山越岭,跋山涉水,把白龙江沿岸的山山沟沟跑了个遍。最后,他把目光定格在离县城较近的大湾沟。

这个山沟因泥石流长期冲刷,呈簸箕状,利于水土保持。加之山坡向阳,光照充足,非常符合油橄榄喜温的特性。然而,要把这条泥石流时常光顾且乱石累累的沟道改造成适宜种植油橄榄生长的地块，付出的劳动可想而知。

但武都人民没有退缩，祁治林也没有退缩。

他们历时2年，移动土砂23万多立方米，治理大小泥石流沟道7条，建成水平梯田104亩。1992年，从湖北省林科院引进的一年生油橄榄苗正式在这里安家落户。第二代油橄榄示范园就这样诞生了。

看着凝结着自己心血和汗水的小树苗一天比一天长高，祁治林心里溢满了成功的喜悦。他常常站在地头，望着还显稚嫩的小树林，一看就是大半天。

那是第四个年头的春天，有一天祁治林惊喜地发现，枝头竟然挂上了星星点点的花蕾。他有点不相信自己的眼睛，因为他知道，权威的说法是在最佳生存条件下，油橄榄也只能在引种第七年后结果！难道自己将创造一个纪录？

他怀着充满希望而又疑惑不定的心情，等待着奇迹的出现。让他意想不到的是，几个月之后，泛着光亮的小果子还真的挂上了枝头！这一奇迹的出现，开创了油橄榄在我国种植4年结果的新纪录，打破了引种7年后才能结果的定论！

面对成功的喜悦，祁治林并没有沾沾自喜，而是把目光转向了优良品种的引进上。

1996年，陇南地区组织农林口的专业技术人员到欧洲专门考察油橄榄。祁治林是考察团的成员之一。考察团出发前到了北京，祁治林首先去看望中国油橄榄事业的开拓者、国际著名林学家徐玮英。徐老语重心长地说："出去一趟不容易，你一定要珍惜这次机会，要想尽一切办法把欧洲最好的品种带回来！"祁治林郑重地点了点头。

走出徐玮英家，祁治林买了一把剪刀揣在怀里。在意大利考察的日子里，祁治林走到哪里，就把这把剪刀带到哪里。看见结果多、品种好的油橄榄，他就剪几个枝条下来。有时候人家不让剪，他就赔着笑脸，好话说尽。晚上，他又坐在灯下，把白天剪来的枝条一个一个对比，一个一个地挑选，把结果最多的枝条留下来，编好号码，做好记录，然后才上床休息。

到了北京，祁治林把带回来的枝条一分为二，一半留给自己，然后带上另一半赶往徐玮英家里。让他意想不到的是，出租车半路出了车祸，把整整6捆枝条弄丢了！最后他只把两捆带回了陇南。

经过精心培养，这些远渡重洋的娇嫩树种居然活了下来。如今，在大湾沟示范园里，第三代油橄榄已是枝繁叶茂，果实累累。

在这期间，祁治林还在为办油橄榄加工厂的事儿到处奔波。为了筹集资金，他跑了县上跑地区，跑了省上跑中央，费了九牛二虎之力解决了资金问题，并于1991年建成了榨油厂。

然而让祁治林没有想到的是，作为植物油的"皇后"，橄榄油在甘肃却没有一点市场，整整6年时间硬是没有卖出去过一两油！为了让人们真正认识橄榄油，陇南地区的领导同志狠下一条心，让祁治林把油装成袋，作为礼品给人送。尽管这样，还是迟迟打不开市场。

祁治林讲了这样一件事："有个朋友在兰州工作，我每次到兰州都要给他带点橄榄油，没想到有一次他把攒了4年的油拿给我说，真不知道这玩意儿怎么吃，你还是带回去吧！我当时的心情坏到了极点，真想大哭一场！"

这样的局面一直持续到1998年。这一年，陇南地委做出决定，要想尽一切办法让橄榄油走向市场。祁治林肩负重任进了北京，考察的结果是橄榄油换了包装，并研制开发出了油橄榄系列化妆品，包括洗面奶、洗发水、沐浴露等6大类产品。从此，橄榄油一炮打响，并且数年持续飘红。但随着新一代油橄榄生产经营者的大量涌现，祁治林渐渐淡出了人们的视线。

徐玮英：为了周总理的嘱托

在采访中，徐玮英这个名字不止一次地被人们充满敬意地提起。虽然我们没有见到过徐玮英，但随着采访的渐渐深入，她的形象却日渐清晰地走进脑海。

行走在武都县的油橄榄种植园里，不经意间就会觉得一位笑容可掬的老人迎面走来，和我们快乐地打招呼，也许她会停下脚步，悠闲地坐在一棵有些年成的油橄榄树下，兴致勃勃地给我们讲那过去的故事。这位老人应该就是徐玮英。这位把一生献给了祖国林业事业的老人，因为油橄榄的缘故，把甘肃当成了第二故乡。从1987年任国家计委"发展甘肃武都油橄榄生产"项目主任以来，武都就成了她魂牵梦绕的地方。她像关注儿女的成长一样，关注着武都的油橄榄。

罗永祥回忆说："徐教授经常给我写信，说树长到一定程度就得修剪，要把一些骨干枝条取掉，还要注意摘心、抹芽，这样才能多结果子。"他还说，"1995年中国林业科学院把我聘请为农民技术员，其实我都是跟徐教授学的。"

徐玮英不但通过书信了解油橄榄在武都的生长情况，还多次来到武都，考察油橄榄发展情况，手把手指导油橄榄的种植。1989年的夏天，她一到武都，就赶到汉王林场，围着第一代油橄榄园看个不停。那一阵子，因为合同纠纷，罗永祥暂时离开了园子。由于承包人管理不善，有些树已经开始干枯。看着眼前的一切，徐玮英的心里像刀割一样，她找到陇南地区有关领导，狠狠地发了一次火。她不能眼睁睁地看着那么多人付出的心血因为人为因素而付之东流！陇南地区及时解决了有关问题，并制定了油橄榄发展规划，保证了油橄榄在武都的稳步发展。

1998年，当她以82岁高龄再次踏上武都的土地时，油橄榄已经在这里形成了大气候，到处呈现出生机勃勃的景象。她会心地笑了。徐玮英不遗余力地为武都的油橄榄事业奔走呼号，为武都发展油橄榄作出的贡献远远超过了她的职务范围。祁治林说："武都的每一株油橄榄里，都凝结着徐教授的心血和汗水！"

徐玮英对油橄榄情有独钟，是因为她一直记着周恩来总理的深情嘱托。她在《中国油橄榄》一书中满怀深情地回忆了1964年3月3日周恩来总理栽下油橄榄时的情景：

"周总理在栽种现场和专家探讨种植技术，指示对每株树都要有记载，要像爱护孩子一样，精心照管。他还语重心长地说：'现在种植油橄榄还有几个问题值得研究：第一，树能不能成活？第二，能不能生长？第三，到时能不能结果？第四，能不能培育出第二代？第五，第二代又能不能结果？这些问题现在还不能解决，以后解决了我是不会知道了！你们都比我年轻，能够知道。'……周总理并对我说：'你如能把油橄榄引种好就不错。'从此，我的脑海中深深地印上了总理对我的教导与鼓励，深深地感受到周总理对引种和开发油橄榄事业的深切关怀。"

就这样，徐玮英和油橄榄结下了不解之缘。在她的努力下，油橄榄不但在中国安家落户，而且还让世界认识了中国。国际橄榄油委员会执行主席FaustoLuchetti在为徐玮英所著的《中国油橄榄》一书所作的序中说："作为国际橄榄油委员会的执行主席和一个橄榄油的忠实消费者，不论从专业的角度还是从个人情感，看到像中国这样一个国家对油橄榄栽培的与日俱增，都让我感到由衷地高兴。"他还说，"这让我能够有机会了解到这个国家到处洋溢着激情和有着巨大的潜力，其中包括对外来文化显出的强烈兴趣。"

编织梦一样的美好未来

2003年12月，记者在武都县采访时看到这样一组数字：全县已建成国有示范园4处，50亩以上私有橄榄园145处，农户连片橄榄园61处，发展油橄榄育苗专业户83户，累计完成定植面积6.6万亩，配套建设橄榄油工厂2座。县上还打算今后3年再发展3.3万亩，争取"十五"末累计面积达到10万亩。如果这个愿望真能变成现实，那么，等到10万亩油橄榄全部达产，每年的产值将达到14.4亿元！对于贫困的陇南地区来说，这个数字足以让每一个人热血沸腾！

从1979年第一次引种油橄榄算起，至今已经过去了整整34年。34年足以使一个人走向衰老，也足以使一个产业走向成熟！

夏天快过去的时候，祁治林指着大湾沟密密麻麻的橄榄果对记者说："一串串果子是一串串心血，同时也是一串串致富的希望。"

如今，种植油橄榄已经成了有识之士心目中最有希望的生财之道。仅在武都县，就涌现出了石新林、刘元勇、林海、豆改林、李慧等一批种植户。他们还开发了食用橄榄油、天然化妆品、保健品等5大类、10多个橄榄油系列产品，在市场经济的大潮中寻找着出海的机会！

34年来，油橄榄由无人喝彩到风起云涌，走过了一段不平凡的历史，同时也编织着一个梦一样的美好未来！

最后的贵族

杨德禄

我国特有珍稀动物大熊猫，是300多万年前野生动物家族幸存下来的"遗老遗少"，有"国宝"、"骄子"和"动物活化石"的美誉。因其数量稀少、濒临灭绝，世界动物保护界有人称之为"最后的贵族"。其憨态可掬的形象成为世界野生动物基金会的会徽。

曾几何时，大熊猫的分布区域从缅甸一直延伸到我国东部的大部分地区，我国的13个省都曾发现过大熊猫化石。在数十万年的沧桑巨变中，它们的活动范围逐渐从热带和亚热带地区向我国中部和东部气候更加温和的森林转移。到20世纪下半叶，大熊猫的栖息地仅局限在四川、甘肃和陕西三省相连的岷山山麓和秦岭山地。由于人为的破坏干扰，环境的不断恶化，大熊猫栖息地的急剧萎缩，如今存活总数已下降到1000来只！

栖息在甘肃省的大熊猫，主要分布在甘川界山——岷山山脉摩天岭北侧和西秦岭山地红铜河流域峰峦叠嶂、沟壑纵横、气候温润、水资源丰富的苍茫林海间。为了保护栖息在这块宝地上的大熊猫、金丝猴等珍贵动物和它们赖以生存的绿色家园，国家于1978年批准成立了白水江国家级自然保护区，横跨文县和武都两县，其中80%的地域在文县白水江以南，总面积2000多平方公里。

30多年来，白水江自然保护区管理局的干部、职工和科研人员长年累月跋山涉水，风餐露宿，日夜守护在大熊猫出没的深山老林里，为保护、抢救"最后的贵族"作出了不懈的努力，奉献出了人生最美好的年华。

围绕保护、抢救大熊猫，在这里发生过很多可歌可泣、鲜为人知的生动故事。

一

白水江自然保护区的主要任务是，以保护和驯养繁殖大熊猫为中心，全面保护好本区域丰富的动植物自然资源，确保以大熊猫为主的珍稀动物栖息繁衍的自然环境不受破坏。

大熊猫一般栖息在海拔2000到3500米之间的针、阔叶混交林中，其生态环境大都是连绵起伏的崇山峻岭，山势陡峭，云雾缭绕；大熊猫赖以生存的主要食源是箭竹，有时也开荤吃点别的东西。大熊猫一般不会主动攻击其他动物，可一旦发现有其他死亡动物时，也会大块朵颐。箭竹是禾科植物，营养价值不高，因此，大熊猫的进食量很大，一天几乎有十几个小时都在进食。这就需要大面积的箭竹供大熊猫食用。通常一只大熊猫就要占据40公顷左右的领地。

早在1978年保护区成立初期，甘肃省珍贵动植物资源调查队就首次全面系统地调查了白水江自然保护区境内的大熊猫和其他动植物资源，判定本区域共有大熊猫285只，广泛分布在文县白马河、丹堡河、让水河3个流域及碧峰沟、李子坝等地，约占当时全国大熊猫总数的10％。但由于大熊猫的主要食源箭竹，每隔45到50年就要周期性地开花结籽大面积枯死，而保护区内箭竹连年大面积开花枯萎甚至死亡，使饥饿严重威胁着大熊猫的生存。加之箭竹开花结出的种子需要十来年时间才能长成可供大熊猫食用的新竹，因此，一方箭竹已难养一方大熊猫。但乡土观念很强、喜欢独居、性格孤僻的大熊猫宁肯忍饥受饿，也不愿离开家乡故土，迁徙到其他地方安家落户。

根据区内大熊猫的分布情况，保护区科学选点，建立了7个保护站和1个驯养场，下设专业巡逻队、瞭望台、收容点，开展了旷日持久、艰苦卓绝的大熊猫保护抢救工作。他们采取在重灾区设立观察点、建立训养繁殖场、就地收容病饿大熊猫、人工播种、栽植箭竹等措施，先后成功抢救了10多只大熊猫。尽管如此，仍未遏制大熊猫种群数量急剧减少的趋势。1984年，白水江自然保护区管理局经过调查发现，境内的大熊猫已减少到156只。也就是说6年时间，保护区内的大熊猫下降了129只，平均每年下降二十余只！更加令人担忧的是，大熊猫的危急状况，并没有就此画上句号。1987年，国家林业部、省林业厅和白水江保护区组成100余人的联合调查队再次调查时，发现栖息在白水江保护区内的大熊猫已锐减到97只！这是一个让人难堪的无法接受的数字。

除箭竹大面积开花枯死，大熊猫遭受饥饿所致外，过度开荒耕种，滥伐林木、乱捕偷猎，人为干扰，加之大熊猫繁育能力低下，一只新生幼仔只有一百来克，难以喂养、多有夭折等等，都是导致其种群严重退化衰落的重要因素。然而，大熊猫种群数量急剧减少的态势，并非白水江保护区一地，四川、陕西两个保护区的情况也大致相似，调查数字表明，白水江保护区内栖息的大熊猫始终占全国总数的10％。

1993年春季以来，白水江自然保护区让水河、碧口辖区一带的竹园沟、渭儿沟、黑阴沟等大熊猫栖息地又一次出现箭竹大面积开花枯死现象，大熊猫生命再一次受到严重威胁。面对此情此景，人们不禁要问，这"最后的贵族"难道真的到"最后"了吗？真的要从生活了数万年的地球上永远消失吗？

大熊猫面临的生存危机，引来了全球动物保护界关注的目光，也牵动着党和国家领导人的心。李鹏、田纪云等亲笔为大熊猫的救灾保护工程题词；时任国务委员的宋健获悉白水江自然保护区大熊猫的受灾情况后，特此致信林业部："抓住机会对保护区各级干部群众进行一次科普教育，务使大家明白保护大熊猫的科学意义和法律责任，大家共同努力，减少大熊猫的损失。"随后，林业部主要领导也相继作出批示，随即下拨了救灾专款和救护专用车；世界野生动物基金会积极援助，投入大量人力、物力和资金；生活在保护区内的干部、群众和保护区职工密切配合，展开了旷日持久的大熊猫保护抢救工作。

二

保护区职工和区内广大干部及时组织起灾情调查队、医疗抢救队、护山巡逻队，采取增加观察点、收容点、人工植竹等各种措施，千方百计对病饿大熊猫进行保护和抢救。

1996年6月，保护局决定在让水河、团包、高山嘴等地进行一次大规模的人工投食活动，投放鸡、牛、羊肉和玉米面窝窝头等食物，以救助栖息在这里的14只嗷嗷待哺的大熊猫。抢救队员们爬高山、涉流水、啃干粮、住岩窝、钻丛林，采取路线调查、寻找跟踪、观察习性、分析活动范围等办法，在野外"扎荒"，一住就是10多天，确定最佳投食点，以保证投食准确有效。投食后，他们还要在密林中隐蔽观察，以了解掌握大熊猫取食的情况。与此同时，抢救队员还采取种种办法人工引诱大熊猫向未开花的箭竹生长区迁徙。观察队员看到，在投食区的14只大熊猫中，有7只食用了投放食物。让他们备受鼓舞的是，在投食中发现了一只大熊猫亚成体和一只幼仔。据科研人员观察分析认为，这两只大熊猫均属1994年大熊猫调查后,产仔新增的。事实证明,在灾荒之年,通过人为抢救保护措施,这"最后的贵族"同样能够生存繁衍,度过难关。

要让大熊猫不断繁衍,光靠保护区的100多号人马,势单力薄,远远不够。保护局紧紧依靠当地政府,派干部驻村入户大张旗鼓地宣传各种动物保护法规,动员千家万户保护野生动物和森林资源。先后利用国家和省上的投资110多万元扶持保护区的群众开发新的致富门路,改善生活条件。与此同时,保护区公安局及时侦破了7起猎杀大熊猫、倒卖大熊猫皮的重大案件,依法严厉打击了一批残害濒危珍稀动物的违法犯罪分子,在整个保护区起到了很大的震慑、教育作用。

当箭竹开花枯死、大熊猫生命受到严重威胁的时候,生活在保护区内的文县近10万农民群众积极响应政府号召,自觉保护大熊猫。他们宁愿自己忍受暂时的困难,也不进山采挖药材、毁伐林木。有时饿极的大熊猫闯进山寨人家,翻箱倒柜饱食一顿,然后大摇大摆地离去;有时钻进麦田翻跟头吃麦苗,将庄稼糟蹋得一塌糊涂,村民们仍把它们当神灵珍宝,从不伤害。

地处白马河畔、密林深处的邱家坝大熊猫养殖场也为保护病饿大熊猫创造了奇迹。保护区职工和当地群众紧密配合,先后把处在危急状况下的13只大熊猫从树枝上、冰雪中、小溪边、庄稼地里抢救回来,在兽医和饲养人员的日夜护理、精心喂养下康复健壮,有的重新放归大自然,有的留作科学研究,有的还当了"明星",成为我国对外交往的友好"使者"。"文文"和"雪雪"就是两个幸运儿。"文文"是铁楼乡铁堡寨白马藏族青年班富生从山林中抢救回来的一只两个月大的大熊猫遗弃幼仔;"雪雪"则是一位农家大爷从冰冷的小溪中抢救出来,经文县医院打针输液、喂药喂食救活的。

保护区和广大群众全力拯救大熊猫,大熊猫也为保护区和文县人民争了光,赢得了荣誉。被驯养场抢救康复的两只名为"霄霄"和"菲菲"的大熊猫,在保护区驯养人员的陪护下,先后赴澳大利亚墨尔本、悉尼及新西兰展出,成为世界上首次踏上南半球的"熊猫大使"。"林南"是文县林业局职工和石鸡坝乡哈南村的农民在当地抢救回来的雄性病饿大熊猫,当时只有两岁,瘦得皮包骨头。经过驯养场几年的精心喂养,变成了十分英俊、健壮的"白马王子",被白水江保护区的科研人员范文安、杨秦安带往四川卧龙保护区参加大熊猫人工繁殖合作研究。其出色的表现,为大熊猫人工繁殖研究写下了精彩的篇章。1991年"林南"与卧龙自然保护区的雌性大熊猫"冬冬"结合,产下一对双胞胎;1993年春天,它又与成都动物园的大熊猫"庆庆"交配成功,于9月又产双胞胎……

提起抢救、保护病饿大熊猫的事，管理局的干部职工会异口同声地夸赞一个忘我工作、无私奉献的保护站站长，他就是年届六旬的乔建华。在抢救大熊猫的日日夜夜里，时任丹堡保护站站长的乔建华，长期吃住在远离村寨人家20多公里的那家梁观察点的小棚子里，有时一住就是一个来月。那家梁观察点是全保护区路最远、山最高、生活条件最艰苦的一个点。临时搭建的小棚子四处漏风透雨，阴天铺上常湿不干，晴天进去热如火炉。更为可怕的是每当大雪封山、暴雨断路之时，观察点上经常发生缺粮断菜的情况。没有蔬菜，他钻进树林采摘野菜吃，没有面粉就用土豆充饥。在箭竹大片枯死、大熊猫受到严重威胁的3年时间里，乔建华和他的同事们就在这样艰苦的环境里守护、观察了整整3年。

大熊猫居住的地方有浓密的树冠遮挡、繁茂的竹林掩护，白天它们一般都潜藏在竹丛中，以大树作庇护，发现十分不易。除了定点观察，乔建华他们每天还要在野兽出没、无路可走的密林深处十分隐蔽的地方，跟踪观察大熊猫的觅食活动情况。外出几天，住在崖窝岩洞过夜是家常便饭。一次，他和同事们一起去永碧梁一带寻找一只游动觅食的大熊猫，不知翻过了几座山，也不知越过了多少岭，奔波一天，精疲力竭，什么迹象也没有发现。夜幕降临了，他们就地找了一个岩洞，升起一堆篝火，度过了一个寒冷难熬的夜晚。第二天天还未大亮，他们继续跟踪寻找。功夫不负有心人，上午10点多钟，他们终于在永碧梁斜坡沟发现了这只大熊猫。他们紧跟不放，在陡峭的山崖、茂密的树林中远远跟踪了一天，详细观察、记录了这只大熊猫的身体状况和附近箭竹的生长情况。直到看着这只受饿大熊猫安全转移到箭竹丛生、食源丰富的解板沟后，他们才悄悄撤离。

还有一次，乔建华正在巡山调查，忽然听到附近有大熊猫的尖叫声。寻声望去，他发现离自己约30来米远的一棵大树下，有一只大熊猫，当他抬头往树上看时，发现树上也趴着一只大熊猫。此情此景，使这位老站长异常激动。他知道，这是大熊猫在发情，机会难得，必须详细观察记录。时值中午，烈日当空，晒得趴在地上的乔建华满身是汗。但他始终屏住呼吸，一动不动地趴了3个小时，获得了大量大熊猫野外发情配偶的珍贵资料，为专业技术人员研究大熊猫的繁衍提供了十分重要的第一手材料。

谁能想到，这位呕心沥血、忘我工作的拼命三郎当时竟是一个肝炎和风湿性心脏病患者。几十年来，他带病工作，一心扑在大熊猫保护、抢救工作上，先后跟踪、观察、转移、抢救过36只大熊猫，为保护国宝立下了不朽的功勋，多次受到党和政府的嘉奖。后来,他又不幸得了胃癌,一年之内做了两次大手术,不得已才离开了工作岗位。

三

白水江自然保护区的7个保护站,除红土河站在武都县境内属秦岭山地外,其余的6个保护站都分布在文县境内岷山山系摩天岭山脉北麓的大山深处、江河之滨。基层保护站的70多个正式职工和数百名聘用的护林员,长年累月巡山护林,为大熊猫、金丝猴等珍稀动物站岗放哨。

为了深入了解保护站的工作,2002年4月,我们决定到刘家坪保护站去看看。这是一个接待过来自英、美、法、日等好多国家的世界野生动物保护专家的保护站。我们驱车从文县县城出发,沿白水江畔东行10多公里便拐进一条流水淙淙、两边都是高山峻岭的深沟,逆河而上到丹堡,再向左上山,在野花簇拥的盘旋山道上盘绕行走了15道长长的"S"形大弯,整整走了4个小时来到一座大山的梁顶。密林深处,迎面出现了一个木栅栏围着的小院,陪同采访的局办公室主任何朝贵告诉我们,这里是刘家坪保护站大岭梁瞭望台。

绿树环绕,野花满院。坐北朝南的3间瓦房里走出一位年届60岁的高个老人,身强体壮,脸膛黝黑。他老远就伸出我们热情相握的那双大手,粗得像老树皮。他叫朱国昌,和另一位名叫孙贵林的老人一起,不管刮风下雨还是大雪封山,他俩一直守护在这个孤独寂寞的制高点上。他们不仅每天从早到晚要注意上山下山的车辆行人,防止有人偷猎珍贵野生动物和砍伐树木,还要登上大梁岭顶峰,用望远镜一个山头一个山头巡视,监视火情火灾。

进入值班室,两位老人认真细致、一丝不苟的工作作风让人十分感动。他们住在山上、吃在山上,除每天工作外,还坚持多年在空闲地方栽植落叶松、侧柏等树木1600多株,有的已经长得很高了。办公室的土皮墙上贴着保护区的两幅不同用途的大地图,一张十分破旧的办公桌上放着一台用了几十年的手摇无线电发报机。每天上午9到10时、下午3到6时,朱国昌都要按时按点摇动无线电发报机,给保护区公安局喊话汇报。遇到异常情况,他还要立即向公安局汇报。手摇发报机旁放着一本装订得很规范很工整的《电台日记》。这本每天由朱国昌签名的日记,用十分流利的钢笔字详细记载着从2001年12月22日开始,他们在大岭梁瞭望到的出入人员、车辆等情况。

从这本不经意发现的《电台日记》里,我们不仅看到了保护站一线职工认真细致、一丝不苟的工作作风,而且看到了保护区管理局领导深入基层、关心职工的情况。譬如2002年1月28日的日记记载:"今天,山上下了第三场大雪,10厘米厚。下午3时5分,局领导何书记、何主任等顶风冒雪上山慰问……"

为了进一步了解他们的工作情况,朱国昌带领我们从小院出发,爬上海拔2000多米的大岭梁顶峰。登高远望,四周绿树如海,满目云雾茫茫,群峰尽收眼底。老人拿着望远镜给我们介绍说,南面不远松林密布的悬崖峭壁上,经常可以看见成群结队的金丝猴出没嬉戏。小群几十只,大群数百只,有时它们还扶老携幼,蹦蹦跳跳地从瞭望台的院子旁经过。当地农民半山上种的包谷,每年有三分之一都被金丝猴抢收了,农民也从不伤害它们。正南方最远处的那座高山,就是摩天岭,大熊猫就栖息在那儿的沟沟岔岔里。此时,我回头望了一眼站在一块岩石上的朱国昌,他双手紧握望远镜远望巡视的神情,既像一位军队中指挥千军万马的大将军,又像一位大山里尽职尽责的守护神,显得异常高大、威严。

离开瞭望台,翻越大岭梁,沿着密林中崎岖的山路下行三四公里,就是刘家坪保护站。保护站的9名职工有8名深入到溪流沟岔、密林深处大熊猫出没的地方巡回检查去了。一位只有25岁、名叫张健的年轻职工接待了我们。他说,保护站的职工没有节假日,没有星期天,进山巡查一去就是七八天,天黑了能赶到有人家的地方就住农户家里,实在赶不到就在崖窝窑洞过夜……

当我们正在和张健交谈的时候,宁静的保护站小院里突然拥进来30多个说说笑笑的小学生。一打问才知道,刘家坪是一个只有十几户人家的乡政府所在地。离保护站不远的地方有一所小学,方圆几十公里的山里孩子都在这里上学。为了搞好和当地农民的关系,宣传动员他们自觉保护濒危野生动物和森林资源,保护站腾出5间房子,免费让家住林区、距离学校较远的孩子居住。

为了保护大熊猫等濒危珍稀动物,保护这片绿色的宝库,白水江自然保护区基层保护站的职工,就这样无私奉献,默默无闻地守护在大山深处。他们把人生最美好的青春年华播散在这片苍茫林海间,与大熊猫同甘、与大熊猫共苦;有时遇到偷猎野生动物、砍伐林木的不法分子,他们还要挺身而出,冒着生命危险和他们勇敢搏斗!

四

2000年5月,甘肃省组织38名队员,身着迷彩服,肩背行李和各种监测仪器，每天跋山涉水、风餐露宿，在人迹罕至的密林深处历时3个月时间，对白水江保护区的各种珍稀动植物又一次进行了全面、系统、详细的调查，并传来了令世人振奋的喜讯：白水江自然保护区20世纪八九十年代开花枯萎的箭竹已全面复壮，坚持数年人工栽植播种的1万多亩箭竹枝繁叶茂，茁壮成长，栖息在这里的大熊猫雌雄、老中青种群结构良好，数量稳中有增，总数超过了100只！与上次普查相比，增加了10只左右。白马藏族聚居区白马河流域，上次普查时只有8只大熊猫，这次普查时发现至少有15只大熊猫在这里栖息繁衍！这是保护区和当地政府通力合作，严防严守、严格保护，区内农民群众大规模退耕还林取得的可喜成果，引起国内外专家的瞩目。

特别值得注意的是，随着保护区周围生态环境的不断改善，退耕还林区域的不断扩大，生性喜欢在隐蔽的山林里独居、不愿迁徙的大熊猫，也逐渐开始扩展栖息范围。1994年3月，文县肖家乡马家山突然来了一位"不速之客"，经跟踪考察证实，这只大熊猫原籍在几十公里外的范坝乡让水河流域的深山密林中，因当地箭竹开花食源枯竭而逃荒迁移至此。它翻越当年三国时期邓艾伐蜀偷渡阴平攀援的摩天岭主峰，进入李子坝青崖关一带，最后流落到马家山一带，才找到了第二故乡。1994年10月5日，白水江自然保护区边缘的武都县三仓乡柯柴沟发现一只大熊猫，这里是纯农业区，从来没有大熊猫分布。根据科研人员考察证实，这只大熊猫无论来自文县尖山保护区还是让水河流域，距离均达四五十公里之遥。也就是说，这只大熊猫翻峻岭、越峡谷、涉溪流，经过众多村庄和农田，横穿甘川公路、泅渡滚滚白龙江才流落此地。1995年4月，文县碧口镇发现一只大熊猫，它毫不犹豫地纵身跃入碧口水库，自南向北泅渡过200米宽的水面，上岸之后穿过甘川公路进入白龙江以北地区，消失在茫茫林海之中。科研人员从它的粪便中发现，这只长途跋涉移居他乡的大熊猫，远征中主要以麦苗为食物，足见其旅途的艰难困苦……大熊猫的这些惊人壮举，给科研人员提出了新的研究课题。

让众多科研人员迷惑不解而又备感兴奋的是，近年来在甘肃省陇南地区的武都、康县、宕昌，甘南藏族自治州的迭部、舟曲、临潭等县，也多次发现大熊猫的实体、踪迹或粪便。这是大熊猫在扩大栖息领地还是迁徙西移？无疑，这又是一个难破难解之谜。

对于栖息在大山深处、密林丛中、崖窝树洞中的大熊猫，人们至今仍然是已知的有限，未知的无穷。面对一系列新情况、新问题，白龙江保护区的干部、职工和科研人员深深地感到，在保护抢救世界瞩目的珍稀野生动物大熊猫方面，要研究的课题和要做的工作实在太多,肩上的担子很重、压力很大。但是,经过20多年的艰难探索,他们已经攻克了许多难题,积累了很多经验,有决心有信心为大熊猫的生息繁衍创造更加良好的生态环境,让这"最后的贵族"永远和人类一起宁静和谐、安详自然地生活在我们共同的家园——地球上。

 **主编点评**

在今天构建和谐社会的同时,我们也须提倡人与自然万物的和谐相处。

"天地与我并生,而万物与我为一"。人既不是大自然的主宰,也不是大自然的奴隶,要做大自然的朋友,与环境友好相处,将仁爱之心泽及草木禽兽,达到天地万物、人我一体的境地,而至于天人调谐之境界。

宋代辛弃疾在《鹧鸪天·博山寺作》中说:"一松一竹真朋友,山鸟山花好弟兄"。人与植物、花鸟交朋友,称兄道弟,平等相待,其"友好"可谓达到了纯真挚爱的境界。这可视作"环境友好"的艺术写照。至于宋代隐士林逋"以鹤为子,以梅为妻",更是流传千古的佳话。

但是,当如今水源锐减,绿洲萎缩,风沙肆虐,干旱加剧,空气污染……许多人才认识到,善待自然,善待自然界,便是善待人类自己。人们开始把注意力投向自然保护、开始注重生态保护,开始关注森林事业,开始关心从事自然生态保护的工作者。

保护生态环境,是一项利在当代,功在千秋,造福子孙后代的伟大事业。近几年来,甘肃省经过实施大规模天然林保护工程和退耕还林工程,局部生态已出现了逐步好转。出现了人与自然、人与动物逐步和谐相处的可喜景象。这就需要人们加倍地珍惜和爱护。在这里,我们撷取了一些奋战在生态保护第一线的职工。

事实上,由于历史欠账太多,自然环境恶劣,生态环境脆弱,甘肃省生态保护和生态建设都是在极其困难的条件下起步的。在这样的条件下,甘肃省奋战在自然生态保护第一线的职工,自然就要比别人付出更多的艰辛和代价。他们工作的地点,大都处于交通不便、山高路远、环境十分艰苦的偏远地区。从风雪弥漫的祁连山自然保护区,到"蜀道难难于上青天"的白水江林海;从黄土高原绵延300里的子午岭林区到本省十大国有林区之一的关山林场,一批又一批林业职工,在那诗意的大山深处色彩斑斓的绿色世界和百鸟争鸣的和谐乐章一起的,是他们在深山老林所住的简陋工棚,是他们常年默默奋斗的执著精神,是他们热爱家乡、不言放弃、实干兴业的精神；绳锯木断、水滴石穿、坚持不懈的精神；不怕失败、百折不挠、愈挫愈奋的精神；一心为民、无私奉献、不求回报的精神，等等。这些精神，都是值得大力提倡和弘扬的。

　　看着这些文章，感受他们的内心世界，倾听他们的酸甜苦辣时，相信你会不由自主对他们产生深深的敬意和敬重，也更能体味"前人栽树，后人乘凉"这一俗语背后的艰辛努力。

动人的环保之路

金昌：彻底告别造纸业

刘兴元

永昌县朱王堡镇郑家堡村党支部书记王润庆近来少了一件烦心事：村里的群众不去集体上访了，他再也不必隔三差五上县里市里领人了。

王润庆的烦心事来自环境污染。由于建在村上游的永昌宇华纸业有限公司排放的大量废水、废气，使当地自然环境受到了严重的污染。刺鼻的烟气熏得人喘不过气来，个别水井的水变成了绿色，村民怨声载道，四处上访。2007年上半年，金昌市委、市政府采取果断措施关闭了这家造纸企业，老百姓的日子安稳了。

截至2007年上半年，金昌市所有12家造纸企业被依法关闭，全市彻底告别了高耗水、高耗能、高污染、低效益的造纸行业。每年可减少废水排放量460万立方米、化学需氧量1100多吨，年节约新水660万立方米。

2007年10月，金昌市委主要负责同志在接受记者采访时说，贯彻科学发展观不是一句空话，关闭造纸厂是我们落实节能减排任务、实现又好又快发展的具体措施，也是改善环境、造福百姓的实际行动。

金昌市的12家造纸厂始建于20世纪八九十年代。这些企业在消化农业副产品、安置农村富余劳动力、增加地方收入方面曾起到了一定作用。但是，它所带来的高耗水、高耗能、高污染危害，也对当地生态环境造成了严重影响。仅耗水一项，有人算了一笔账：12家造纸厂如果满负荷生产，每年的产值最多能达到1亿元，耗水却超过了1000万立方米；而市上正在兴建的新材料工业园区，建成后年产值将达到300亿元，设计年用水量不足3000万立方米。造纸行业的水效率只有新材料园区的百分之一，水资源十分紧缺的金昌市，根本无法再为如此惊人的奢侈继续埋单。

严峻的现实使市委、市政府痛下决心，于2006年下半年作出了关闭所有造纸厂的决定。起初，一些基层干部群众思想上有疙瘩，认为关闭造纸厂影响了农民收入,减少了地方税收,损失很大;造纸企业的老板们也抱着等待观望的态度,关闭工作阻力较大。对此,市委、市政府态度很坚决:节约资源、保护环境是利国利民的大事。在这个问题上不能只算眼前的小账,一定要算造福子孙后代的大账,所有造纸企业必须全部关闭,一个不留!市上与县区政府和相关部门签订了目标责任书,提出了造纸企业关闭的最后期限。通过各级党委、政府和环保部门宣传政策、做深入细致的思想工作,大部分造纸企业在规定期限内关闭。对个别玩"猫鼠游戏"的造纸企业,相关部门联合行动,断水、断电,依法进行了强行关闭。为了防止一些被关停企业"死灰复燃",2007年,市委、市政府主要领导带领相关部门负责同志先后两次深入实地了解情况,督察关闭工作,解决存在问题,确保一次性关闭到位。

记者在采访中得知,对于被关闭的造纸企业,金昌市并非一关了之,撒手不管。市委、市政府和各级党委、政府及环保部门积极出谋划策,鼓励和支持企业及时转产,充分利用现有场地、车间、设备,新上符合国家产业政策和金昌市情的项目,并在政策上倾斜,资金上支持。

2007年10月17日,当记者来到已关闭的永昌绿洲园纸品公司,只见生产车间里热火朝天,原料和成品堆积如山。所不同的是,现在生产的不再是纸浆,而是一种用途广泛的木炭。公司经理吕志文告诉记者,企业已经成功转产,所用原料还是当地农民的麦草、玉米秸秆和锯末渣,产品无污染、低耗能,而且效益高、销路畅,年设计生产能力为3000吨,产值600万元。已经关闭的金昌福海生态科技园再生纸厂,目前也已顺利转产,开始发展规模养殖业和生态农业,计划年养殖肉牛1000头,肉羊2000只。目前,已饲养肉牛80头、肉羊260只。还承包开发了2700亩荒滩,用于植树造林和发展种植业。永昌宇华纸业公司关闭之后,决定转产新上年产6万吨麦芽生产线,目前已上报了立项报告,正在委托设计单位进行工艺设计。据记者了解,到目前,12家被关闭的造纸厂,已有6家实行了转产,另外6家正在筛选论证新上项目,开展转产的前期工作。

造纸行业的关停,对金昌其他行业也产生了很大触动效应。金昌水泥集团前不久主动爆破拆除了能耗高、污染大的年产8.8万吨立窑生产线。董事长石怀仁对记者说:"造纸行业关闭,也给了我们警示,只有主动减排,才能赢得生存。"为此,他们投资新上的日产2500吨新型干法水泥生产线,已经在金昌新材料园区动工兴建。各企业纷纷加大投入,通过技术革新和工艺改造,降低能源消耗,减少污染物排放。2007年,全市共实施节能技改项目24项,总投资54.64亿元;落实重点环保工程8项,总投资12.2亿元。

记者在采访中有一个明显的感受，金昌市委、市政府对贯彻落实国家和省上节能减排政策不折不扣，措施得力。不仅对造纸业这样高耗能、高污染的企业坚决关闭，而且在招商引资和项目建设中坚持有所为、有所不为的原则，设立严格的环保准入"门槛"，坚决杜绝高能耗、高水耗、重污染项目的引进和建设。在2007年第十四届兰洽会上，全市共签约招商引资项目118项，签约资金111.5亿元，全部为节能环保、循环经济、新材料及接续产业、基础设施建设等方面的项目，无一国家淘汰或限制的高耗能、高污染项目。2007年以来，全市新上项目的环评率达到100%，"三同时"执行率达到100%。

一项最新统计数据表明：2007年前三季度，金昌市GDP实现163.4亿元，同比增长18.1%；大口径财政收入达到39.6亿元，同比增长66.8%。与此同时，万元GDP能耗同比下降4.59%；万元工业增加值能耗同比下降4.85%。二氧化硫排放量比上年同期削减5.7%；化学需氧量排放量比上年同期削减9.3%。全市地面水水质和饮用水源水质达标率均为100%。

经济指标持续攀升，能耗、污染大幅下降，这"一升一降"的显著变化，昭示着金昌市经济社会正朝着又好又快可持续发展的道路大踏步前进。

绿色守望者

徐爱龙

这是一群默默奉献的环保主义者,这是一群用双脚去诠释信念的人,这是一群用爱心去守望绿色生命的人。正如他们的队歌所唱的:我们是绿色的守护者,雪山上和高原都留下了我们的足迹。他们所守望的绿色不仅仅是大千世界的虫子、草儿,它还寓意着民生、民情。

这就是兰大"绿队"。

绿队7岁了

走进兰州大学绿队办公室,赫然映入眼帘的是"兰大绿队,我们的家",整个房间布置得温馨而意趣盎然。书柜里摆放着十几瓶取自全国各地的水,以及兄弟院校和各种环保组织赠送的纪念品,还有许许多多已经编辑成册的绿队历史资料,随意翻开一页,都能读出一段故事。虽然只是一所高校的普通社团,7年时间也不算太长,但却有着无比深厚的内涵,经历是如此的丰富而精彩:曾参加清华大学生物多样性保护培训、全国大学生环保社团志愿者培训营、中国环保文化促进会培训、世界自然基金研讨会,进行云南丽江拉市海项目和青海普氏原羚项目调查等等。

作为甘肃省高校中成立较早的以加强环境保护意识宣传为中心的学生社团,绿队一经成立,便以"维护地球家园,倡导绿色生活"为宗旨,坚持"从我做起,从现在做起,从小事做起",积极投身到各项具体的环境保护活动中去。绿队立足西北,面向全国,植根于兰大校园文化土壤。在校园里,绿队有广泛的师生基础;在校外,绿队同政府组织、民间环保组织广泛接触,并和全国众多高校的环保社团建立了良好的合作关系。多年来,他们积极申请校外基金,已先后获得过GreenSOS(绿色学生组织网)、GGF(全球绿色资助基金会)、清华大学

BPCP生物多样性保护等基金的支持。

绿队每年都有许多常规活动，如参观污水处理厂、兴隆山拉练、环保教育、植树、举办垃圾服装秀、制作并张贴公益小标语、展播环保电影、举行世界环境日、地球日宣传活动等。绿队还曾在校内外收集了使用过的一次性筷子3000余双，并将其"扎木成树"，在西北师范大学等兰州高校巡回展出，引起了很大的反响。在社区里，他们结合所掌握的资料，向市民们宣传使用一次性筷子的危害，并倡导"少使用一双筷子，多添一片绿色"。

绿队还组织策划了许多环保项目：2001年的暑假会宁环保考察，2002年的"我爱蓝天"——兰州大气污染调查，2003年至2004年的"最后的舞者"——保护普氏原羚青海考察活动，2004年暑假与绿色流域合作的云南拉市海社区项目，以及2004年启动的RECYCLE膧垃圾分类膧项目等。其中2003年至2004年的"最后的舞者"——保护普氏原羚青海考察活动项目，成功申请清华大学BPCP生物多样性保护项目，且获得金奖。2004年暑假与绿色流域合作的云南拉市海社区项目，则预示着协会转型的开始，从那时起他们将自己的关注区域从原来关注自然生态的基础上扩展到了社会人文，特别是社会人文与自然生态的结合。对于绿队来说，他们将2005年视为其发展史上关键的一年。2005年暑期他们同时派出3支队伍，即青海湖普氏原羚项目(二期)组、云南拉市海项目(二期)组、可可西里项目组。其中拉市海项目侧重于社会人文，普氏原羚项目侧重于自然生态，而可可西里以此两点为基点，建立了一个更广泛的合作。

绿队这一路走来，可谓风尘仆仆，这个"家"从组建到壮大，现在已经有了300多名成员，而7年时光中，为绿队作过贡献的人还有好多好多。"2006年4月份，绿队就7岁了。"绿队的项目长张日琴由衷地感叹道，2006年他们正在筹备普氏原羚的三期项目，并且还要开拓新的环保领域，到时候要为绿队送上一个特殊的生日礼物，队员们都希望绿队能成长的更茁壮，也能走得更远。

拉市海的永久记忆

"虽然我们的团队并不成熟，总是有这样那样的不足。但不管怎样，在我们每个人生命中都多了一段美好的记忆，哭过，笑过，痛苦过，也为之疯狂过。我们的青春一路走来，我们会走得更远。因为梦想的起点在这里……"在绿队的拉市海二期项目总结报告中，写着这样一段话，从他们的话语中不难读出，队员们将每一次的征程都看作是一次人生的历练。兰大绿队曾两次前往拉市海，两次不同的人员在同一地点实施项目，有很多相同的眷恋，但同时又有许多不同的激情。而拉市海成为了他们永久难忘的记忆……

2005年7月20日，当踏上云南的土地时，队员都显得那么的激动。虽然说出发的那天他们的项目已经算开始了，但真正开始却是那一刻。"我们回来了"，这是兰州大学绿队再次走进拉市海的第一声呼喊。

作为队长的白洁是唯一一个两次踏上拉市海土地的"元老"级人物，在临行前拉市海当地的居民也是绿队的协助者大君告诉她NGO(民办的公益性组织)的另一个含义：Never Give-up Organization(永不放弃的组织)。他说这是一个被信念赋予的含义，是一种信仰的坚持。她觉得一年前的自己，一定无法理解，但当第二次踏上拉市海，与那些熟悉的人相遇，白洁突然觉得像是一种宿命把自己和丽江联系在了一起。就连村子里的阿六叔都说，她已经算是半个拉市人了。

按着原定的计划，他们一行10个人在25日到达目的地丽江拉市海地区。一群人拖着一堆行李坐在大君家门口，引来不少村民。突然间，身后有几个小孩子喊白洁的名字，她回头一看，原来是上次她教过的学生，顿时一种亲切感涌上心头。绿队把大君的家当作自己的据点，在接下来的20天里，他们在这个"家"共同度过了难忘的拉市岁月。因为7月29日(农历六月二十四)是彝族传统的火把节，大君决定带他们所有人一起上彝族山区。他们做了明确分工后，在村子里做了一些调查以及前期准备工作。在28日那天，经过8个小时的山路行走之后，他们到达目的地洋芋场。这是东村海拔最高、交通最不方便的社。还没走到村长家，就远远的看到很多熟悉的面孔，聚集在村长家院子里等待他们的到来。人群中还有白洁所熟悉的面孔——晓梅和晓兰，这两个女孩是她在第一次来拉市海时认识的。当天晚上，村长把他们分配在不同的几户人家，还说一定要让他们认好各自的人家，免得没饭吃。白洁和3个队友被安排在了晓梅的家里。晓梅的爸爸和妈妈，帮她们抬出来两张床放在房子里，又忙着帮她们张罗铺床。那一晚，虽然有风从窗子刮进来，但她们都觉得睡得好温暖。

火把节那天，按照习俗，每家都要杀一只羊，还有一定的杀羊仪式来为全家人祈福。上次火把节看到羊的时候已经是变成了羊肉，这次他们才完完整整地看完了杀羊仪式。整整一天，他们被彝族乡亲们那种发自心底的纯朴深深地感动了。一个下午，白洁和其他3个队友在晓梅的带领下吃了5顿饭。晓梅说这是习俗，要到她所有的亲戚家都吃饭才行。

第二天，除了白洁和两个队员以外，其他队员全部下山继续开展山下的调查工作。队员刚走，白洁就和老村长商量有关重新启动妇女学校的事情，本计划第二天晚上开始，但是老村长和妇女们商量之后，决定当天下午就开始。于是午饭后，白洁和晓梅一起来到小学教室，一间不算宽敞的房间，几张破旧的课桌，一块黑板，还有一些找了很久才找到的零星的粉笔头。不多久，村里的大姐就陆陆续续地来到教室，白洁请在座的每位大姐上前用粉笔在黑板上写下自己的汉语名字。令她惊讶的是，每位大姐现在都可以写下自己的名字，甚至在场的一位大妈，也能一笔一划地写下自己的名字。

在山上的几天，白天出去入户走访，晚上在小学教室进行妇女扫盲活动，所有的队员都是以自己最大的热情和最真诚的态度站在讲台上。在举办以"我心中的拉市海"为主题的环保绘画比赛时，有好多的小孩子都跑来参加。那段日子正好赶上云南的雨季，于是总能看到有人全身上下都湿着回来，往往有时候从早上出门到晚上回来，饿着肚子走整整一天，真是让队员们感动不已。

白天的入户过程中，有两名队员主要负责医疗卫生状况方面的调查。而白洁主要是针对当地学生的教育情况进行调查。此间，他们还成功地在县里相关的卫生部门为山区的妇女争取到一次免费的体检机会，他们觉得虽然只是一次体检，并不能解决山上的医疗卫生所面临的困境，但最终是迈出了前进的第一步。

他们在调查中还了解到，全社24户、90人当中，只有19个小孩子在上学。其中一个在丽江某大专读体育专业，两个人在上初中，其他的均在山下下南尧小学就读，而晓兰和晓梅则已经退学在家。晓兰妈妈因为胆囊炎，看病花了很多钱，加上晓兰的哥哥快要结婚了，又要准备彩礼钱。晓兰上到六年级第二学期的时候因为交不起下学期的伙食费，家长让她退了学。了解到这些情况后，白洁和其他两个同伴不约而同地决定，要资助两个女孩重返学校。当天晚上，白洁把想要资助两个女孩的想法告诉了晓兰和晓梅的父母，他们听后都只是哭，泪水伴着火塘的温暖，浸入白洁的心灵深处。她想，如果有一天，晓兰、晓梅能够走出大山，她们一定会让大山变得更美。

7天之后，白洁先于其他两个队员下山，晓梅怕她迷路要陪着一起下山，晓梅的爸爸坚持要送她们到二社，怎么也不肯先回去。因为连着几天一直下雨，下山那天大清早还下了一场大雨，所以下山的路上有好多的蚂蟥，走一步就会碰到一只，腿上、胳膊上甚至脖子上都会有蚂蟥突然来袭，于是一路上伴着尖叫和乱跳一步没停的直到山下。走了5个多小时，终于看到了打鱼村的影子，白洁和晓梅兴奋地直喊"到家了"。绿队的其他人在村子里接她俩回去，还给她们煮了热热的面条，那个时候，白洁感觉，有这一群"家人"真的好幸福。

接下来的几天，白洁走访了一些教育部门以及学校校长的家，另一组在打鱼村开展的调查也进行得相当顺利。经过队员们认真的调研，最终总共形成了《云南省丽江市拉市海乡彝族山区的医疗卫生状况二次调查》、《云南省丽江市玉龙县拉市海乡农村合作医疗保障制度的初探》、《拉市海渔业资源调查报告》等6篇调查报告。

活动结束前3天，晓梅、晓兰一起下山来到绿队当中，队员们当时感觉好兴奋，没想到走之前还能再见到她们。

这个美丽的小山村给了队员们太多难忘的回忆：大君的幽默，阿六叔的谈笑风生，李姐美味的饭菜，还有小梁雪的调皮捣蛋……一切的一切都让他们感到亲切，最难忘的还是伙伴们在一起的生活，苦中有乐，酸中有甜。

与高原芭蕾舞者一起舞蹈

"兰州向西，这是怎样的决然与坚定的信念；兰州向西，这是怎样的执著与希望的坚持；兰州向西，这是怎样的热情与青春的飞扬；兰州向西，这是怎样的炽热与纯粹的赤子之心。只为了那一片草原的辽阔无边；只为了那一片原野的山花烂漫；只为了高原舞者的永远舞蹈；只为了孤独不在……"这是一位绿队队员在前往青海进行普氏原羚项目调查前写在日记上的一段话。字里行间透露出一种青春的执著和坚定，为了不让高原的芭蕾舞者孤独，他们开始了兰州向西之旅，去追寻普氏原羚的身影并与之一起舞蹈。

普氏原羚为国家一级保护动物，1996年被世界自然保护联盟膈IUCN膈评为极危膈CR膈级动物。普氏原羚遭受着三大危机的胁迫：生境恶化、狼的捕食、基因严重退化。这个物种比扬子鳄少，比虎少，比大熊猫少，比藏羚羊更少，青海湖地区是目前普氏原羚唯一的分布区，仅存不足300只。普氏原羚奔跑时像离弦的箭，姿势与众不同，前后肢分别并在一起，后肢用力后蹬，身体跃入空中，着地时再用力后撑，这种跳跃式的奔跑使羚羊的身体在空中划出一道波浪起伏的曲线，分外优美，所以称它们为"高原芭蕾舞者"。

2005年7月21日，兰大绿队普氏原羚项目组开始了对青海湖流域的普氏原羚从生态和人文两个方向为期14天的考察。当到达考察地青海省海北藏族自治州海晏县甘子河乡时，队员们激动不已。那是一片有着蓝天、白云、羊群的美丽的世界，他们第一次觉得用"湛蓝如海"来形容天空是如此的贴切。

一路上颠簸着趟过小河，"普羚！"有人惊呼，在离他们不到200米的地方有几只普羚。于是有的队员急忙从摩托车上连滚带爬的下来，拿着摄影机捕捉着难得的镜头。机警的普羚也发现了他们，开始奔跑，奔跑时那美丽的身姿让队员们明白了"高原芭蕾舞者"的真正含义。到达目的地两个小时不到就见到了要找的普羚，让他们觉得很是幸运。

7月21日他们在大本营甘子河休整了一天。

7月22日，生态组对野外环境进行了踩点和初步的了解，人文组在当地的派出所对调查样本进行了随机抽样。晚上生态组的两名队员跟随当地渔政局局长前往青海湖边进行拍摄。

7月23日，人文组正式开始入户访谈和问卷调查，当地能访到的只有少数汉民，藏民现在都住在离乡上很远的夏季牧场，鉴于此种情况，人文组分成3个小组对甘子河四乡的汉民进行了入户调查。生态组剩下的3名队员早上乘坐乡政府的车到达甘子河乡热水村的沙窝地区进行考察。

7月24日，人文组包车去夏季牧场，分两个小组对当地两藏民居住区木勒和查拉进行问卷调查和入户访谈，找到当地的藏民向导，生态组继续进行沙窝的普羚生态环境考察。下午生态组5人会合。

……

一直到8月4日，14天的日子就这样被他们安排的满满的，每天都有大量的考察工作去做。而这期间的一些经历让他们至今记忆犹新……

第一次跟普羚专家出野外的经历是队员们值得自豪而且也是最激动人心的。专家张局长带领着他们在茫茫草原上一路飞奔，队员们忘记了身上的重量只是贪婪地追寻着普羚的踪迹，向草原深入再深入。在草原落日的圣光中看到普羚美妙的身影，瞬间的震撼难以言语，那一刻，他们的责任感和使命感极度膨胀，仿佛自己必须为了这些大自然的尤物奉献一切，牺牲自我，从那时起队员们就开始想三期、四期，勾画这个长期项目的绝妙未来。

由于草原上的闭塞与交通的不便，使生态组和人文组的每一次重逢都充满了艰辛和激动的眼泪。生态野外考察组拜托修路队的师傅星夜开车送他们下草原回乡上找队员，后来因为人文组提早去了夏季牧场没能碰到面；人文二组刚下夏季牧场便包车来接散落各处的生态组队员；生态考察组焦急地包车去青海湖边帐房接应拍摄组；失去联系6天的人文一组队员的回归……然而在一起的交流中却只有考察成果的互换，没有人诉苦，没有人说累，因为看到拍摄组队员晒黑晒伤的脸，被蚊虫叮咬浑身红肿的疙瘩，看到野外考察组队员疲惫不堪但又堆满笑容的脸,看到人文组所去的夏季牧场平均海拔超过4000米,队员在阳光下还穿着羽绒服的照片,大家便已经明白太多太多。

在绿队的总结报告中有这样一段记载:"在青海湖的十几天里,部分队员出现不同症状的疾病,主要表现在以下几个方面:因为温差变化过大而出现的感冒症状;食物与其他原因引起的上火症状;饮食不洁所致的腹泻症状;野外活动中紫外线伤害皮肤;野外活动中所致硬物刺伤;当地蚊虫叮咬所致包块。"这些都是队员们以前所未经历的,而这在他们看来却算不了什么,在这次考察中他们遇到的比之艰难的困难还有好多。

当初在学校背单肩包骑单车穿梭于木槿香樟间的男生女生如今的负重是与自己身体不协调的军旅包,在野外的草原中疾步快行,在望远镜的视野中认真搜寻,冒雨在草场上拉样方;当初在学校读书打球的男生女生如今扛着摄影机奔跑在烈日下,追随着一群高原芭蕾舞者的美丽身姿;在简单的乡里小店中吃一碗热面,看到普羚身影的狂喜,第一次看到普羚的脚印和粪便的激动;看到草原落日的振奋,受到老乡热情邀请时的感激,喝着那么好喝的奶茶时的享受,面对大藏狗咆哮时的惊恐;星夜包车下草原跟团队会合,生态组惊魂一夜的相互扶持与依偎;当初在学校睡宿舍都埋怨苦的男生女生,如今12个人挤在1间没有床没有被褥、除了潮湿的土地一无所有的破旧狭窄的空房里,看见彼此衣服上那6个字"守护普氏原羚",他们笑了,笑得那么纯洁,那么无所畏惧。一切的一切,组成了他们在草原上的奇妙生活与艰辛工作。

"如果承载着无限梦想的步履,没有踏上海拔4000多米的夏季牧场、留在那无限生机的土地上。如果年轻躁动的心灵,不曾在湛蓝的尕海湖水畔,深深颤栗继而沉静。如果自信以绿色为信仰的我们,不能够在青藏高原那亘古不变的星空下扪心自问。我们也许永远也不会听到那挥动的皮鞭声中生活的坚韧,不会看到藏族大叔脸上深陷的皱纹里饱含的风霜和期许,甚至不会知道自己的心是怎样被感动着的。"有队员在考察日志中如此慨叹道。启程时追随着高原舞者的孤独脚印,即使意气风发但是始终单薄。而当他们经历了一切后,他们开始变得更加坚定。

一个镜头被永久地定格:一群为了绿色信念的人在高原上奔走,夕阳中他们的身影与"高原芭蕾舞者"普氏原羚的身姿交相辉映,他们在一起舞蹈。

绿色出行，今天开始

周丹波

可以想象吗？有一天，我们所在的城市告别熙熙攘攘的车流，人们以步代车或是搭乘公交车出行。2007年9月16日—22日，兰州公共交通周及无车日活动举行。它在呼唤人们：绿色出行，去畅享城市美好未来。

以什么方式出行

走路，骑自行车，搭乘公交车还是开着自己的小汽车，以什么方式出行？

这个看似简单的问题其实并不简单。它关乎城市的环境，关乎城市的交通秩序，甚至城市的未来。当然，它也关乎每一个人的健康。

对于城市居民来说，最方便的出行方式莫过于不时驶过身旁的公共汽车，自行车甚至步行也是不错的选择。但资料显示，我国公交出行分担率仅占城市居民总出行量的10%-25%，与发达国家40%-60%的出行比例相比，相差很大，而自行车和步行更是受到冷落。

与此同时，随着经济的发展，工业化、城市化步伐的加快，越来越多的小汽车驶入城市，驶入人们的视野，不知不觉中，我们已经被这些"钢铁动物"重重包围。当它给人们带来便捷的同时，人们发现，身边的烦恼也越来越多了。

首要的是交通拥挤，人们大量的时间被消耗在一辆辆汽车相拥的路上。资料显示，目前我国城镇人口已达到5.77亿，机动车保有量已超过5300万辆，私人汽车数量以每年20%左右的速度增长，而城市人均道路面积仅为10.6平方米，搭乘公交出行的比例只有20%左右。兰州市汽车保有量以每年16%的速度递增，2000年有各类机动车12.81万辆，2006年已达到24万辆。

汽车尾气更是大气污染的"罪魁祸首"。兰州市24万辆机动车每天排放大量一氧化碳、碳氢化合物和氮氧化合物，机动车尾气污染已成为影响本市空气质量的主要源之一,也大大危害了人们的健康。

破解城市"成长的烦恼",选择公共交通、自行车、步行等绿色交通出行,无疑是明智、理性之举。

在发达国家,不少国家政府都采取措施鼓励国民在一定时间内放弃使用私家车,选择其他代步工具。在葡萄牙,电车、自行车、渡船、地铁、公交车甚至步行都是政府为民众选择的出行方式。荷兰人均收入位列全球第四,许多家庭门前都停着私家车,后门的运河里则拴着游艇。即使这样,务实的荷兰人家庭仍然有自行车,在周末,他们开着汽车,带着自行车,一家老小齐出动,专门找地方停下汽车,骑上自行车亲近自然。

欧盟环境委员会认为,要减少城市汽车污染对城市环境的危害,最有效的办法就是调整城市交通,大幅减少私家车数量,优先发展公交,提倡自行车交通,同时,应加快发展、普及环保型汽车,减少对石化燃料的使用。

显而易见,城市公共交通运载量大、占用道路资源少,是效率较高的城市客运交通方式之一,一辆公共汽车的载客量是小汽车的数十倍。优先发展公交无疑是破解人多地少、车多路少、交通堵塞的明智之举,绿色出行理应成为人们的选择。

兰州市市民朱武兰由衷地说:"只有公交快捷、准时、舒适了,老百姓的出行才能方便、安全、舒适。"她倡议从现在做起,从自己做起,倡导绿色交通,倡导绿色出行。

无车日,市民的节日

在划定区域内,公交车享有优先通行"特权";环保部门工作人员走上街头,现场测试汽车噪音、尾气;政府部门领导带头乘坐公共交通车、步行、骑自行车上下班……

这是兰州市公共交通周及无车日活动的鲜活镜头。

无车日,从欧洲走向中国,来到兰州。

为了动员全社会力量共同做好优先发展城市公共交通工作,参照欧洲交通周的成功经验和做法,2006年底,国家建设部发出开展城市公共交通周及无车日活动倡议,在每年9月16日—22日举办此项活动,全国108个城市签署了活动承诺书。首届中国城市公共交通周及无车日活动的主题是"绿色交通与健康"。

据测算,全国各大城市开展无车日活动一天,可节省燃油3300万升,减少有害气体排放约3000吨，并有数百人免受交通事故伤害。同时，人们可以回归并体验清洁、静谧、高效的城市生活。

在公共交通周正式开始前两个月，兰州市即开始进行宣传造势，营造公交优先、领导带头、市民互动、全社会参与的良好氛围。兰州市确定的主题为"环保、健康与公共交通"的活动，通过舆论宣传和社会参与，引导市民尽可能选用公共交通、自行车、步行等绿色交通出行方式，减轻空气污染和交通阻塞，推动优先发展城市公共交通战略的实施。

9月16日，中国·甘肃·兰州公共交通周及无车日活动启动仪式在东方红广场举行，兰州公共交通周及无车日活动从这里"出发"，数千名市民现场签名，支持和参与这一活动。

在随后的一周时间内，兰州市每天开展一个主题活动。在第一天"温馨公交，我的朋友"的主题活动中，在广场向群众展示兰州市公共交通专项规划、场站规划、公交线网优化方案；在"绿色公交，节能环保"主题活动中，让市民现场感受清洁能源车辆……

兰州公交集团还组织了为期一周的品牌线路、诚信线路服务展示和技能比赛、乘客满意度调查、清洁能源车辆展示等活动，并为市民提供IC卡充值服务，真正让市民感受到公交优先的好处。

9月22日，无车日，兰州市区。一个个公交车站挂着"优先发展城市公共交通，方便百姓出行"、"暂别爱车，以行动守护蓝天"、"绿色行动日，选乘公交车"、"公交优先，就是百姓优先"等横幅，兰州公交集团公司的工作人员向来往的乘客宣传无车日活动。

兰州中心城区实行交通管制，限制小汽车进入，让公共汽车和出租车"唱戏"。在交通管制的各个路口，兰州市公安局交警支队设置84处交通岗，420名民警和200多名文明交通劝导员，全力以赴保障交通畅通。

在兰州市政府大院，记者看到，这一天，除特殊情况及特种车辆外，兰州市政府所属机关单位的公务车全部封存，大门口没有了往常车进车出的热闹景象。

无车日，成为兰州市民的自觉行动。市民刘炜把自己的爱车放在家属院中，选择乘坐公交车和妻子、儿子上街购物。刘炜说：平时在不急需的情况下，应该减少对小汽车的依赖，换一种方式出行，环保又健身。兰州市自行车爱好者则骑上心爱的自行车，欢笑着从东方红广场出发，向人们宣传绿色出行。

走在街头，明显感到车流减少，道路畅通。记者换乘了几辆公交车，明显感到比平日快捷。在穿行市区主干道的1路线的一辆公交车上，一位司机告诉记者，今天很少塞车，以往走完整条线路需要40多分钟，而今天则只需半小时左右。

无车日，市民的节日。在东方红广场，医护人员开展健康咨询活动，现场展示汽车噪音、尾气对城市环境的污染和对人体健康造成的危害。市内公园、景点，今天敞开大门，免费为市民开放一天。

无车日，一辆特殊的公交车辆穿行在兰州市区，车窗上贴着"爱心旅游车"，车上坐着15名聋哑人。

"大家坐好了，现在车要出发了。"上午10时整，这辆车准时从东方红广场出发，向滨河路方向驶去。跟车服务的是兰州公交集团服务质量管理处工作人员何小毅，她边说话边做着手语。

这一天，兰州公交集团和兰州市残联共同组织这些聋哑人畅游滨河路和湿地公园，沿途要经过34个公交车站。这一天，这条特殊线路、这辆特殊公交车只属于这些聋哑人。车徐徐驶过一处处景点，车厢里充满着欢乐和温馨，大家用各种手势表达着内心的欢畅和喜悦，说到高兴时，情不自禁一起鼓掌。

兰州公交集团开辟的西关什字至五泉山、南北黄河风情线两条免费旅游专线也发车了，写着"绿色出行，携手托起蓝天白云"的公交车向前驶去……

和兰州一样，9月22日这一天，无车日活动在全国各大城市展开。在江西省南昌市的火车站、客运站、长途汽车站等地点设置自行车免费租借点，方便市民出行。上海市的全国政协委员赵国通骑着折叠式自行车去参加会议，他在脖子上挂了一个牌子，牌子上写着"8+2-4＝6"，赵国通解释：8是轨道交通的8个轮子，2是自行车等二轮车，4是指小汽车，一加一减等于6，6在上海话里和"绿"同音。我们鼓励公共交通，就是要多乘公交车和地铁，多骑自行车，少坐小汽车，创造一个绿色环境。

无车日也不无遗憾，兰州市区一位值勤交警无奈地说，尽管作了大量宣传，但有许多司机还是不知道9月22日是无车日，每个人都应多了解、多参与这一活动。

在兰州公交集团开辟的西关什字至五泉山的免费旅游专线上，一位姓贾的乘客说，城市环境是大家的，环境好了对大家都有益。她建议无车日不能只搞一天，最好一个月或一周搞一次，并扩大区域范围，真正成为大家的共同认识和自觉行动，同时政府应采取措施让公交越来越发达，服务越来越好。

公交优先,百姓优先

公共交通周及无车日活动的核心理念是"公交优先,百姓优先"。

实际上,兰州公共交通系统正在"公交优先,百姓优先"的理念引领下发展、完善。

兰州公交的历史可追溯到民国32年(1943年)2月1日。当时,由国民党政府交通部公路总局西北公路运输局试办黄河铁桥至十里店之间的公共交通车。新中国成立后,中国共产党和人民政府对兰州的公共交通非常重视,市内交通由省交通厅运输局负责经营。1953年1月,成立了兰州市人民政府建设局公共汽车管理所,将原甘肃省运输公司经营的市内公共汽车,交由公共汽车管理所经营,当时只有3条运营线路。1954年6月,成立"兰州市公共汽车公司"。1959年12月31日,兰州市第一条无轨电车线路正式通车。1992年成立兰州市公共交通总公司。兰州市公共交通公司经营出租汽车始于1980年。2003年7月28日,兰州市公共交通总公司改制为"兰州公交集团有限公司"。

目前,兰州市已有公交运营线路93条、车辆2048台,建成公交停靠站点723个,其中港湾式停车站点17处。兰州公交从1996年开始,先后购置新车1400多辆,实现了"有路就有公交车"。穿行在市区的许多车上安装有电子报站器、电子路牌、监视器、液晶有线电视等科技含量高的设施,让市民感到舒适、方便。

尽管如此,根据"城市道路交通规划设计规范"规定,大中城市万人拥有公共车辆10标台—12.5标台,而根据兰州市实际万人拥有公交车9.24标台,兰州市应有2470标台—3087标台,每年按10%—15%的比例增加车辆,才可达到公共交通供需平衡。

2002年,兰州市还曾设立公交专用车道,为广大群众开辟快速通道,只准许公交车辆通行,其他车辆不得驶入,专用道路共有8公里,其中2公里为封闭式公交车道。据介绍,使用初期起到了很好的作用,但可惜的是,后来由于管理放松,使得专用车道成为混合车道,没有发挥其应有的作用。

针对兰州东西长、南北窄的带状城市特征,兰州市优化公交线网,2006年,撤销了重复严重的6条线路,整合调整了18条线路。2007年,兰州公交集团从车辆运营时间、驾乘人员规范服务等方面向社会作出十大服务承诺,保证公交高品质服务。兰州市还新规划7处对外公交枢纽和13处市内公交枢纽,将建设一批公共交通场站和港湾式停靠站。

与此同时，兰州市公交正朝着"绿色公交，环保节能"的方向大步迈进。

"从'吃油'到'烧气'"，可以简要地概括出兰州公交走过的"绿色之路"。兰州公交集团从1998年开始试用清洁燃料，陆续改造778辆液化石油气和汽油两用车辆。2001年10月，随着涩-宁-兰天然气输气管道通到兰州，为兰州发展天然气汽车奠定了坚实的基础，兰州市"绿色公交"迈出新步伐。

2005年，兰州市政府实施清洁能源改造"123"计划，即用1年时间完成公交车辆天然气改造，用2年时间完成出租车天然气改造，用3年时间完成燃煤锅炉天然气改造。2004年5月15日，兰州公交第一辆压缩天然气CNG客车改制成功。

如今，兰州公交大客车及出租车全部改装为压缩天然气汽车，兰州公交集团还先后建成5座天然气加气站，构建环保、绿色的兰州公交。燃气汽车的推广和使用，减少了汽车尾气排放对大气的污染，也为企业创造了良好的经济效益。

公交优先牵动着每一位市民的心。兰州市政协委员王鸿藻建议，在实施"123"清洁能源改造工程的同时，还应该严格限制小汽车的数量，合理配置公共交通资源，构建一个全方位、立体化的公共交通服务网络；让区际轻轨成为交通主动脉轻轨；建立以燃气、电力为动力的无尾气污染的城市公交体系，用清洁能源打造城市公交；在相关公交中转站点，建立异地租赁、还车的自行车租赁服务点，为广大市民提供轻便、通畅的短程交通工具，作为公交运输空白点的补充；开辟公交专用线，确保公交和出租车辆的运行速度；限制小型车辆的车流量，提倡和鼓励市民出门以公交车代步；通过财政对公共交通的补贴，对市民实施公共交通低票价普惠政策，提高公共交通对公众的吸引力，吸引市民自愿放弃在市区内驾车出行。

就在公交优先引起人们广泛关注时，兰州市政府已委托兰州交通大学和南京交通研究所对全市公共交通专项规划进行编制，对公交体系进行全面完善和升级。根据规划，近期内，将针对公交线路过于集中的路段、城区内部公交服务盲区、中心商业区公交集中的区域、新开发建设的区域和规划的新城区，优化调整公交线网。

更令人高兴的消息是，针对兰州市东西狭长、客流量主要集中在东西向的特点，兰州将考虑建立轨道交通系统，把这种快速、准点、大容量的交通方式引入城市公共交通系统，最大限度地满足兰州市居民出行需要。

兰州市已经确定具体发展目标：近期力争到2010年，使公共交通承担的出行量占居民出行总量的比重由现在的22%提高到28%-31%，中期力争到2015年，使公共交通分担率达到32%至36%，远期力争到2020年，使公共交通分担率达38％至40％。

为此，兰州市确定今后每年对城市公交增加投入的比例不低于10%。省长助理、兰州市市长张津梁郑重承诺：我们将牢牢坚持以人为本的理念，在城市发展全局中统筹规划公共交通，加快公交枢纽场站建设，整合优化公交线路，完善公共交通体系，提高公交服务质量，努力办好让广大群众满意的城市公共交通。

"构建以快速交通为骨干，常规公共汽电车为主体，中小巴、出租汽车等其他公共交通方式为补充的城市公共交通体系。"这是写在《兰州市公共交通专项规划》中的美好蓝图。

毫无疑问，"绿色公交"已经从我们的身边、从我们出行的每一天中"行驶"。

用真情呵护家园

——祁国红和她的自费环保之路

陈 泳 王 鄙

"小时候，我想要是能吃上一顿饱饭那该多好！长大了，我想要是能去上学校念书那该多好！而现在，我们大家要是少制造白色垃圾那该多好！让我们携起手来远离白色污染，留给孩子们一片美丽的蓝天……"

这是一份贴在兰州市西固区清水街综合市场内的环保标语，许多这样的标语在这个熙熙攘攘的环境里显得格外引人注目。恐怕没人会相信，这些朴实而又真切的文字是出自一个只有小学三年级文化程度的打工女之手；没人会知道，这些标语是她自己掏钱打印制作的，而她每天只有20元的收入；更没人会想到，这些标语是她顶着"神经病"的骂名一张一张贴出来的。4年来，她在兰州的几个蔬菜市场里免费发放布袋几千个，自费印制环保标语牌数百个，并坚持不懈地义务向市民宣传保护环境的重要性。

她就是一个再普通不过的打工者——祁国红。

自幼家境贫寒的祁国红，在1991年便告别了永靖乡下的父母，只身来到兰州打工。她做过裁缝，摆过地摊，学过木工，她拼命地工作，只为了让家人过上好日子。她从来没买过30元以上的衣服，也没给自己买过什么化妆品，可她认为自己生活得很充实。

从2003年起，祁国红就开始了自己的环保之路，但人们对这个瘦弱的打工女免费分发布袋的行为始终抱着一种怀疑的态度：她热心环保的目的是什么？对她有什么好处？种种质疑主要针对她特殊的身份——一个外来务工者。

"许多人说我是个'疯子'，可能像环保这样的社会公益活动，由社会地位高的人来搞更容易让人理解吧。"说话的时候，祁国红脸上虽然带着笑，可笑容里却包含了许多无奈与自嘲。

今年38岁的祁国红住在西固区省建木材厂的大杂院里,她和丈夫都在这个厂里做木工活。一家4口挤在两间不到20平方米的小屋里,家里几乎没有像样的家具,也就一台旧电视。看着这个简陋的家,祁国红自费进行环保宣传的行为确实让许多人难以"理解",但她铁定了心。

一次,她在市场上向菜贩们分发环保宣传牌时,一个菜贩冲她发起了火。他认为,在菜摊上摆放这样的宣传牌会影响他的生意。还有一次她在分发布袋的时候,一位大姐被她的行为所感动,主动帮她一起发,可当这位大姐看到有记者正在拍摄的时候,便马上"害羞"地扔下布袋转身离去。祁国红说,她曾给这个市场上每个卖菜的摊位都发过宣传牌,但很少有人挂出来,分发出去的那些布袋,也很少看见有人在买菜的时候用过。

让祁国红难过的是,在兰州这样的大城市里居然还有人认为,义务从事社会公益活动是哗众取宠,是做作。对此,她用自己更加坚定的行动来证明,因为她觉得环保对每个人来说都很实际,很重要。

祁国红自费进行环保宣传的念头,是2003年她从电视上看到一部讲述"白色污染"的影片后产生的。看到"白色垃圾"对人的危害,祁国红想到了自己在西固一个早市上贩卖洋芋的弟弟,他每天仅用于给顾客装洋芋就要用去大量的塑料袋,虽然方便了买菜的人,但制造的垃圾也日日增多。她觉得身为社会一员,自己应该做点什么。

细心的祁国红先在西部市场搞了调查,她被计算出来的数字吓了一跳:西部市场总共有1500个摊位,如果一个摊主每天要花5元钱来购买塑料袋,那么整个市场1天最少就要用掉7500元的塑料袋,1年就是270万元,这是多么大的开支,同时又是多么大的污染源。这次调查,更坚定了祁国红要做一名环保志愿者的决心。

回家后,祁国红把家里用过的面、米袋子找出来,洗干净,一连几个晚上,她都在想如何让自己缝制的袋子用起来既方便又实用,能被人们所接受。通过在市场上不断观察,她确定了布袋的大小和样式,做出来的袋子不仅能装各种蔬菜、水果,还能很轻便地装上肉、豆腐这一类比较"细"的菜。平日里,她除了干木工活以外,还要做家务,缝布袋只能靠熬夜,白天抽空去附近的几个市场分发。

时间一长,她的身体明显吃不消了,家里人也开始反对她这种做法,她只好暂时停止了制做布袋。可没过几天,祁国红又呆不住了,她想,自己不能做,干脆买成品布袋。于是,她拿出家里仅有的1000多元钱,去东部批发市场买了手提袋，然后再到市场上去分发。祁国红自己也不知道，她已经渐渐地进入了一种对环保"痴迷"的状态，越干越觉得自己做得不够，家里的钱就这样被她一次次地拿出去"发"掉了。对此，她的丈夫王家富很无奈，他说："妻子的做法就好比拿钱补天上的窟窿，一个人的力量是不会起到多大的作用的。"

而祁国红却不这样认为："虽然一个人宣传环保，只能向大家传递一种态度，但一传十，十传百，总有一天大家会都重视起来的。环保是要靠社会上的每一个人的努力，我只是带个头。"

祁国红是一个非常热爱生活的人。现在，她已是两个女儿的母亲了，日子过得虽然艰苦，但她觉得很幸福，很满足。也正因为她是一个容易感恩，容易满足的人，所以才能在贫寒中还不忘关心社会，在逆境里依然坚持着自己的理想。

她还有许多想要做的事，而环保只是其中的一件，她最大的愿望是办一所"公德学校"。

祁国红给我们唱了一首自己编的歌："我是个中国小市民，全心全意保环境……"词曲很通俗，但真实反映了她心中的美好愿望。

走在环保路上的志愿者

白育庆　朱　妍　徐爱龙

"绿驼铃"的驼铃声

有这样一群人，他们大多属于"80后"，有年轻的激情和热情，也有爱笑爱玩的天性，他们用稍显稚嫩的声音为改善西部生态环境而摇旗呐喊；他们组建了甘肃唯一一家民间环保组织，开展环境宣传教育、编写甘肃荒漠化地区环境教育乡土教材等。他们都是生活在我们身边的普通年轻人，但他们却在坚持做着我们或许想过但没有去做的事。

他们是2004年成立的甘肃省一家民间环保组织"绿驼铃"的成员。他们致力于西部环境保护事业，为改善已经恶化并仍在加重的西部生态环境正在努力着。

第一次见到"绿驼铃"的负责人赵中，是在兰州市七里河区他们的办公室。他正在跟南京一家公司的负责人谈净化水项目的相关事宜。各种专业术语贯穿着谈话，对甘肃周边地区饮水环境的担忧明显地写在脸上，这些都让他看起来有着超乎年龄的严肃和责任感。

赵中，今年24岁，2004年毕业于安徽一所高校，之后来到甘肃省兰州市一科研单位工作。在大学时赵中曾是学校登山队的成员，那时，他就接触并接受了环保理念。来兰州后，他和几个高校的环保社团负责人商议，建立环保社团联盟，正好几个人志趣相投，就开始动手操作。先以高校校园为突破口，联络环保人士，于是一个崭新的组织——"绿驼铃"就在这块土地上扎根了。这个原本以网络为阵地的环保团体，在3年后成长为正式注册的社团法人，有了自己的专职工作人员、办公室，它所产生的影响正在陇原大地上扩散着。3年过去了，这个正在向梦想前进的年轻人这样述说自己走过的路："开始接触环保，是因为这些活动很有趣，很好玩，我一直是个好动的人。"说到这里赵中笑了，有些调皮的笑容使他更像一个刚走出校门的青涩男孩。"但是后来，一种责任成了我走在环保路上的持续动力，那些热情参与活动的志愿者推动着我，那些还在继续恶化的环境推动着我，我无法停下来，这是我已经担起并将继续担负下去的责任。"

可是，当一件好玩的事变成必须进行到底的事业，并在进行中遇到挫折时，赵中面临了一种考验。2006年7月，北京交通大学学生高富浪在参加"绿驼铃"组织的2006年甘肃省大学生"绿色营"的考察活动时，因营救队友不幸溺水身亡。这次意外事故使"绿驼铃"的工作陷入了低谷，而赵中，也面临着巨大的压力。2006年9月，赵中的母亲江琳从安徽老家提前退休，打算来兰州照料儿子的生活，本想来督促儿子考研的母亲，也开始加入了"绿驼铃"。在母亲的支持下，通过对事故的反思，经过了一番加强自身管理和能力建设、建立健全组织机构的探索后，赵中和"绿驼铃"一起成长起来了。

作为母亲的江琳这样说："儿子喜欢做这件事，这件事又是好事，没有不支持他的理由。"就是这位母亲，成了赵中环保路上的忠实支持者，也成了好多志愿者在接触"绿驼铃"后最为感动的人。一位志愿者回忆："有一天刚下完雪，江琳老师骑着自行车来给我送资料了，从大教梁到西北师大，你想，她50多岁的人了，那么远的路，地又那么滑，我问她怎么不坐车来呢？她却说骑车好，可以锻炼身体。"那时，正是"绿驼铃"经费最紧张的时候。推动赵中前行的责任里，从此又多了一份对母亲的回报。

"'绿驼铃'是个草根组织，草根的特性是什么？就是很普通，很平凡，就是要扎根基层，向下、再向下，这样才会有顽强的生命力。""绿驼铃"项目官员李建强目前在西北师范大学社会学专业读研一，稍显腼腆的他说起关于NGO的发展来却充满了激情。

加入"绿驼铃"之前，李建强曾在兰大的一家机构做过两年扶危救灾的工作。在和"绿驼铃"的接触中，那种敢想敢做的组织风格和平等参与的组织文化深深吸引了他，2006年，李建强选择了加入，对"绿驼铃"的风格有了更清晰的认识。李建强告诉记者，他当天下午还和赵中在办公室里有过激烈的争论，是关于组织发展的观点有分歧，"但争论之后，我们总会达成共识。这些分歧都是在真正为组织的发展着想的基础上产生的，因此这里的每个人都是平等的，谁的想法对组织有好处就听谁的。"日子久了，李建强对它的感情越来越深。"这个组织的志愿者在一批批变更，但它的理念没变，'绿驼铃'已经形成了自己特有的性格和完整的文化氛围，志愿者都在接触中被它感染，又将自己优秀的一面注入给了'绿驼铃'。我对它有一种天然的拥有感，所以融入起来比较容易。"

在被改变和感染的同时，这个年轻人也带给了"绿驼铃"理性和专业化的新风格，"我认为现在已经不是提倡环保理念的时候了，它的重要性大家都知道。问题是，我们能不能为大家提供行动的机会？能不能提供一个平台？公众的愿望就是我们的资源，而'绿驼铃'要做的，就是让大家通过我们把这些人力、财力、物力疏导出来，让他们发挥更大的作用。"他说的最多的，还是"行动"这个词。"我们做环保，不能只坐在城市中心的办公室里谈天，而应该扎根基层，去实地了解情况。要看做了什么，而不是说了什么。"

"有梦想的人，不会孤单"，这句话是志愿者牛定炜写在博客里的，虽然没能见到他，但在见到那些和他一样在"绿驼铃"的感召下致力于环保事业的志愿者时，这句话越来越清晰地出现在记者的脑海里。

张海，"绿驼铃"的铁杆志愿者，《民勤县荒漠化乡土教材》的作者。在大学时就创办了环保社团的他总觉得自己在孤军奋战，成为"绿驼铃"的志愿者后，他才像找到了自己的"组织"。全程徒步考察绘制绿地图时，他才重新认识了自己已居住了26年的城市，"我才知道兰州这么美，黄河这么美！"在对民勤的考察中那些荒漠揪着他的心，3次实地考察，1个多月每天4-8小时的写作，无数次资料图片的搜集……当散发着油墨香的教材躺在手上时，张海却又皱紧了眉头，"这本教材跟国内其他地区的乡土教材比起来还有很多不足，要改进的太多了。"在记者采访结束时，已是西北师大研三学生的他尽管面临着就业的压力，但还是又一次拨通了导师的电话，准备第二次改写这本教材。

王新涵，绿地图的手绘者，艺术设计专业毕业。在从普通志愿者到成为"绿驼铃"专职工作人员的过程中，王新涵感触很多："自从2005年参加了'绿色营'的活动后，我开始认识到环保首先应该从自己做起，再去影响周围的人。在给那些小孩子作环境教育时，他们很喜欢听，能感觉到这些宣传对他们起了作用，这让我很有成就感。我认为适合自己的工作是一种享受，所以毕业后我选择了在这里做环保工作，我很有信心！"在提到绿地图的绘制时，这个文静的女孩很是谦虚："我只是用我的特长做了我该做的事，没什么。那些和我们一起走完全程的志愿者们才是绿地图真正的作者。"

熊英，大学毕业后千里迢迢从攀枝花来到兰州进入"绿驼铃"工作的志愿者，第一次离开父母来到陌生城市的22岁姑娘，决定把一生献给公益事业的坚强女孩。她说:"许多同龄人无法去做自己真正喜欢做的事,现在我在这里找到了自己的人生定位,我很幸运!"

赵康乐,华中农业大学学生,在参加"绿色营"活动去甘肃金昌考察过后,不仅有了很好的环保理念,而且爱上了美丽的金昌。2008年大学毕业后,他将工作签到了金川公司,他在电子邮件里告诉好朋友:"我终于可以在金昌工作了,这里好美!"这个湖北来的年轻人开始在陇原大地上书写自己的青春。

兰州市的小学生马小雪在"绿驼铃"网站里留言:"今天我和大哥哥大姐姐,还有很多叔叔阿姨一起,在公共场所捡垃圾,并向那些扔垃圾的游客宣传环保知识,让他们不要乱丢垃圾。这是我第一次在公共场合捡垃圾,我发现捡过垃圾的地方变得更干净了,此时的我心情也更加快乐了。原来快乐可以如此简单!我因为做了我本该做的事情而快乐,也因为我鼓起勇气向陌生人宣传而快乐。"

志愿者在行动

"2007年5月1日。我们准时到达五泉山达公园的门口,在小广场上环视一圈,接近11点钟时,我们终于看到了大队伍,于是一切按程序进行,进园——启动仪式——分组——各就各位……

5月2日。天气照旧晴好,我们依旧没有迟到,游客虽有减少,但给人的感觉还是多,今天转换了地点,我们迁到动物园门口最近的熊池……

5月3日。最后一天自然也要准时,我们还是在熊池宣讲,工作多了一项,就是提醒游客小心扒手。志愿者都是一帮热情不已的人,这个只要看到他们无时不在的灿烂笑容就可以肯定了……"

在动物园里3天的宣讲活动都被郑晓岚详细地记录了下来。她是甘肃民间环保组织"绿驼铃"的志愿者,2007年"五一"期间和"绿驼铃"志愿者一起又一次来到了兰州市动物园,给游客进行有关动物保护方面知识的宣讲。这是"绿驼铃"几乎每年都举行的一项常规公益活动。这项活动由美国青少年服务网(Youth Service America)和迪斯尼(Disney)提供资助,甘肃省环保局、甘肃省野生动物保护管理局、兰州市动物园也提供了大力的支持和帮助。

"绿驼铃"这次组织的动物园宣讲活动从计划、准备到实施再到总结,仅用了半个月的时间,得到了动物园的大力支持,承诺给志愿者免门票费和提供矿泉水等。志愿者计划招募45人,结果超出计划多招了15人,总共报名60人,并请了相关专业方面的老师对这60名志愿者进行了培训。

宣讲活动从5月1日开始，5月3日结束。来自兰州大学、西北师范大学、甘肃农业大学、西北民族大学、甘肃中医学院、兰州工专等高校的60名志愿者踊跃参加。根据动物园的具体情况，"绿驼铃"每天安排20个志愿者，活动从早上9点开始，下午4点结束，这个时间段是动物园客流量的高峰期。根据志愿者的特点和动物园的分布格局，动物园的张队长把20个志愿者分成4个小组，猴山附近一组、长颈鹿馆附近一组、熊池附近一组、大象馆附近一组进行宣讲。

今年他们宣讲的主题是"保护黑熊，弃用熊胆"。在宣讲之余，有一件让志愿者杨衍头疼的事情，他发现有人往熊池里扔东西，当他很委婉地劝告不要往熊池里乱投食物时，有的人并不听从，他们认为：自己吃不完，扔也是浪费，还不如给动物们吃。但他并不知道这些食物或许不是动物喜欢吃的，有的还可能是对它们有害的。有些人甚至根本不是扔东西，而是把一些东西掷在黑熊的身上。杨衍说从这些细节中可以看出保护动物在一些人心中还没有得到应有的重视。

另一组的志愿者郑晓岚也遇到了同样的问题，耐心去劝说、纠正这些不良的参观习惯成了队员们宣讲之余的一项任务。

5月3日，做了一个多小时的流动讲解员后，郑晓岚站在了"拯救黑熊，弃用熊胆"的挂图旁，她很认真地为感兴趣的游客讲解在养殖厂里被人每天抽取胆汁的黑熊，以及黑熊从被解救到做手术康复而后自由生活的过程。看到游客们为被虐待的黑熊动容的时候，她就趁热打铁，跟他们说弃用熊胆，用别的药物代替熊胆入药。他们还向一些游客发了助养黑熊的宣传单，这些宣传都很成功，尤其是小学生，听得特别积极，不时地会向队员们提出疑问。

"绿驼铃"的这项活动还得到了四川黑熊救助中心的支持，寄来了许多宣传资料。3天内，志愿者们共向游客发放宣传资料约300份，受众约3000人。

动物园宣讲活动的组织者吐露了他们的初衷：通过青少年志愿者的宣讲，提高游客对野生动物的认识，唤醒他们保护野生动物的意识，促使青少年和更多的市民参与到保护野生动物、保护环境、服务社会的志愿服务队伍中来。

"绿驼铃"的当家人赵中说，他和一些环境志愿者还经常在身边开展一些环保宣传教育活动。2008年初赵中向美国纽约绿地图总部申请获得"绿色生活地图"在兰州的唯一授权，也是中国大陆的第三家授权单位，开始制作兰州地区第一份绿地图。在地图中，他们清楚地标示出生活周围有关自然的、人文的、生态的、环保的景点。他们希望以此能带动很多人来画自己的绿色地图，透过画地图进一步观察、关心、尊重，进而保护所居住的环境，在轻松的过程中，让更多的人了解绿色概念，把爱惜地球的种子撒下去并发芽开花。他们选定了兰州市内黄河沿岸的"水车博览园"、"体育主题公园"、黄河湿地区域作为"试验田"。

近期，赵中还和一些环境志愿者走进兰州市东岗西路二小，给47名六年级小学生培训动物保护知识，并带他们参观了兰州大学动物标本馆。还组织小学生们前往五泉山动物园向游人发放卡片，宣传动物保护准则。"我们想让孩子们从小就树立起一种环保意识，爱护动物，与动物和平相处，再通过小孩子将这种爱心向大人及周围的家人朋友传递。小手拉大手，牵手爱家园。"

环境破坏不是一朝而致，环保也就不可能一夕而就，它是一件长期的事情，需要你我他共同努力。"希望不久的将来他们这些环境志愿者都能偃旗息鼓，马放南山，不再整日为环保摇旗呐喊。因为天蓝水清、人与自然和谐相处的时候，环保将成为人们的一种习惯。"说话间赵中的眼里似有一丝憧憬，脸上露出憨厚的笑容。

播种绿色希望

"2006甘肃大学生绿色营"结束已经有一段时间了，可队员韩晨岑每当看着合照中绿色营队员们灿烂的笑脸，她的思绪就不禁飘到那段不平凡的日日夜夜……

韩晨岑曾于7月23日，随着甘肃环境保护志愿者组织"绿驼铃"承办的第二期大学生绿色营奔赴天水小陇山自然保护区，进行了为期15天的环境考察和宣传活动。在这个由来自兰州大学、西北师范大学、甘肃农业大学、哈尔滨工业大学、北京交通大学、华中农业大学等45名省内外大学生环保志愿者的队伍里，韩晨岑经历了有生以来第一次野外考察活动。步行考察是从7月26日早晨开始，队员们背着沉重的背包沿着天宝高速公路出发了。在韩晨岑的记忆中，这似乎是她第一次背着这么重的东西走这么远的路，在每次她觉得快掉队时，都有朋友伸出友谊的手，使她一直把一天的行程坚持下去。

韩晨岑是大学生绿色营生态组的，参加了一次入户访谈，虽只一次，但村民们的热情让她深刻地感受到了。村民们毫无保留的倾诉总让她感动不已。队员们了解到，政府的退耕还林政策大家都知道是不错的，可是到下面执行时就出了问题。因为退了耕，每户的人均土地就减少，农民种的粮食大多是自给自足的，只有为数很少的家庭可以供得起孩子每年几千元的高中学费和生活费。这里的孩子们，念书很少有念完初中的……看到那些孩子渴望求知却羞涩的眼神，韩晨岑的心总会抽痛，也让她在内心默默地树立起了一种责任。

韩晨岑所在的生态组沿着天宝高速公路，考察了沿途动植物的分布情况。样方测定植物，飞身捕捉蝴蝶，抱着厚厚的书查找门纲目科属种……"天宝公路的建设，总体来说还是很注意保护周围生态环境的，但这么大的人为工程施工，一定会对周围环境造成威胁。细细想来，工程对自然的破坏是必然的，可是如果我们可以在工程之前给予更多考虑，比如设计动物通过路段等；在工程之后给予必要植被修复，或许可以保护更多环境。只是，我们注意的还是不够，我们的意识还是不够深入。"队员们一边考察，一边思考。

在这样的考察中，绿色营的日子总是过得很快，在韩晨岑的眼里，和大家在一起的那段时间，每天都有相比过去成倍的欢乐。即使是聚在一起笑着闹着啃馍馍吃榨菜，也成了最怀念最幸福的时光：老是嚷着要喝粥的向阳，逼着人家叫她"神仙姐姐"的小洁子，不仅自诩"宇宙超级无敌霹雳小排骨大帅哥"而且以此给N多人冠名的东子，被大家当作开心果的"宇宙超级无敌憨憨圆圆扁扁毛茸茸大美豆"的豆豆……跨溪流、淋瀑布、爬高山、访村庄，路过很多或贫困或富有的家庭，途中的很多痛苦、疲惫总是不如那休息片刻时的欢笑容易记忆，考察所带给她的感悟和收获又让一切记忆变得美好而又深刻。到了离别的时刻，很多人开始唱那首《相逢是首歌》——"你曾对我说，相逢是首歌。眼睛是春天的海，青春是绿色的河……"

用韩晨岑的话来说，大学生绿色营让她亲身走进了自然，走进了社会，体验并思考了身边的环保，增强了团队意识，也长大了许多。而像韩晨岑一样在大学生绿色营中这样成长的人每年都有一大批。"绿驼铃"负责人赵中对记者说，大学生绿色营以学习和普及环保知识、宣传环保思想、培养具有专业知识和强烈环境保护意识的人才为目的，并力图建立一个外界了解甘肃环境问题、了解当地环保组织的窗口。从而引导大学生关注环境问题，深入中国环保热点，到大自然去，到实际中去，深入环保的焦点进行调查研究，相互切磋。他说，绿色营是一种新的生活方式，是一种新的价值观，是一种超前行动，是锻炼绿色人才的熔炉，是传播绿色理念的"星星之火"，开启了绿色希望。

主编点评

环保事业,本质上是"公众事业",离开了公众参与便行之不远。在普通民众投身环保之初,四周投来的,往往是怀疑的目光。而今,日益严重的环境问题促使越来越多的国人关注环境,公众环境意识急剧上升为一种热切关注、积极参与的环保热情,参与环保正在成为一种潮流。我国环保事业正在经历从最初的不理解、不支持、不配合,到如今全社会对环保卫士的认可与敬仰的转变。

公众对环保的关注,表明中国的环保事业发展面临着一个"一呼百应"的机会。但我们还必须面对这样一个事实,经常参与环保活动的公众仍然寥寥无几,绝大多数公众也不知道如何参与环境保护。

有些人,对"私人"节俭近啬,对"公家"浪费无度。"长明灯"不坏不息,"长流水"停水方停。有些单位,把浪费当成"大气",把节约视作"小气",理由是堂堂机关,公款埋单,省它作甚。还有的人,认为生活水平提高了,就觉得浪费一点没有多大关系。在这种错误观念的指导下,浪费之风,日渐盛行。

这种现象,折射了我国公众参与的突出问题:公众环保热情高而参与能力差。这意味着,如果我们不能及时引导、呼应公众参与环保的殷殷期待,我们就将失去借助"群力"推进环境保护事业的宝贵机会。

所以,我们要向兰大绿队、祁国红、崔世源以及甘肃唯一一家民间环保组织——"绿驼铃"学习。我们要改变生活方式和消费方式,以环保、生态的理念约束自己,健康文明地生活,让"绿色家庭"、"绿色出行"、"绿色消费"真正成为一种时尚。

我们要认识到,保护环境是每一个成员的责任,是每个公民应尽的义务。没有一个人能够脱离环境,独自存在。所以,我们向环境的索取,就应该以节约的态度,小心翼翼地索取;我们向环境的排放,就应该以谨慎的态度,少之又少地排放。

我们也应更加清醒地看到,随着我国经济的快速发展和群众生活水平的普遍提升,发展与环保的矛盾将会更加突出;发达国家几百年中渐次出现、逐步解决的环境问题,正在我国集中暴露——环境保护任重而道远。

发达国家的经验表明,环保事业愈是深入,公众的参与就更显重要,而我们要构建"环境友好型社会",更离不开社会公众的投入。众人划桨开大船,群策群力护家园,环保期待着你、我、我们大家共同的参与。

后 记

经过两年多的艰苦努力,《和谐甘肃读本》丛书终于面世了。有一些幕后的情况,尚需交待几句。

关于甘肃省近些年来发生的深刻变化的报道浩如烟海。对这些文章加以精心挑选,利用图书的形式集中起来,分门别类编辑成册,既有宏观展示甘肃改革建设大局、传递最新信息、鼓舞人民士气之功用,也是为后世的研究者保存了一份鲜活的史料,为此我们才策划了这套丛书。本丛书的启动,得到了甘肃新闻出版局局长张余胜,原省局副局长、现任中共甘肃省委宣传部副部长管钰年,省局副局长李玉政、袁爱华四位领导同志的热情支持。他们或亲任主编、撰写总序,给予编辑思想上的指导,或肯定这套丛书在政治方面的价值,或支持这套丛书在甘肃"农家书屋"中推广,深入千家万户。没有他们的鼎力相助,这套丛书是很难成功出版发行的。

甘肃文化出版社社长谢国西是本丛书的策划者。他提出了选题,构想了各分册的布局,并全面主持了丛书的组稿计划、版式设计、出版、发行诸项工作。他的事业心和责任感,精细缜密的谋划能力,经验丰富的组织协调能力,使这套丛书的运作得以有条有理的平稳推进,终于如期出版。作为助手和丛书计划的执行者,副社长管卫中具体做了各分册主编遴选、各册内容布局设计,学术和文字、结构把关乃至大量的选稿、改稿工作。编辑部主任原彦平担负了繁重的编辑工作。文化社副总编车满宝参与了本丛书的策划。副社长王奕承担了繁复细碎的出版程序安排和发行协调工作。副总编温雅莉承担了丛书版式设计联络工作。编辑陶伟等人以篦子梳头般的精细完成了书稿的编校工作。

这套丛书的完成,与诸位主编的努力是分不开的。总主编之一玄承东和各分册主编多为资深记者。他们目击和见证了甘肃这些年在方方面面发生的深刻变化,以及党和人民的奋斗过程。因此,在编书时就胸有成竹,把握得当。

丛书出版之日,向上述同志谨表谢忱!

和谐甘肃读本丛书编委会
二〇〇九年九月二十日

图书在版编目（CIP）数据

和谐甘肃读本．山川和美篇／张余胜，玄承东主编；宋振峰分册主编．—兰州：甘肃文化出版社，2009.9

ISBN 978-7-80714-841-8

Ⅰ．①和… Ⅱ．①张… ②玄… ③宋… Ⅲ．①甘肃省—概况②自然环境—环境保护—概况—甘肃省 Ⅳ．①K924.2②X321.242

中国版本图书馆CIP数据核字(2009)第179304号

和谐甘肃读本·山川和美篇

宋振峰　主编

责任编辑／管卫中
责任校对／杜军辉
装帧设计／锐园设计　史春燕
出版发行／甘肃文化出版社
地　　址／兰州市曹家巷1号
邮政编码／730030
电　　话／0931-8454870
网　　址／www.gswenhua.cn
经　　销／新华书店
印　　刷／兰州新华印刷厂
厂　　址／兰州市七里河区硷沟沿115号
开　　本／787mm×1092mm　1/16
字　　数／278千
印　　张／17
版　　次／2009年9月第1版
印　　次／2009年9月第1次
印　　数／1-7 200
书　　号／ISBN 978-7-80714-841-8
定　　价／30.00元

本书如存在印装质量问题，请与印厂联系调换

版权所有　违者必究